极简教育技术

1 信息收集
用极简技术进行教学资源搜集

全媒体环境下的教学策略

- 信息搜索：百度网盘、微信
- 平台系统：超星学习通、云存储
- 信息管理：幕布、收藏云书签、微信笔记

2 资源处理
用极简技术制作教学课件

移动互联时代的教学内容呈现

- 演示设计：AM、万彩动画大师、FOCUSKY
- 虚实结合：魔法园丁
- 动画类：妙懂地理、Video Scribe
- 视频类：优芽网、小影
- H5课件制作：喵秒秒、易企秀、初页
- 视频文本翻译：翻译狗、网易见外

3 学习管理
用APP和小程序促进课堂互动

社会化学习与知识建构

- 跨平台交流：手机投屏、二维码
- 学习管理系统平台：雨课堂、UMU优幕
- 小程序：分组宝
- 社会化学习：群里有事、小打卡、腾讯文档
- 知识建构：Xmind、集记

4 学科案例
极简教学设计的教案实例

探索技术与教学的融合创新实践

- 学科APP：Stellarium 天文、赛学霸科学、Starfall ABCs
- 平台软件：GeoGebra、NOBOOK教学工具、CCtalk、简书

5 人工智能
人工智能辅助教育的极简技术应用

新知识观视角下学习方式的变革

人工智能采集技术
- 语言类：讯飞语记、咪咕灵犀
- 翻译类：有道翻译官
- 图文类：微软AI识图
- 文学类：九歌
- 软硬知识科：幕

以人为本　至简为纲　设计导向　实干为要

一张图看懂极简教育技术

现代极简教育技术

黎加厚　鲍贤清 / 编著

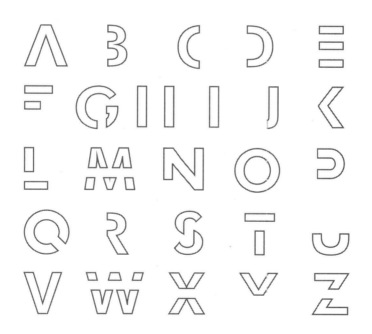

北京师范大学出版集团
BEIJING NORMAL UNIVERSITY PUBLISHING GROUP
北京师范大学出版社

图书在版编目(CIP)数据

现代极简教育技术/黎加厚,鲍贤清编著.—北京:北京
师范大学出版社,2020.8(2024.1重印)
ISBN 978-7-303-25938-0

Ⅰ.①现… Ⅱ.①黎… ②鲍… Ⅲ.①现代教育—教
育技术—研究 Ⅳ.①G40-06

中国版本图书馆 CIP 数据核字(2020)第 106348 号

图书意见反馈　　gaozhifk@bnupg.com　　010-58805079
营销中心电话　　010-58802135　　010-58802786
北师大出版社教师教育分社微信公众号　　京师教师教育

XIANDAI JIJIAN JIAOYU JISHU
出版发行:北京师范大学出版社　www.bnup.com
　　　　　北京市西城区新街口外大街 12-3 号
　　　　　邮政编码:100088
印　　刷:保定市中画美凯印刷有限公司
经　　销:全国新华书店
开　　本:787 mm×1092 mm　1/16
印　　张:20.25
字　　数:397 千字
版　　次:2020 年 9 月第 1 版
印　　次:2024 年 1 月第 7 次印刷
定　　价:68.00 元

策划编辑:姚贵平　冯谦益　　责任编辑:马力敏　李　迅
美术编辑:焦　丽　李向昕　　装帧设计:焦　丽　李向昕
责任校对:康　悦　　　　　　责任印制:马　洁　赵　龙

序

本书的出版，是作者亲历的一个时代变化的故事……

一、全民玩手机、电教新理解 >>>>>>>

现在，我已经很少看电视节目了，平常都是看手机。疫情期间，因为小外孙居家学习要看上海教育空中课堂，我家才开通了有线电视。无意中，我被中央电视台正在播放的精准扶贫农村节目震撼：一位 50 多岁的农民在山坡上用手机追着拍摄自由漫步的黑鸡，一边满面笑容地对着手机另一端的观众现场直播解说，夸奖他散养的几百只黑鸡。央视记者旁白说，这是发生在贫困山里的故事，农民用抖音直播带货，过去滞销卖不出去的黑鸡，现在不愁没有来自全国的客户，明年他还要进一步扩大养鸡规模，并带动村里的乡亲通过电商脱贫致富。这让我想起一位小学语文老师的发问：为什么我们老师搞在线教学视频直播很困难，可是连农民、老人都会玩抖音、快手？

疫情期间，我们小区挂着大幅标语：戴口罩、勤洗手、不聚集。没有想到，一直呆在家里、过去很少用手机购物的家人竟迷上了"拼多多"。我到小区旁的"菜鸟驿站"取快递，跟快递调侃，我说，现在电商搞得各地百货公司衰败，实体商店人去楼空。没想到快递哥却说："你不要说实体商店没人，现在去菜市场的人都少了！"

40 年前，我在成都万岁展览馆参观国际电器展览会，日本索尼摄像机、松下彩电、富士彩色胶卷让改革开放的中国人第一次看到世界最新的科技，我无比惊讶。展览馆大厅高高挂着的条幅标语上写着中英文对照的口号："这是一个变化的时代"，令人印象深刻。没有人能够想到，当年的这些价值不菲的电器功能，今天竟被人手一部的手机替代，这真是一个变化太快的时代！今日中国，全民生活习惯彻底改变，从买菜购物，到高铁航空、银行支付、健康绿码……手机 App（应用程序）几乎覆盖了你的一切生活。如果说，电商改变了一个社会的商业活动基础，从而改变了一个时代，那么，如果把电商的"商"换成教育的"教"，如同"拼多多"一样，人人使用手机 App 的"电教"也将影响和改变整个教育！

二、百年大变局、课堂在线学 >>>>>>>

疫情是一场大考，全世界遭遇"百年未有之大变局"，教育也深陷大变局中。新发地疫情突发，北京市教委紧急通知中小学一律停止到校上课，又一次让人们意识到，不管新型冠状病毒在还是不在，大变局就在那里，线上线下融合教学将成为教育常态。

2020 年 6 月 29 日，世界卫生组织发布全球新型冠状病毒感染肺炎疫情数据确认，全球新型冠状病毒感染肺炎确诊病例累计已超过 1000 万例，死亡病例累计近50 万例。世界卫生组织警告称，全球近期疫情又出现加速传播的趋势，还远远未结束。人们需要重新认识"后疫情时代"的教育，这是一个新型在线教学的时代。

疫情突袭，才发现过去几十年建设的教育资源库竟然无法拿来应对居家上课，各地被迫临时仓促上阵组织空中课堂教学，更遇到与学校教学配套的课程资源短缺，大部分教师信息技术应用能力不足，不会在线上课，学校如何管理，家长如何面对等诸多冲突……疫情暴露出教育两大短板：空中课堂的全套系列课程建设和教师在线教学的能力提升。未来教育的发展一定要下决心解决教育供给侧优质教育资源短缺的矛盾，考虑重构全媒体时代的教育治理体系，做好线上线下融合教学的教育常态运行保障。疫情之后需痛定思痛，未雨绸缪，千万不要再手忙脚乱！

大疫情迫使学校进行"史无前例、世无前例"的大规模在线教学，给世人诸多启示。我们集中举国之力抗疫充分证明了制度优势，疫情让人们看到了一个新型教育治理体系的雏形初步显现：各省市集中优秀教师设计课程资源，覆盖基础教育全系列课程；覆盖全体中小学学生群体，保障了教育的均衡；发挥了数字化课程无纸化、多媒体便于远程传输、可重复使用的优势；本校教师则专注于加强个性化指导学生，因材施教，让每个学生享受最优质的教育。

抗疫斗争花费巨大代价换来的宝贵经验不能轻易放弃，将疫情期间大规模在线教学的优势运用到后疫情时期的课堂教学，把线上课程体系与线下常规课堂教学融合，改变传统的课堂结构，充分发挥线上优质教学资源和线下学校教师的各自优势，共同指导学生学习。随着疫情在全世界的蔓延和局部反复，这种教学方式会长期常态化存在，学校教师将担负着领导学生学习国家和省市在线课程，组织和辅导学生个性化教学的基本职责。这种"线上线下融合式教学"正在改变着百年来学校教学的传统行为和习惯，这是一场深刻的社会革命。

"线上线下融合式教学"模式的可持续、常态化发展，将促进整个教育治理体系改革，例如，各级教育管理机构在组织结构、人员配置方面的调整；教材出版社和教育信息化相关公司对全媒体课程资源和平台的营运；学校对在线教学的管理等。重中之重的紧迫任务是，全体师资队伍的在线教学技能、观念、教法的提升培训。

三、心至极简、变革非凡 >>>>>>>

我参加过很多教师培训，发现一线教师最喜欢"一看就懂、打开就用、一用就灵"的极简技术。其实，喜欢极简是人性的本源。正如乔布斯传记作者肯·西格尔(Ken Segall)在《苹果故事：乔布斯的简洁之道》一书中分析：人都喜欢简洁，这种偏好深深根植于每种生物的基因之中。做日常决策的时候，大多数生物都认同一点，简单的方案更有吸引力。反思过去有关教育技术的教材和培训，它们对教师缺乏吸引力的一个重要原因，就是把"在教育中运用技术"讲得太专业、太复杂，脱离了一线教师的具体需求。记得山东的一位教师幽默地说："把简单的事情说复杂，其实很简单；把复杂的事情说简单，其实很复杂。"

要感谢北京师范大学出版社，几次来电话邀请我们参编教育技术专业教材。我想，书店里这方面的教材已经很多了，就不用再重复大家耳熟能详的内容了。今天，大家感兴趣的顺口溜是：

> 现在时代大变化，
> 农民都会玩抖音，
> 城管喊你摆地摊，
> 老师喊你在线学。

过去，师范院校培养师范生，要考教师资格证，强调掌握课堂教学基本技能，戏称"老三篇"：讲普通话、写粉笔字、画简笔画。

今天，教师要跟上全媒体时代的发展，掌握移动互联新技术，可以叫做"新三篇"：玩手机、玩微信、搞线上线下融合教学。老三篇＋新三篇＝教师教学技能的时代新变化！

让我们和读者共同探索如何应对飞速发展的时代变化，这就是《现代极简教育技术》的初心。

黎加厚
写于上海师范大学科技园
2020 年 7 月 3 日

目　录
CONTENTS

现代极简教育技术

现代极简教育技术

凡事力求简单，直至不能再简。

Everything should be made as simple as possible，but no simpler.

———阿尔伯特·爱因斯坦

（Albert. Einstein，1879—1955）

绪论部分学习目标

通过绪论部分的学习，学习者应达到下列目标。

1. 了解极简教育技术的基本思想、基本概念和践行极简教育技术的基本原理。

2. 能够运用极简教育技术的基本原理和方法，分析和处理有关教育信息化中教师如何运用技术促进教学的具体问题。

3. 把所学的极简教育技术思想运用到自己教学和专业发展的实践中，并在自己的工作学习兴趣中，深入探索更多的极简教育技术创意，丰富自己的教学生活。

绪论
极简教育技术概论

　　"极简教育技术"，这个让人眼睛一亮的新想法，它是怎么想出来的？它的理论基础是什么？对我们的教育教学工作有什么意义？我们应该如何践行极简教育技术？

模块一

学习准备：极简教育技术初体验

什么是"极简教育技术"？让我们通过下面几个热身活动初步体验一下吧。请拿出自己的手机，动手操作。

热身活动1：说话变字，1分钟提高文字输入效率 >>>>>>>

过去，我们在电脑和手机上输入文字，有的人使用搜狗输入法，有的人使用手写，每分钟大概可以输入30～50个字。如果你尝试一下，在电脑上和手机上安装讯飞输入法，可以语音同步变成文字，每分钟可以输入400～500字。请读者拿出自己的智能手机，在应用市场输入关键词：讯飞输入法，装好后测试，对手机说话，立刻同步变文字。打字，大家每天使用的频率高的信息技术，由于人工智能语音识别和文字转换技术的发展和普及，竟然变得如此快捷简单！现在新出品的手机几乎都自带语音输入功能。

热身活动2：快速笔记，2分钟提高学习笔记效率 >>>>>>>

我们平常参加会议和各类学习活动，都是使用笔记本做学习笔记，这种纸质笔记的缺点是速度慢，检索困难，不便于在网络上传送分享。在手机普及的新时代，笔记的方式可以变得极简。手机快速笔记的操作步骤如下。

第一步：用小程序对PPT拍照变文字。打开手机微信，点击"发现"—"小程序"，输入关键词：微软AI识图，对准课堂讲台屏幕上的PPT拍照(或者对着你正在阅读的书本文字拍照)，点击"开始扫描"，PPT或者书本上的文字照片立刻变成了文本，再点击"复制"，这些文字就复制到手机粘贴板里面了。

第二步：用微信做笔记。打开微信，点击右下角的"我"，打开"收藏"，点击右上角的"＋"进入微信笔记本。长按笔记本输入框，粘贴，在前面拍照PPT的文本立即粘贴到微信笔记本。微信笔记本可以随时记录想法，支持用户使用拍照、录音、语音输入等方式记录笔记，方便检索，还可以一键发送到团队朋友圈分享交流。

新技术不简单，但是让我们的工作和生活更简单。

热身活动 3：微信搜索，3 分钟提高信息搜索效率 >>>>>>>

　　教师备课找资料，比如，想查找一些新的教学方法，或者目前教学改革的最新发展资讯，例如，想找有关"教室布置""课堂口令""数学顺口溜""数学舞蹈""物理诗词""化学口诀""自制教具""STEM 教学设计""小学奥数题""如何表扬学生"等参考资料来丰富教案设计，或者希望解决诸如"手机如何快速充电""电脑如何更快"等工作生活中遇到的问题，请尝试极简搜索方法：打开手机微信，点击上方的小放大镜图标，选择文章搜索，在搜索框中输入上述关键词，立刻看到无数精彩的思路，实在让人大为惊叹！手机微信文章搜索与现今大家常用的搜索引擎相比，具有五大特点：快、新、丰富、实用、没有广告！过去坊间流传"内事不决问百度，外事不决问谷歌。"而今又添新说法：教学不决问微信。

　　猜想一下：微信文章搜索与现在大家经常使用的搜索相比，它的搜索原理和机制有什么不一样的地方？

　　朋友，准备好了吗？后面的阅读和学习，你可以使用体验到的新方法说话变字，记录学习笔记和想法，寻找你想知道的信息和资料，这就是"极简教育技术"！一种学习、掌握和运用教育信息技术的方法。那么，这种培训和运用新技术的方法是如何产生出来的呢？

模块二

极简教育技术的定义

一、教师需要什么样的教育技术 >>>>>>>

（一）教师信息技术培训班的故事

2017 年，有一次我到西部参加教师培训班教学，那次的培训班很有意思，前面是专家报告大数据对教育的影响，谈到基于大数据的智慧课堂，还举例，通过人工智能的人脸识别技术，可以精准识别分析课堂上学生的表情和学习状况，从而帮助教师精准教学。我那天刚好坐在学员教师的座位中间旁听学习，身边都是来自当地的一线中小学教师。

第二位讲课的主讲老师是来自成都的青年教师，他轻松走上讲台，用带有浓厚四川口音的普通话开讲。他先拿出自己的手机对着教室拍照，课堂上听课教师的笑容照片立刻投影到教室的大屏幕上，接着，讲课教师一边幽默地抛出一个个有趣的段子，从手机扫码、淘宝买货到共享单车，从 Word 排版技巧到作业批改的小程序，从人的行为习惯变化分析到各类辅助教学应用程序的实际应用，一边操作手机和电脑演示，还不时邀请听课教师上台动手体验。我注意到，刚开始坐在我身旁的教师们注意力并不集中，有的在耳语聊天，有的在玩自己的手机，还有个别人伏在桌上小睡。不久，听众被主讲老师的介绍和演示逐步吸引，后来，会场热点不断，大家的惊叹声、笑声、议论声让课堂热气腾腾，进入情绪高潮。主讲教师几次强调，他给教师们介绍的都是极简信息技术，简单、好学、实用。最后，教师们的欢笑和疯狂的掌声响起……那一瞬间，一个新的想法在我的脑海中出现：这就是一线教师们喜欢的极简技术培训，应该叫"极简教育技术"！

（二）大数据时代的直觉思维

后来，在各地教师培训班，我们开始将极简教育技术的思想和内容介绍给一线教师，国内各地越来越多的培训者开始采用"极简教育技术"的理念和培训策略。2018 年 12 月，应《中国电化教育》杂志之邀写稿，编辑要笔者说明极简教育技术的定义的由来，我要特别说明，这不是看到国外专家论文翻译出来的，这是在现场看到一线中小学教师特别喜爱极简技术培训的情景，意识到极简的思路是未来教师信息技术培训发展的大趋势，在培训班现场产生了"极简教育技术"的想法和认识。这是一种"顿悟"直觉思维，决断 2 秒间，不是基于大数据的算法推理结论。

美国畅销书作者马尔科姆·格拉德韦尔(Malcolm Gladwell)在《决断 2 秒间》讲了一个故事：1986 年秋，美国加利福尼亚州的格蒂博物馆(J. Paul Getty Museum)，经过十四个月的彻底调查，购买了一位艺术品商人贩卖的出土文物，这是一尊公元前 6 世纪的古代裸体男子大理石雕像。为此博物馆专门聘请了专业地质学家鉴定文物的真伪。地质学家运用了当时先进的考古设备对雕像进行鉴别，借助了立体显微镜、电子显微镜、电子微探针、大型光谱仪、X 射线衍射仪和 X 射线荧光仪等设备进行精确分析，分析数据证实了这尊雕像的白云石大理石确实需要数百年甚至上千年的时间才能够转变形成。博物馆对鉴定结果很满意，举行了公开展出，《纽约时报》在头版进行了报道。但是，博物馆馆长后来陆续邀请来参观雕像的六位专家，包括意大利艺术史专家、古希腊雕塑专家、考古专家和其他知名博物馆馆长，他们在看到这个雕像的几秒钟，立即感觉不对劲，认为这是一件赝品。格蒂博物馆为此忧心忡忡，在希腊专门为这个雕像召开了特别研讨会，还组织了针对雕像的来由调查。最后证实，专家们凭借丰富的经验和直觉做出的判断是正确的。[①]

马尔科姆的《决断 2 秒间》总结了人们快速而简洁的直觉判断的奥秘，分析了直觉和灵感的思维特点，以及如何正确使用直觉判断和培养直觉思维的策略，对我们今天面临纷繁复杂的大数据时代，不被大数据证据迷惑，能够大道至简、高瞻远瞩，具有重要的参考价值。

二、教学一线的极简教育技术 >>>>>>>

我从西部回到上海，正思考如何展开极简教育技术的研究，上海七宝中学马九克老师来电话，邀请我去讨论他的书稿编写思路。2003 年马九克老师从河南调到上海七宝中学任教，当时他还不会使用计算机和 Office 2003 办公软件，但是，马老师结合自己的物理课程教学改革经验，深入学习计算机知识和办公软件，十年磨一剑，2013 年，他编写出版的用于中小学课堂教学的系列办公软件教材，被

---

① ［美］马尔科姆·格拉德维尔：《决断 2 秒间》，2~7 页，鲁刚伟，何伟，译，北京，中国社会科学出版社，2007。

选作上海市各区县教师继续教育课程教材，还被微软公司邀请参加全球教育大会，三次代表中国教师在国际舞台上介绍中国教师教育信息化的故事。

我到了马老师所在学校，和马老师一起在学校运动场散步讨论。我问他，人工智能现在是人们关注的热点话题，如果你的新作要让现在的老师们感兴趣，能否搞些人工智能在教学中应用的教材？马老师笑了笑，应声说："我就死盯着Office，把教师最常使用的极简技术做到极致，让每一位教师能够真正在教学中常态化用好技术。"

马九克老师发现，周围教师们使用频率最高的信息技术是 Office 办公软件，但是，大多数教师并不能掌握 Office 的简便快速操作，例如，包括我们的很多教育技术专家和硕士、博士研究生都不熟悉如何使用 Word 编辑长篇稿件，比如，如何一键调整长篇论文的插图编辑，又如，在微软 Office 的 Word，PPT 和 Excel 中，添加时间日期，只需一个快捷键"Alt＋Shift＋D"即可快速搞定；Office 所有快捷键的极简操作方法，按下键盘上的"Alt"键，所有"选项"和"命令"上就出现一个小方格，上面显示该键的快捷键英文字母，按下对应的英文字母，就可以直接打开该项功能。马老师长期深入研究 Office 的教学运用，有很多创新的灵感，他可以一分钟就搞定复杂的物理实验演示 PPT 设计。例如，齿轮啮合转动、声波的可视化振动演示、复杂的力学演示、电路图设计等。他的与众不同的极简思维创意，能够有效解决教学中的实际需要，让我倍感兴奋和深受启发。我发现马九克老师的教育技术运用有以下特点：易学、易用、方便、省时、高效、实用、创新；聚焦一线教学，以应用为导向，运用"极简"的技术，让每一位教师使用技术支持教学有切实的获得感。

三、极简教育技术的定义 ＞＞＞＞＞＞＞

当时，马九克老师在华东师范大学出版社已经出版的五本有关信息技术在教学中应用的培训教材，作为中国教育技术协会向全国教师推荐的培训教材，受到教师们的普遍欢迎。马九克老师又开始编写《轻松高效编辑教学文档》书稿[1]，邀请我为他的书稿再次撰写序言。我想，马老师这一系列丛书最好能够用一个关键词概括，建议将他的书稿系列命名"马九克极简教育技术丛书"。为了向读者说清楚什么是"极简教育技术"，需要对此做出清晰明确的定义。我归纳总结了国培班教师真实需求和马九克老师十五年研究的经验，并与华东师范大学出版社编辑协商，在正式出版的序言中第一次介绍了极简教育技术的相关定义。[2]

"极简教育技术"是指在学校教学工作中，倡导师生使用方便、实用、易学、

---

[1] 马九克：《轻松高效编辑教学文档》，3～4 页，上海，华东师范大学出版社，2018。

[2] 黎加厚：《极简教育技术在基础教育领域的兴起》，载《中国电化教育》，2019(2)。

易用，能够有效提高工作学习效率的技术。

"极简教育技术"具有如下三大特点。

第一，掌握简便：易学、易用、方便、省时，无学习障碍。

第二，解决问题：实用、有效，能够解决工作中的实际问题。

第三，提高效率：减轻工作强度，提高教学效率和质量。

教师们最欢迎什么样的教育技术？焦建利教授对马九克老师的评论指出："应该是学得会的，用得上的，能减负的，能提升劳动创造性的，能促进教师专业发展的。所谓极简教育技术，就是那些对一线教师和广大学生来说，是学得会的，甚至是傻瓜化的教育科技；是用得上的，能减负的教育科技；是能提升一线教师和广大学生劳动创造性的，也是能促进教师专业发展的教育科技。"①

特别需要说明的是，极简教育技术不等于人们误以为的"简单""低级""小儿科"技术，例如，许多人错误地认为，演示文稿技术是小儿科，甚至一些所谓"全国多媒体大赛"都不接纳参赛教师的演示文稿作品。还有人认为，现在要搞时髦的人工智能，虚拟现实（VR）和增强现实（AR）等技术，殊不知，这些最新发展的技术所追求的最终目标正是极简主义技术。从认识论看极简教育技术，不是把教育技术简单化、低级化，而是教育中应用信息技术的升华。

要真正做到以应用引领教育信息化的发展，根据多年来提升教师信息技术能力工程的历史经验，必须做到大道至简，这意味着需要少而精，是在原来教育技术的基础上再整合创新，跳出原来的框架，去粗取精，抓住要害和根本，剔除那些无效的、可有可无的、非本质的东西，融合成少而精的东西。

四、教育技术定义的演进史 >>>>>>>

为什么今天要倡导极简教育技术？这需要从教育技术发展历史来了解，包括从教育史的历史观来看今天技术引发的教育教学变革。纵观人类运用技术改变社会的历史，总体上看，经历了由简至繁，再由繁至简的循环向前发展过程。

(一)教育的四次革命说

自古以来，教育伴随人类社会的生存进化而发展。从史前时代的原始教育到今天的智能教育，已有上百万年以上的发展历史。1966 年，英国著名植物学家和教育家埃里克·阿什比（Eric Ashby）在以色列技术学院做题为"教育中的技术"（*Technology in Education*）的报告中提出"教育四次革命说"，即"历史学家已经确

① 焦建利：《简约不简单之极简教育技术》，载《中国信息技术教育》，2018(19)。

定了教育曾经发生过三次重大革命，第一次是学校的出现，将教育年轻人的责任从家族转到专业教师手中；第二次是文字的出现，文字作为与口语同样重要的教育工具；第三次是印刷术的发明和教科书用于教育；第四次是现在正在发生的将电子技术和信息技术应用于教育。"1974 年，伦敦约瑟—巴斯出版社出版了阿什比的论文集《让大学适应技术社会》(*Adapting Universities to a Technological Society*)，阿什比在书中正式发表了教育四次革命说。1977 年，美国驻中华人民共和国联络处印发的《教育技术：第四次革命》(*Educational Technology：The Fourth Revolution*)小册子转引了四次革命说。1983 年，阿什比论文集的中文翻译本《科技发达时代的大学教育》(滕大春等译)由人民教育出版社出版，以后"教育四次革命说"被我国教育界广泛引用。按照阿什比对教育发展的分析和推论，我们现在正处在以人工智能、大数据、5G(第五代移动通信技术)、物联网技术等为代表的新兴技术革命初期，将要进入人类社会的第五次智能教育革命阶段。

据美国《教育传播与技术研究手册》(*Handbook of Research on Educational Communications and Technology*)分析，推动现代教育技术发展的各种理论渊源最早可以追溯到公元前 5 世纪的哲学、教育学以及心理学的萌芽期。

在中国古代，孔子(公元前 551—前 479)亲手定书，编撰《诗》《书》，删修《春秋》，注解《周易》。司马迁在《史记》中写道："孔子晚而喜《易》……读《易》，韦编三绝。"(《史记·孔子世家》)。司马迁在这里说的"韦编三绝"，韦，是指熟牛皮；韦编，是指用熟牛皮绳把竹简编联起来；三，指概数，表示多次；绝，指断。说的是孔子为读《周易》而多次翻断了编联竹简的牛皮带子，读书勤奋，令人敬佩，反映了当时孔子已经使用竹简作为学习的载体。1029 年，北宋王惟一铸造出世界上最早的医学教学用的针灸经络腧穴铜人，铜人部件为可组合式结构，躯体、脏腑可合可分，体表刻有针灸穴位名，还编写了《铜人腧穴针灸图经》三卷，绘制十二经图谱，用于教学和考试，堪称世界上最早的多媒体教材。

1632 年，夸美纽斯(J. A. Comenius)撰写了《大教学论》，详尽阐述了教学媒体在教育中的运用和直观教学原则，他还设计了用于教学的人体模型，编写了图文并茂的幼儿启蒙教材《世界图解》，被西方教育界誉为媒体教学和直观教学的先驱者。

18 世纪，夸美纽斯之后，地图、地球仪等科学仪器设备开始在学校应用，直到 19 世纪初，黑板才作为一种多用途的新媒体运用到学校教学中。从 17 世纪到 20 世纪初，一大批著名的教育家如卢梭(J. J. Rousseau)、裴斯泰洛齐(J. H. Pestalozzi)、赫尔巴特(J. F. Herbart)、福禄贝尔(F. W. A. Fröbel)、第斯多惠(F. Diesterweg)、斯宾塞(H. Spencer)、蒙台梭利(Maria Montessori)等继承和发展了夸美纽斯的直观教学理论，在教学实践和理论上进一步丰富和发展了媒体教学技术的研究。

西方教育界认为，教育技术的开始标志是 19 世纪末到 20 世纪初幻灯片放映机开始在学校教学中使用。之后，随着无声电影、留声机唱片、无线电广播、教育电视、教学机器和程序教学在教学中的使用，视听教育理论得到了发展。2012年，华东师范大学出版社出版的《教育传播与技术研究手册(第三版)》中指出：20世纪 80 年代后，闭路电视、卫星电视、计算机、网络等技术在教育教学中的应用，多媒体教学、计算机辅助教育、教育传播学、教学系统化设计、建构主义学习理论、远程教育理论等蓬勃发展，标志着现代教育技术成为一个新兴学科进入旺盛的发展阶段。

(二)美国教育传播与技术协会教育技术定义的演化

美国教育传播与技术协会(The Association for Educational Communications and Technology，AECT)是一个促进教育技术应用的学术性专业国际协会组织，它重视思想、文化和人们的多样性，其活动旨在提高学习。参与教育传播与技术协会的成员包括来自世界各地的教学设计人员、研究人员、教育技术人员以及其他关注教学和学习的专业人士。[①] 教育传播与技术协会关于教育技术的定义代表了该协会各方面的成员对教育技术的认识，在很大程度上反映了世界教育信息化的发展趋势和核心理念，成为世界公认的权威性定义，也是学习教育技术专业知识的重要参考资料。随着技术的发展和人们对教育中运用技术的认识逐步深入，教育传播与技术协会根据时代的变化阶段性地修订并公布教育技术定义，其中比较有影响的有 1994 定义、2008 定义和 2017 定义。

1994 年，教育传播与技术协会发表了巴巴拉·西尔斯(Barbara B. Seels)与丽塔·里齐(Rita C. Richey)合写的专著《教学技术：领域的定义和范畴》。这是在教育传播与技术协会主持下，通过美国众多教育技术专家的积极参与，组织了系列专题学术会议进行研究讨论，历时 5 年时间，最后由西尔斯和里齐总结成文的。该书系统阐述的教育传播与技术协会关于教学技术的 1994 定义，不仅作为我国教育技术领域的基础定义被许多教育技术类教科书广泛引用，而且还是教师讲授教育技术课程的基本出发点，直接影响着我国教育技术的发展思路。该书中文版于 1999 年由中央广播电视大学出版社出版，教育传播与技术协会 1994 定义全文如下。

教学技术是为了促进学习，对有关的过程和资源进行设计、开发、利用、管理和评价的理论与实践。[②]

根据时代的变化，2008 年 8 月 1 日，教育传播与技术协会正式公布了修订后

---

① 参考 AECT 官网资料：https：//www.aect.org/，2019-11-10。

② [美]巴巴拉·西尔斯(Barbara B. Seels)、丽塔·里齐：《教学技术：领域的定义和范畴》，25 页，乌美娜、刘雍潜，等，译，北京，中央广播电视大学出版社，1999。

的教育技术领域定义：（教育传播与技术协会 2008 定义全文）。

教育技术是通过创造、使用和管理适当的技术过程和资源，以促进学习和提高绩效的研究和伦理实践。①

又过了近十年，世界教育信息化已经发生了巨大变化，与时俱进的 AECT 协会在 2017 年 12 月发布了教育技术新定义，简称"AECT2017 定义"。

2019 年 3 月 27 日，来凤琪教授在上海师范大学学术报告《谈教育技术的发展变化》中介绍了 AECT2017 定义的中文翻译：教育技术是通过对理论、研究和最佳实践进行深入研究以及符合伦理道德的应用，来达到推动知识提高的目的，同时通过对学与教的过程和资源进行策略技巧设计、管理和实施，以促进与提升学习者的学习和工作业绩。

美国教育传播与技术协会有关教育技术定义的共同特点是，关注如何正确合理地使用技术为教学服务，以提高教学效率和效果，使学习更有趣，使学生更投入，思维更活跃，从而提高学生的学习质量。

（三）中国电化教育的定义演化

根据南国农先生主持的全国教育科学规划课题《中国电化教育（教育技术）发展史研究》的系统研究，对中国电化教育发展历程的四个阶段基本形成共识：(1)中国早期的电化教育(1915—1949)；(2)中华人民共和国初期的电化教育(1949—1978)；(3)电化教育重新起步全面发展阶段(1978—2010)；(4)21 世纪后进入信息化教育阶段(2010—)。

有关电化教育的定义最具权威性和代表性的是南国农先生在两版《电化教育学》中提出的定义，即电化教育 1985 定义和 1998 定义。

1985 年，由高等教育出版社出版的《电化教育学》(第一版)关于电化教育的定义是：

电化教育是运用现代教育媒体，并与传统教育媒体恰当结合，传递教育信息，以实现教育最优化。

1998 年，由高等教育出版社出版修订后的《电化教育学》(第二版)关于电化教育的新定义是：

电化教育，就是在现代教育思想、理论的指导下，主要运用现代教育技术进行教育活动，以实现教育过程的最优化。

电化教育新定义给我们的启示是：第一，要想取得成功的电化教育，必须在实践中实现现代教育思想、理论与现代教育技术两者的真正融合。第二，成功的电化教育必须包含四个要素：现代教育思想、理论的指导；正确使用现代教育媒

---

① 上海师范大学教育技术系：《教育技术领域新界定的再解读——对 AECT05 教育技术定义的理解与思考》，载《电化教育研究》，2005(1)。

体；恰当运用媒体教学法；进行教学设计。[①]

进入 21 世纪，教育信息化的发展迅速从广播电视发展到计算机网络时代，南国农教授与来自全国各地的专家团队，根据时代发生的巨大变化，将电化教育更名为"信息化教育"，2004 年 6 月，高等教育出版社正式出版南国农先生主编的《信息化教育概论》(第一版)，标志着从电化教育进入信息化教育发展的新时代。南国农先生特地指出，信息化教育是电化教育发展新阶段使用的名称，是信息时代的电化教育。《信息化教育概论》给出的信息化教育的定义是：

在现代教育思想和理论的指导下，主要运用现代信息技术，开发教育资源，优化教育过程，以培养和提高学生信息素养为重要目标的一种新的教育方式。[②]

中国电化教育的定义凝聚了电化教育百年发展史的宝贵历史经验。1911 年，孙中山领导的辛亥革命推翻了清王朝，当时一大批有志于改革的教育家学习西方的电影教育，开启了中国电化教育发展之路。从晏阳初、陶行知、蔡元培、舒新城，到萧树滋、南国农，一代代中华儿女前赴后继，努力让教育实现现代化，跟上世界发展的步伐，探索出了一条具有中国特色的教育信息化发展道路。这其中最重要的经验是坚持应用驱动，教育信息化的根本目的，就是服务和促进教育改革发展。

2018 年后，中国的教育信息化从 1.0 发展到 2.0，信息化教育进入移动互联，人工智能、大数据、5G(第五代移动通信技术)、物联网等促进教育发生巨大变化的新阶段，新兴技术的功能更加强大，用户使用更加简便易用，在"大道至简，实干为要"精神的新时代背景下，极简教育技术兴起，伴随新技术的发展迅速普及开来。

现代极简教育技术

---

① 李龙：《加强史学研究，促进学科发展》，载《电化教育研究》，2006(11).
② 南国农：《信息化教育概论》，11 页，北京，高等教育出版社，2004。

模块三

极简主义的由来与发展

回顾历史，从远古先人的极简思想，到近代艺术领域的极简主义兴起，现代极简生活方式的回归，现代科技发展的极简主义设计流派对传统科技的颠覆性变革，再到今天我们倡导的极简教育技术，反映了人们对社会生活和人生哲理不断深化的认识历程。

一、艺术中的极简主义 >>>>>>>

极简主义(Minimalism)是 20 世纪 60 年代西方兴起的视觉艺术、音乐和其他媒介的艺术派系，是一种在艺术创作中使用简化设计元素，实现形式上的单纯、简约、回归自然。典型代表人物是美国杰出的后现代主义艺术家唐纳德·贾德(Donald Judd)，他被认为是当代极简主义运动的主要倡导者。

20 世纪 60 年代初，唐纳德·贾德从绘画转向雕塑，并对建筑、家具设计等感兴趣。唐纳德·贾德先是创作高度质感的单色浮雕，在探索三维造型艺术的过程中，他迸发了想象力天赋，放飞创新的自由思维，在艺术创作中大胆使用工业流程和材料，如工业混凝土、钢铁、胶合板和浸渍了颜色的有机玻璃，设计制作出大型的极简主义作品，他的作品通常以盒子的形式出现，并以重复的几何形式排列。他创作的极简主义作品(他称之为"特定对象"而不是雕塑)在艺术界引起了轰动效应，世界上几个最著名的当代艺术画廊都举办了唐纳德·贾德的艺术作品展览。1965 年，他的开创性文章《特定对象》(*Specific Objects*)，发表于 1965 年艺术年鉴第 8 期，深入阐述了极简主义美学理论，为美国艺术界开辟了一个崭新的创作领域，被评为当代极简主义艺术宣言。

这一时期，还有一批著名的艺术家，如约翰·麦克拉肯(John McCracken)、阿格尼斯·马丁(Agnes Martin)、丹·弗莱文(Dan Flavin)、罗伯特·莫里斯(Robert Morris)、安妮·特鲁伊特(Anne Truitt)和弗兰克·斯特拉(Frank Stella)等，他们致力于极简主义的艺术实践和理论研究，形成了源于现代主义的还原论，通向后极简主义艺术实践的时代桥梁。

　　同一时期，美国有一批音乐作曲家针对现代音乐复杂风格的逆反，开始以一种简单、朴实的风格创作出一种极其简单、平易近人的极简主义音乐作品，体现出音乐中的极简主义风格，这些音乐作品通常以简单和重复为主要特征。例如，拉蒙特·桑顿·杨(La Monte Thornton Young)是美国公认的第一位极简主义作曲家，也是西方无人机音乐(最初被称为"梦想音乐")领域的开拓性音乐家和艺术家。1958年，他使用小提琴、中提琴和大提琴配乐的弦乐三重奏作品，被称为"极简主义音乐的起点"。他还设计了电子"连续频率环境"，在其中生成几个音调，然后用电子手段维持形成乐章。另一位美国著名作曲家莫顿·费尔德曼(Morton Feldman)，他通过制作一系列缓慢节奏的不相关的柔和声音，探索创新的器乐音色。还有很多音乐家如美国著名极简主义作曲家菲利普·格拉斯(Philip Glass)、史蒂夫·米歇尔·莱奇(Stephen Michael Reich)、英国实验音乐作曲家科尼利厄斯·卡杜(Cornelius Cardew)和美国作曲家、钢琴大师弗雷德里克·瑞兹基(Frederic Rzewski)等，他们的共同特点是，在高度重复的音乐中使用简单的和声和旋律模式，他们的努力促进了早期极简主义音乐的形成和发展。

　　20世纪80年代，极简主义思潮在建筑设计领域兴起，随着当时工业革命和社会的发展，一些优秀的建筑大师力图冲破传统建筑设计的桎梏，消减建筑设计中的繁文缛节，开始追求建筑作品设计的简洁、纯净、环保，与大自然和谐共处等极简主义理念。典型的代表人物是现代主义建筑的先驱之一，德裔美国建筑师路德维希·密斯·凡·德·罗(Ludwig Mies van der Rohe)。密斯是包豪斯学校(Bauhaus)的第三任校长，包豪斯学校是一所在世界现代设计史上影响深远的德国现代工艺美术学校，被誉为现代设计思想的摇篮。"包豪斯"仅存世14年，但其现代设计理论与学说却对整个世界产生了广泛而深远的影响。建筑设计大师密斯擅长使用现代建筑材料，如工业钢和平板玻璃，建构一种结构秩序的最小框架，畅通无阻的开放空间，并能够隐含和包容自由相平衡的建筑，创造出一种表述极其清晰而简单的建筑新风格。他提出"少即是多"(less is more)的极简主义设计哲学，主张抛却一切冗繁多余的、不必要的元素，用理性、客观、自然、简洁的方式表达事物的本质，直至今天，"少即是多"的极简设计理念对世界各地的建筑设计产生了深远影响。

二、中国古代极简思想 >>>>>>>

　　中国早在古代就有"极简"的思想，文本考究最早可溯源于《易经》《道德经》等。迄今为止出土的四种易本(帛书本、阜阳本、王家台本、楚竹书本)，其中的文字简练得超乎今人所能猜测的程度。"易则易知，简则易从"(《易经》)，是说大道至简，不管事物多复杂，重要的道理都可以用平易、简单的方式说清楚。这体现了做事的知和行两个层次："易知"是指要做到容易理解，"易从"是指简便才容易操作。相当于今天我们说极简教育技术是"一看就知道，一懂就会用"。

古代先人认识到"穷则变，变则通，通则久"（《易经》），指事物发展到一定阶段，自然会发生变化，这是客观事物运动的基本规律，只有与时俱进改变，才会有新的希望，以通达求长久。

老子是古代极简思想的又一个杰出的代表，主张"少则得，多则惑"，即少取反能多获，贪多反会迷惑。道家的思想与现代西方极简主义的"少即是多"同义。"人法地，地法天，天法道，道法自然"，道家思想中"自然"指天地万物赖以生存的本原，包括自然界和人类社会的永恒规律。"道法自然"表明做任何事情都要遵循事物本身所固有的属性和规律。

老子强调："为学者日益，为道者日损。损之又损，以至于无为，无为而无不为也"，提出了"为学"与"为道"两种截然不同的学习路径："为学"指钻研学问需要日积月累，知识才能够日益渊博。"为道"指领悟自然之道，需要每天"日损"即内省，消减情欲文饰，自我修养，自损情欲，复返纯朴。[①] 老子认为，大道理的学习不是教师直接告诉学生答案或结论，而在于学习者的自我学习，自我发现，自我感悟，在自我精神修炼中不断迭代做减法，抛弃烦琐冗余与"道"无关的东西，"损之又损，以至于无为，无为而无不为也。"最终达到"无为而无不为也"的一种豁然开朗的效果。老子主张的这种极简学习策略，是用顶层的知识统摄底层的知识，底层的知识无论如何更新，都在顶层知识的统摄之下，顶层的知识是最有价值的知识，只要解决了顶层的知识，就可以一劳永逸地解决底层知识不断变化的问题，可以不用再终身追随底层知识的变化而不停地从事学习。[②]

中国传统文化中极简思想源远流长，如"大乐必易、大礼必简"，世间的大道理是直指人心，极其简单明白的。从浩如烟海的中国古代琴瑟歌诗赋，到郑板桥"删繁就简三秋树，领异标新二月花"的诗书画三绝，直至今天的"大道至简，实干为要"的新时代精神，都是这样一条亘古不变的质朴哲理。

三、现代社会的极简生活方式 >>>>>>>

极简主义，现在已经不仅仅是一种艺术流派和设计理念，它揭示的哲理和价值观正逐渐渗透到社会的各个领域，成为人们对生活的一种态度、选择、意愿，一种现代生活方式。

今天的中国，从 1978 年改革开放算起，经历了 40 多年的奋斗历程，随着社

---

① 高明：《帛书老子校注》，53～55 页，北京，中华书局，1996。
② 谭维智：《教育学的玄学之维》，载《教育研究》，2012(5)。

会生产力水平的不断提高，中国人富起来、强起来了，时代发生了翻天覆地的变化。当社会从物质极其短缺走向物质丰富后，人们的追求和幸福观正在发生新的变化，从过去追求拥有物质满足为幸福，转向追求个人价值和理想为幸福。现在物质财富越来越丰富，每个家庭拥有的消费品和物质越来越多；住房越来越大，但是被塞满了各种东西，空间反而越来越小；各类新媒体、自媒体让信息越来越多，人们反而深入思考越来越少；人们想做的事情越来越多，感觉越来越忙，越来越累。进入 21 世纪后，由于现代社会节奏快、工作负荷满、生活压力大的特点，再加上越来越多的人更加关注金钱、财富、信息、名誉、地位等，反而无法将人生精力用到自己真正想做的事情上，不断加剧生活的焦虑、紧张，甚至身心疲惫，这种社会现象被人们称为"生存焦虑"现象。在这样的生活状态下，"极简主义"很自然地受到人们的认可和欢迎。

极简主义给人们打开了一个新的思路：倡导一种极力减少追求财富及消费的生活风格，鼓励人们将注意力集中转移到真正希望拥有的事物上，体现出全新的人生态度和价值观：简洁即美、小就是大、少即是多、大道至简、返璞归真。极简生活带给人们真实的获得感。

更加节省：避免花了很多钱买了一大堆无用的东西。

更多空间：获得了更多属于自己的空间，更多的时间。

更加清醒：从广告和攀比中解放出来，走自己的路。

更加轻松：方便管理，减少时间、空间、资源和生命的浪费。

更多自由：有更多的时间自主支配，心情更加舒畅。

更有价值：做自己真正想做的事情，成就人生的梦想。

现在各种新媒体上，有关极简主义生活方式的推介文章纷纷涌现，给人们提供如何践行极简主义生活方式的指导，值得读者学习参考。

极简主义生活方式是对自身的再认识，对自由的再定义。深入分析自己，首先了解什么对自己最重要，然后用有限的时间和精力专注地追求，从而获得最大幸福。放弃不能带来效用的物品，控制徒增烦恼的精神活动，简单生活，从而获得最大的精神自由。

欲望极简：了解自己的真实欲望，不受外在潮流的影响，不盲从，不跟风。

精神极简：专注于 1 到 3 项自己真正想从事的精神活动，充分学习、提高，不盲目浪费自己的时间和精力。

物质极简：将家中超过一年不用的物品丢弃、送人、出售或捐赠。

信息极简：精简信息输入源头，减少使用社交网络。应用程序使用少而精，删除长期不使用的应用。

表达极简：写东西、说话尽可能简单、直接、清楚，少用形容词、副词。

工作极简：使用有效的做事情的方法，不拖延。一次只专注做一件事，尽可能不同时做多项任务。

生活极简：慢生活，不做无效社交，保持锻炼，穿着简洁。

实践极简主义的方法、角度有很多，关键是要行动起来。[①]

钟志贤教授潜心研究中国古代文化，用了五年时间写成《养心茶道》一书，并由国家开放大学出版社出版，他借"茶道"谈古论今，深入剖析了人生极简哲理，提出了让生活变得简洁高效的"1－3－9原则"，给极简教育技术的实践带来重要启示，"1－3－9原则"内容如下。[②]

1——一个减法原则：做好生活的减法，减法至上。

从过去的加法思维定式，想要的东西越来越多，诸如对技术、知识、权利、物质、财富、地位、荣誉等的获得欲望越来越大，反思人生，坚定转向减法思维，减少对上述欲望的追求。

3——三个极简生活管理原则：二八法则、精力管理、断舍离。

(1)二八法则。把80%的时间和精力用在自己擅长的事情和主要目标上。

(2)精力管理。人的精力有4种来源：身体、情感、思想、精神。精力管理是设置限制，避免透支精力，专注于自己最重要的事情。

(3)断舍离。极简生活的关键是做好断舍离，控制对物质的过度追求，从加法生活转向减法生活的转折点是学会舍弃。

"断舍离"的观念源自日本杂物管理咨询师山下英子推出的《断舍离》书籍和讲座，"断舍离"成为社会流行话题，在世界各地掀起了一轮又一轮全民断舍离热潮。[③]

断：不买、不收取不需要的东西，断绝想要进入自己家的不需要的东西。

舍：舍弃多余无用之物，处理掉堆放在家里没用的东西。

离：脱离对物质的执念和迷恋，让自己处于自由自在的空间。

9——九大精简对象，践行"少即多""小即大"的极简理念，当下就行动，对下列9个对象精简。

物品：明确自己当下需求，不买不需要的物品，淘汰丢弃无用物品。

交友：把精力放在能够相互带来正面影响的人身上，减少无关人员干扰。

目标：聚焦专一目标。

承诺：试着说不，学会拒绝。

工作：要事为先，专注在当前重要工作上，直至完成，不要同时处理多项任务。

信息源：精简信息输入源头，包括社交网络、手机应用程序、朋友圈等。

_____

① 引自人民日报微信公众号2014年10月16日发表的极简主义生活方式。

② 钟志贤、邱娟：《养心茶道》，237～240页，北京，国家开放大学出版社，2017。

③ ［日］山下英子：《断舍离》，6～11页，吴倩，译，南宁，广西科学技术出版社，2013。

久坐时间：养成常站立、多走动的习惯。

怀疑：减少不必要的怀疑、顾虑和焦虑。

日常生活：改变忙乱繁杂状态，做到有计划、简洁、素淡，返璞归真。

上述极简主义生活理念，完全适用于处理人与技术的关系，是信息时代人们面对信息爆炸和新技术极速发展的高层次应对策略。

断舍离，不是拒绝、丢弃和脱离，而是生长、发展和更多的获得。

四、极简至上技术流派 >>>>>>>>

从 1946 年世界上第一台电子计算机埃尼阿克(ENIAC)诞生，1981 年 IBM 公司推出世界上第一台个人电脑 IBM5150，到 21 世纪，全球互联网连接，智能手机普及，人工智能迅猛发展……信息技术革命改变了人类社会生活。

技术的发展让用户的体验越来越方便，曾记否，计算机操作系统的进化，从早期的 DOS 字符界面，到微软 Windows 图形界面，谷歌搜索引擎简洁的搜索框，到现在手机端的安卓、苹果 iOS 触摸操作界面，使用越来越简便；汉字输入法的进化，从 20 世纪 80 年代的万"码"奔腾，到现在的搜狗输入法普及，科大讯飞人工智能的语音输入，越来越简便；计算机软件操作的进化，从早期背诵 DOS 操作命令句，到需要培训软件使用手册，用户阅读"Help"(帮助)文件，到鼠标跟随呈现操作说明，小程序打开就用，操作越来越简便。历史证明：一切不方便操作的软件都被时代淘汰了，极简为王。整个信息技术发展的历史就是极简技术发展的胜利史。

在移动互联网时代，那些里程碑式的颠覆性创新，基本上都是极简主义成功的故事，例如，大家耳熟能详的乔布斯的苹果手机创新和中国人几乎都离不开的张小龙的微信，就是这种能够影响到每一个人的标志性的极简技术故事。

第一个极简技术故事："微信、张小龙与他们的极简主义"。

2014 年 5 月 6 日，腾讯公司宣布对组织架构进行调整，成立微信事业群，由张小龙担任微信事业群总裁。当时，张小龙向微信事业群发出公开信，提出七项发展基本理念。

第一，做对用户有价值的事情。

第二，保持自身的价值观，体现在我们的产品和服务中。

第三，保持小团队，保持敏捷。

第四，学习和快速迭代比过去的经验更重要。

第五，系统思维。

第六，让用户带来用户，口碑赢得口碑。

第七，思辨胜于执行。[①]

这七项理念反映了张小龙的极简主义哲学思想。后来，微信的发展和成功，小程序的崛起，证实了张小龙极简主义技术思想和路线的正确性。

现在，互联网上众多的新媒体都在分析张小龙和微信成功背后的秘诀，万千理由归一条：极简技术思想就是这个技术高度发达时代的核心秘密，谁能把极简做到极致，谁就能胜出。

当年微信团队开发并上线的"摇一摇"功能，受到用户热捧时，马化腾给张小龙发了一个邮件说："摇一摇真的很好，但要防止竞争对手抄袭。"张小龙回复说："我们这个功能已经做到最简化，极简是无法被超越的。这就好比'我爱你'三个字，已经将表白浓缩到了极致，少一个字不行，多任何一个字都嫌啰唆。"这段对话，堪称极简技术理念的金句！

在中国，微信的喷发式发展远远超越了马化腾和张小龙最初设计的想象。到2018年，微信覆盖中国96％以上的智能手机。中国14亿人口，日活跃登录量超过10亿的全民应用平台，每天有7.5亿人进入朋友圈，每人要看十几次，每天的朋友圈浏览总量100亿次以上，每天发送消息450亿次，音视频通话4.1亿次。这种覆盖率，截至目前，没有任何一款移动应用程序可以做到。回头看，重新认识微信，它已经不只是一个社交工具，还真正成了中国人的一种生活方式，一个可以满足人们的社交、情感、自我实现等很多需求的地方，就像空气一般，无处不在。

微信真正体现了一种设计理念：外在形式越简单的东西，越含有智慧，不要依赖形式，要依赖智慧。

为什么是张小龙团队开发出了微信，而不是其他人？

有分析指出：张小龙虽然做了"微信之父"，张小龙生活并没有怎么变，吃饭还是爱吃臭豆腐，爱打游戏，业余时间就打高尔夫、读书和打游戏。

生活里，张小龙穿衣服还是一身套头衫加牛仔裤。说话慢条斯理，不是口若悬河的类型，说一句话，要等一会，才能找到下一句。

张小龙几乎从不露脸，不参加会议，他说："参加会议是挺浪费时间的。我不反对开会，只要我不在场就好。"

张小龙不喜欢参加商业活动，他客气地说："我不想成为所谓的名人，也不希望成为大家口里的谈资。"

和20年前一样，他做什么事，一切都是极简主义。只做自己想做的事，见自己想见的人，至于其他，都不那么在意。

极简是一种大师精神，专注于自己的人生，专注于自己所热爱的事，不被繁

---

① 引自"梅花园陈述 2014 年 5 月 8 日发表的文章《微信、张小龙与他们的极简主义》，https：//www.huxiu.com/article/33313.html，2020-01-15。

杂的日常所俘虏，不被嘈杂的周遭所绑架。①

原来，"微信之父"张小龙的生活方式和技术实践，不就是极简主义生活七个建议和极简生活"1－3－9"原则的现实版！

第二个极简技术故事："苹果故事：乔布斯的简洁之道"。

当今几乎无人不知，史蒂夫·乔布斯(Steve Jobs)堪称极简主义引领技术创新的典范。苹果掀起的每一场革命都源于他对"简洁"的执着。乔布斯曾说："简洁比复杂更难做到，你必须努力厘清思路，才能让一切变简单。但这终究是值得的，因为你一旦做到了，就能创造出奇迹。"为什么极简设计的苹果产品能够颠覆一个时代？作者西格尔在乔布斯传记《苹果故事：乔布斯的简洁之道》一书中分析道："人都喜欢简洁，这种偏好深深根植于每种生物的基因之中。做日常决策的时候，大多数生物都认同一点——简单的方案更有吸引力。"

乔布斯对极简主义近似疯狂的执着，甚至痴迷。乔布斯对极简主义的应用包括了苹果公司的硬件、软件、包装、营销，甚至公司的组织架构，引导苹果走向"不同凡想"(Think Different)的胜利，成为当代世界创业故事中的极简主义楷模。

苹果产品线规划的极简主义。1996 年 12 月 17 日，全球各大计算机报刊几乎都在头版刊登出"乔布斯重归苹果"的消息。乔布斯重归苹果后，立即对已经濒临绝境的苹果公司进行大刀阔斧改革，将原来十几个产品线大幅削减，1998 年，苹果推出新型电脑 iMac，一举大获成功。乔布斯刚上任时，苹果公司的亏损高达 10 亿美元，乔布斯的改革扭转局面，苹果一年后奇迹般地赢利 3.09 亿美元，苹果公司股价随即攀升。

苹果软件设计的极简主义。过去从未制造过手机的苹果公司决定生产新型手机的时候，乔布斯否决了数款机型方案，坚持把手机界面删去全部键盘和多余的按钮，苹果手机只设置一个键，颠覆了人们使用手机的传统观念，引领了新时代智能手机的一场革命。接下来，乔布斯又用苹果平板电脑彻底颠覆了电脑行业，不仅让苹果稳登世界财富榜顶峰，而且深刻改变了人类的生活方式。②

苹果产品命名的极简主义，苹果产品使用"i"头，形成系列品牌，如 iPhone、iPad、iPod。乔布斯用无限虔诚的极简主义改造苹果，真正做到了与众不同：产品不多，简洁即美的外表，精简实用的程序，引领时代的潮流。

苹果营销宣传的极简主义。多年来，苹果的广告语"简洁是复杂的终极表现"一直被其他行业人员视为行业标杆。乔布斯的演讲极其完美地将舞台极简设计、幻灯片极简创意与演讲融为一体，他的演讲风格影响了全球大部分科技公司，以

现代极简教育技术

---

① 引自诗人牛皮明明 2019 年 1 月 15 日发表的文章《极简主义信徒，张小龙》，http：//finance. ifeng. com/c/7jUM01jZWS1，2020-01-15。

② ［美］肯·西格尔：《苹果故事：乔布斯的简洁之道》，1294～1302 页，北京，中国人民大学出版社，2017。

至于很多公司要做发布会的时候，都要模仿乔布斯：找个剧院式的大舞台，用大屏幕播放极简风格的幻灯片，主讲人通常还穿着牛仔裤、黑 T 恤与运动鞋。

乔布斯用自己的生命树起了一座丰碑，他带给苹果的极简主义不仅仅是一种生活方式，更是认识世界的一种哲学与信仰，当极简成为苹果公司团队的灵魂，就成了一种改变世界的伟大力量。

追求极简，正在成为业界的共识。正如任正非强调指出：未来的胜利是极简的胜利，外部极简单，内部极复杂，复杂留给自己，方便留给别人。现在电子技术、芯片技术、计算技术等各种新技术已经能够把复杂问题简单化、智能化。[①]

五、教育信息化中的极简教育技术 >>>>>>>

我每天上班从早忙到晚，很累，如何使用极简教育技术提高我的教学工作效率，让我的工作更轻松？很多一线教师如是说。

(一)教师教育信息技术培训的现状与问题

教育现代化之路，其中重要的一项工作就是充分运用信息技术促进教育的发展和提高。2010 年 7 月，国务院颁布了《国家中长期教育改革和发展规划纲要（2010—2020 年）》，明确指出：加快教育信息基础设施建设。信息技术对教育发展具有革命性影响，必须予以高度重视。多年来，各级教育部门开展了一轮又一轮不断提高教育信息技术的培训项目，希望通过教师培训提高基层教师运用信息技术，提高教育质量，促进教育现代化的实现。在实践中，人们发现，教师学习和运用信息技术改进教学，往往会遇到四大矛盾。

1. 学习新技术和教学工作繁忙的矛盾

教师平常的教学工作很紧张，以上海地区的教师工作为例，2013 年，34 个国家和地区的 11 万名教师参加了经济合作与发展组织（Organization for Economic Co-operation and Development，OECD）发起的"教师教学国际调研"（Teaching and Learning International Survey，TALIS)项目。其中，上海 200 所学校的 3925 名初中教师和 199 名初中校长参加了此调研，调研数据显示：上海教师每周用于"上课"的时间为 13.8 小时，用于"备课"的时间为 8.1 小时，用于"批改作业、辅导学生"的时间总和为 13 小时。对上海教师的访谈以及各种媒体的报道中均显示，上海教师的工作时间长，工作负担重，参加文体活动与教研、培训的时间

---

① 引自任正非 2018 年在上研所听取无线业务汇报的讲话，https：//blog.csdn.net/cf2SudS8×8FOv/article/details/82026938，2020-01-15。

少。如何在繁忙的工作中学习新技术，成为教师们关注的现实问题。[①]

2. 学习新技术的驱动力，主动学习和被动学习的矛盾

学习如何在教育教学中运用新技术，教师是学习的主体，如何根据教师成人学习的特点，解决学习的内驱力和外驱力的矛盾，成为很多学校、教育主管部门和教师培训机构关心的话题。

3. 培训内容和形式的针对性与教师实际需求的矛盾

仅以上海教师培训现状为例，目前学校教研活动存在两个问题，一是走过场，不累，对教师的帮助也不大，被教师视为"低维持型"。二是一定要有规模，用力过猛，往往是将教研员或专家意志强加于人，一线教师苦不堪言，被视为"耗竭型"。培训活动也有类似的问题：一是培训内容与教师的实际联系不大，教师为了"挣学分"不得不参加，二是培训方式往往是听报告、做作业，很枯燥。[②]面对来自基层学校教师的抱怨，教师被劣质培训折磨，苦不堪言，期待把"挨训"变为"求学"。培训内容和形式应该真正把培训学习的主动权还给教师，变革培训管理模式，把"被动培训"的外驱力模式转变为"主动想学"的内驱力模式。

4. 飞速发展的新技术与教师有限的时间和精力的矛盾

随着时代变化和信息技术的飞速发展，新理论、新技术、新软件每天都在不断涌现，教师和学生有限的时间和精力应该如何面对？面对教育信息化浪潮，极简主义思路值得借鉴。我们主张将极简主义理念和教育技术实践结合起来，以应用驱动为导向加快推进教育信息化，坚持深化应用。应用是信息技术与教学、管理的结合点，也是教育信息化的生命力。

(二)教师应用极简教育技术的社会条件

从时代的发展来看，极简教育技术潮流的出现，取决于现代社会条件和技术发展的基础。

1. 移动互联网时代个人终端的普及

根据中国互联网络信息中心(CNNIC)发布的第 43 次《中国互联网络发展状况统计报告》，截至 2018 年 12 月，我国网民规模达 8.29 亿，普及率达 59.6%，我国手机网民规模达 8.17 亿，网民通过手机接入互联网的比例高达 98.6%。[③]人们注意到，在中国，无论在基础教育和高等教育，还是职业技术教育、学前教育等领域，教师已经普通拥有个人手机。随着人工智能应用技术的迅猛发展，智能手机的功能越来越强大，20 世纪只有价格昂贵的台式计算机才能够处理的程序运算现在成为个

现代极简教育技术

---

①② 王洁、宁波：《国际视域下上海教师工作时间与工作负担：基于 TALIS 数据的实证研究》，载《教师教育研究》，2018(6)。

③ 引自中国互联网络信息中心(CNNIC)发布的第 43 次《中国互联网络发展状况统计报告》，http://www.cnnic.net.cn/hlwfzyj/hlwxzbg/hlwtjbg/201902/t20190228_70645.htm，2019-02-28。

人智能手机的标配功能，从图像处理到语音识别能够达到实时响应的速度，甚至拥有超越一般台式计算机所没有的高分辨率照相机、GPS(全球定位系统)地理位置定位、摇一摇、二维码扫描等新型功能，从而为极简教育技术的普及提供了技术支持基础。

2. 基于用户体验研究的软件设计

近年来，软硬件设计技术的发展，越来越关注用户的极简体验。使得各类设备和应用软件的设计更加人性化、极简化、实用化。以手机上的小程序为例，腾讯公司董事会主席兼首席执行官马化腾在第五届世界互联网大会上公布了小程序的发展状况：小程序是一种不用下载就可以使用的应用，也是一项门槛非常高的创新。目前，已经有超过150万人加入到了小程序的开发，小程序应用数量超过了100万，覆盖200多个细分行业，日活用户达到2亿。每天涌现出来的无数优秀应用软件，给学校师生运用极简教育技术提供了极为丰富的资源和充分的选择余地。

3. 中国教育信息化发展的历史经验

从电化教育到教育信息化2.0，四十多年的历史经验反复告诉人们，加快教育信息化进程，既要关注"建"，也要关注"用"。随着我国综合实力不断提高，教育信息化的装备建设也得到了快速发展。2012年，教育部发布《教育信息化十年发展规划(2011—2020年)》，确立中国教育信息化发展"两步走"的战略：第一步以建设和应用为主，第二步致力于融合与创新。教育信息化在第一步的1.0阶段实现了"三通两平台"(宽带网络校校通、优质资源班班通、网络学习空间人人通和教育资源公共服务平台、教育管理公共服务平台)建设与应用取得重大进展。我国教育信息化的主要指标普遍实现了翻倍增长，全国中小学互联网接入率提高到90%，多媒体教室的比例增加到83%，教师和学生网络学习空间数量增加到6300多万个。"三通两平台"在短时间内创造了教育信息化的中国速度，不管是东南沿海，还是西部山区，现在都基本能够享受到信息技术给教育、教学和学习带来的各种便利，基层教育的生态正在悄然发生变化。教育信息化1.0阶段强调的是信息技术在教育中的普遍应用，对教师的要求更多关注的是信息技术应用能力，旨在让教师把信息技术熟练应用于教育。但是，人们发现教育信息化在实践中不但出现了"买得多，用得少"的现象，而且，另一方面，信息技术在教育教学中的应用，强化的正是人们努力要改变的传统教育。[1]

更令人想不到的是，2020年新冠疫情突袭，人们发现过去几十年间，教育信息化建设出的教育资源库竟然没有适合学生居家隔离时学习的线上课程。教育部提出"停课不停学"后，亿万师生开展线上教与学，不少教师仓促上阵，暴露出组

---

[1]　杨宗凯、吴砥、郑旭东：《教育信息化2.0：新时代信息技术变革教育的关键历史跃迁》，载《教育研究》，2018(4)。

织线上教学困难的问题。这场疫情令世界发生了不可逆转的巨大改变，为教育信息化留下深刻历史经验：面对发展方向不确定的未来，如何保证学校不断网、学生有课上、教师会上课？痛定思痛，下决心搞好"网络环境—中小学全套数字化课程教材—教师信息技术能力"这三个基本建设，是中国教育迎接未来风浪考验的压舱石。

因此，极简教育技术不仅关注提升教师在教学中应用技术的能力，而且致力于教育信息化2.0改变教育信息化的应用现状，强调教师尽快实现从信息技术应用能力发展向信息素养养成的方向转变，从应用驱动到创新引领，应用信息技术促进教学方式的变革。本书推荐给读者的不仅是如何应用极简实用的技术，还包括应用极简教育技术转变教与学方式的教学策略。正如南国农教授指出："要重视用技术去解决教学教育实践中的问题，使技术产生价值，推动教育改革的深入发展。信息技术如果不实质上提高教育教学的效果、效率和效益，就必然会丧失生命力。"①

（三）全媒体时代呼唤极简教育技术

1. 全媒体时代的社会变革

习近平指出：全媒体不断发展，出现了全程媒体、全息媒体、全员媒体、全效媒体，信息无处不在、无所不及、无人不用。② 纵观今日信息社会，媒体的概念已经发生了翻天覆地的变化。

全程媒体是指信息传播时间和空间没有界限，也指媒体生产设计制作流通的全流程、全过程。一个事件从发生到结束，无时无刻都处在传播的产生、扩散链条中。信息传播突破时空尺度，全球化、零时差、同进度、全方位，传播随时随地都可以发生。

全息媒体是指信息传播物理载体的变化，信息化、数字化、虚拟化，包括全部技术手段、媒介形态和媒介终端。传播突破物理限制，所有信息都可以变成数据，传播的物理呈现形式多元化，囊括了图文、语音、视频、游戏、AR（Augmented Reality，增强现实）等。随着5G、物联网、人工智能、云技术等新技术的发展和普及，万物皆媒体的时代到来。

全员媒体是指全社会都能够参与媒体传播，人人都有麦克风，一部手机就构成一个自媒体传播平台，从传统媒体的一对多单向传播，变成人人都能参与的多对多互动传播。整个社会传播的互动性、参与性、广泛性超越人类历史上的任何时候。

现代极简教育技术

① 南国农：《我国教育信息化发展的新阶段、新使命》，载《电化教育研究》，2011(12)。
② 本刊编辑部：《媒体融合：用得好是真本事》，载《求是》，2019(6)。

全效媒体是指突破传统媒体的功能局限，内容、信息、社交、服务等全效能融为一体，传播效果精准化、互动化，传播的功能和效果全方位。"全社会缩影在一部手机上。"对于我们每天生活在全媒体时代的师生员工，如何面对信息爆炸、信息过载、信息泛滥，如何在海量信息中获得主动权，轻松且高效工作，提高教学生活质量，学习掌握极简教育技术的理念和技术是必不可少的基本生存技能。

2. 四全课堂的混合式教学设计

全媒体时代的变化为学校教育提供了一个全新的社会环境，从而促使教育超越传统的概念，走向无围墙校园、无边界课堂、无时空限制的学习生活，成为"四全课堂"——全媒体时代促进学生个性化和全面发展的教育教学体系。具体说，"四全课堂"是基于全媒体理念和环境的课堂教学变革，即"全程课堂、全息课堂、全员课堂、全效课堂"，让教与学无处不在、无所不及。

（1）全程课堂

课堂教学无界化，学校师生依托极简教育技术的微信群、小打卡、速课网等多种极简平台，突破课堂教学的时间和空间界限，激发师生的内在学习动力，让学习随时随地都在发生。

（2）全息课堂

教学的媒体和工具数字化、全媒体化，充分利用各类媒体，包括数字媒体、智能媒体、传统媒体，甚至每一个参与学习的人员也都是学习的媒体，教学中所有信息和活动都可以数据化、资源化，诸如各类数字资源、课本教材、期刊，极简教育技术的应用程序、小程序、各种工具等，共同构成全息课堂。

（3）全员课堂

参与教学活动的师生之间、生生之间的深度互动，突破过去以教师为中心，"我说你听"的单向度教学，变成多对多，"人人都有麦克风"，互动式、参与式、体验式的深度学习，极大拓展传统教学模式，让参与教学活动的每一个人都成为课程的创建者。

（4）全效课堂

突破传统课堂的功能局限，将课程教材、教学内容、教学信息、群体沟通、教育服务、校园文化等全效能融为一体，促使教育效果不仅仅是知识技能教育，还是立德树人，生命关怀教育，让教学的效果多元化、精准化、互动化、全方位。

四全课堂教学的基本策略是全媒体环境下的混合式教学，教师根据不同的学习环境，学科特点，学习者特点，综合采用多种媒体、技术、教学模式和策略，将各种教学方式的优点结合起来，让每个学生都有切实的获得感。教师要掌握混合式教学设计的四个基本原则如下。

(1)适合性原则

无论什么媒体或者教学方法，适合学习者的就是最好的，教师要善于根据学习者的具体情况，灵活运用恰当的教学媒体和教学方法，让学习者有获得感。

(2)极简性原则

针对学习的需求，安排最适合的学习内容、学习进度、学习方法、学习资源等，删去繁杂冗余的内容，集中精力和时间，做好教学中最核心内容的教学。

(3)整体性原则

要从学生的整体发展考虑教学安排，包括学生的知情意各方面的教育。关注信息化教学设计的整体设计，综合考虑不同媒体技术和教学方法的配合，提高教学效率，减轻师生教学负担。

(4)优势互补原则

科学运用全媒体教学，充分注意不同媒体、不同教法的优势互补。例如，传统纸媒阅读和数字媒体互补，在线学习和离线学习、面对面学习互补，离境学习和实境学习互补，个体独立钻研和群体协作学习互补，教师讲授法引导和做中学体验式教学互补等。

综上所述，社会的历史性变化，教师专业发展的现状与问题，实现极简教育技术的社会条件，以及全媒体时代的媒体融合趋势都到了一个新的时间变化节点，极简教育技术的兴起将成为新的时代趋势。

模块四

极简教育技术的四大支柱

未来新兴技术的迅猛发展会改变教育教学的环境和教与学的方式，教师和学生可以通过学习掌握极简教育技术，尽快适应时代的变化，在日常教学中运用新技术支持教学。要在教学中掌握极简教育技术，真正让每一个教师和学生有切实的获得感，需要从以下四个方面着手，如图 0-1 所示，这四个基本原则被称为极简教育技术的四大支柱。

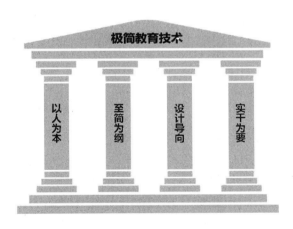

图 0-1　极简教育技术的四大支柱

一、以人为本　>>>>>>>

国家大力促进教育信息化发展，教育面临人工智能等新技术迅猛发展带来的挑战，需要想清楚：教育信息化的初心是什么？

2015 年 11 月，联合国教科文组织发表了《反思教育：向"全球共同利益"的理念转变?》报告，这是联合国教科文组织集中世界各国教育界的集体智慧，提出对未来时代教育发展的预测，要重新定义教育，重新定义知识和学习：维护和增强个人在其他人和自然面前的尊严、能力和福祉，应是 21 世纪教育的根本宗旨。应将人文主义价值观作为教育的基础和宗旨：尊重生命和人格尊严、权利平等和社会正义、文化和社会多样性，以及为建设我们共同的未来而实现团结和共担责任的意识。①

信息技术在教育中的应用是为学生和教师创造一个现代化的生存环境，其目的是提高学生和教师的生命质量，促进人的全面发展。让学校焕发出生命活力，提高整个民族的素质，这是教育信息化的根本出发点，我们将教育信息化的这种发展观称为"生命环境观"。"生命环境观"强调教育信息化"以人为本"，突出"学生和教师的生命质量"，站在生命的层次上研究和处理教育信息化的各个要素。这是教育信息化研究视野的转换：以人的发展和生命质量为中心。②

极简教育技术的一个核心理念，是对发展教育技术观察的视角变化，即从着眼于"物"转向着眼于"人"。过去，我们在讨论有关教育信息化发展的问题时，主要关注的是技术，诸如互联网＋、大数据、人工智能、慕课、微课、多媒体教学等，忽视了是谁使用这些技术，他们为什么需要使用这些技术，以及如何用好技术等这些核心问题。这有点类似于我们家里面收藏了很多东西，总是从这件"东西"是否有用来考虑问题，而不是从"我"是否"现在要用"来考虑。例如，当你购买东西的时候，都觉得是将来有用的，然而，过去了一年甚至几年，有些东西根本没有使用，当你清理家里的收藏物，本想扔掉，但又觉得这是有用的东西，于是，把这些东西又换一个地方堆起来，结果，房间里面还是堆了一大堆看似有用、其实永远不会使用的东西。

因此，以人为本的极简教育技术首先要确认"人"的主体地位，明确"我"的身份定位，这是后续的断舍离和学习掌握新技术的判断起点。假如读者是一名教师，当你需要学习使用某一种新技术的时候，你的身份是学习者、学生、用户，要以自己的需要作为判断的依据。当你要为你的学生设计课程，或者教会你的学生使用新技术的时候，你的角色是教学设计者、教学供给者或者管理者，要以学生为中心，以学生的需求作为判断取舍的依据。当你要给学生培训一种新的技术而自己事先不会的时候，你要先做学习者，当好学生，然后做教师，做设计者，去教学生，这是双重身份。不同的身份考虑问题的角度不同。

明确了教师的主体地位，以人为中心，来考虑教育信息化以及新技术的学习运用，思路就清晰了。

---

① 联合国教科文组织：《反思教育：向"全球共同利益"的理念转变?》，38 页，联合国教科文组织总部中文科，译，北京，教育科学出版社，2017。

② 黎加厚：《创造学生和教师的精神生命活动的信息化环境——教育信息化的"生命环境观"》，载《电化教育研究》，2002(2)。

【极简教育技术 101】①**以人为本在教育教学中的应用举例**

主体需求定位：在教育教学活动中，首先明确主体的当前实际需求，来确定学习目标、学习内容、学习方式，规划和安排等教学细节。针对教师培训和专业发展的项目，主体是参与学习的教师；针对学生的教学安排，主体是教学对象学生，一切都要以学生为中心来考虑。

选择核心内容：聚焦主体当前实际需求，精选核心内容，重点选择那些能够满足主体当下需求的技术、知识、技能等，作为学习掌握的对象。

删除清单自检：根据上一步明确的主体当前实际需求学习目标，列出计划安排的全部清单，凡是与主体实际需求无关的内容，无论你认为多么有用或者多么先进优秀，都要一律删去，舍得割爱。

二、至简为纲 >>>>>>>

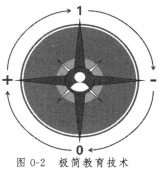

图 0-2 极简教育技术
四个向度模型图

极简主义所倡导的"少就是多""小就是大""简洁即美""大道至简"等理念也是极简教育技术的核心原理。不确定性将是未来人类社会的常态，为了应对不断变化的挑战，每一个人都需要树立自定航向的意识，在充分评估自我情况的基础上，对自身的学习和专业发展明确找准定位方向。根据近年来极简教育技术的实践，我们提出了"极简教育技术学习罗盘"的学习导航框架，如图 0-2 所示，用于指导开展教师信息技术应用能力培训，促进教师信息化教学胜任力的发展。"极简教育技术学习罗盘"突出以人为本、至简为纲、设计导向、实干为要的四大支柱理念，学习者是学习活动的中心和出发点。我们要从四个向度来考虑"自定航向"。

(一)归"1"思维

无论你面临多么复杂的事物，都要想法找出最核心的问题或者主要矛盾，抓住事物的本质，首先在思想上梳理清楚，从千头万绪中理出一条思路。例如，你当下最想做的一件事情是什么，最想解决一个什么问题，你最需要一个什么技术的支持，等等。对于教师学习信息技术这样的具体事情，首先要明确自己的专业发展最需要哪些方面的技术支持，聚焦自己想做好的一件事情，围绕自己的目标来学习和运用技术。这是"自定航向"的目标，也是当下学习的出发点，要做到学

---

① 本书的栏目【极简教育技术 101】是借用古代哲人所言：道生一，一生二，二生三，三生万物，世界万物，始于一，归于一。主要介绍有关极简教育技术的实际操作和策略方面的入门知识和技能。

习以终为始，不忘初心。正如中国古代思想家老子说的：道生一，一生二，二生三，三生万物，这是说世界万事万物，始于一，归于一。昔之得一者：天得一以清；地得一以宁；神得一以灵；谷得一以盈；万物得一以生；侯王得一以为天下贞。[①] 这里的"1"，是指大道理，极简归一。世界万物，都是从简单到复杂，由复杂归于简单。抓住了事物最简单最核心的东西，就牵住了"牛鼻子"。

（二）减法思维

对于非"1"之外的其他事物，要敢于舍弃，大胆放弃，做好减法。例如，在培训教师教育技术能力的课程中，对与上述判断无关的新技术、新设备、新软件，以及纷扰学习和工作目标的其他事物，果断放弃，定期清理，真正做到"断舍离"，力争学习工作达到最理想的清"0"状态。

（三）清"0"思维

对于非"1"之外的其他事物，尽量清空为 0，腾出物理空间、时间空间、物力财力空间、精力空间等，将有限的人生资源集中到目标"1"上面，做好"1"。此思维不仅仅是为了排除干扰，聚焦目标，更是要革除"满足"心态，用"空杯"身心去努力实现"1"的目标。学习就好像佛家的"空杯故事"：已经装满的茶杯再也添不进水，只有倒空茶杯清"0"，才有可能再蓄茶水。

（四）加法思维

想清楚"1"之后，要做好加法，聚集自己的所有资源、时间和精力，始终集中指向目标"1"，做好这个"1"（"1"指大道理、大问题、大思维、大方向、大事情、当下主要矛盾、主要问题等），力争做到极致。在移动互联网时代，互联网思维的一个突出的特点，就是"一点极致"思维，意思是说，任何一个组织、机构、或者个人，要在网络时代有自己的生存之道，在顶层设计时，不要面面俱到，摊子铺得太开，要找到适合自己的长处，做好一点，并且，把这一个长处做到极致。

其实，这种归一清"0"的极简思维，不仅仅是简单的加减思维，也是一种认识论的升华，一种教育教学再造，一种世界观的涅盘，更是一个弃旧图新的起点。

【极简教育技术 101】至简为纲在教育教学中的应用举例

1. 极简教育技术的简约编码原理："米勒-考恩定律"

极简教育技术设计如何才能够真正做到"少就是多""小就是大"？人们从生活中的极简主义故事，苹果和微信等新技术的巨大成功的故事中，已经能够体会

现代极简教育技术

---

① 　高明：《帛书老子校注》，8～10 页，29～30 页，北京，中华书局，1996。

到，未来的胜利将是极简的胜利。但是，如果深究原委，从人的发展、教育教学的自身规律来看，为什么极简能够成功？如何用极简的观念来设计规划教学活动？这需要根据脑科学和认知心理学的研究证据和成果来厘清思路。基于认知心理学的学习理论的研究成果，可以帮助我们把握极简主义教学设计的基本规律。

1956 年，美国心理学家乔治·A·米勒（George A. Miller，1920—2012）发表论文《神奇的数字 7 加减 2：我们加工信息能力的某些限制》，他采用实验心理学方法对人类的注意力跨度进行测试，运用信息通道统计方法分析，使用不同的测试材料对人的即时注意力跨度进行测试，例如，不同的音量、颜色、味道、数字、字母表、语言词汇等，发现人即时记忆一个绝对判断的跨度，可以区分大约七个类别，他把不同刺激物的一个类别的概念集合命名为"组块"（chunk）。米勒的研究结论是，人的短时记忆容量为 7±2 个单元组块，信息组块的数量 7 对于即时记忆是恒定的，而与每个组块内部的信息位数无关。

米勒还强调指出，根据人的短时记忆容量 7±2 个单元组块原理，在生活和学习中，需要更加关注人类心理学中一个非常重要的过程：重新编码过程（Re-coding），特别是人们所做的语言重编码，在他看来，这似乎是人类思维过程的命脉。米勒的研究认为，由于人的记忆容量是一个恒定的组块数量，我们可以通过重新编码，让每一个组块的内部容纳越来越多的信息数量，构建越来越大的组块，从而获得更多的信息，提升组块的有效存储心智容量的能力。[①]

米勒以学习电报编码为例，一个刚刚开始学习无线电码的人听到的每一个嘀嗒、哒声音作为一个单独的块，如（·— —· ·· ·—·—·— ··）共 14 个组块，很快他就能把这些声音组织成字母，A（·—），B（—···），C（—·—·），D（—··），变成了四个组块，他就可以把这些字母组成块来处理，进一步把这些字母组织成单词（ABCD），变成一个组块，甚至是更大的块。学习者的重新编码的每个步骤都不一定是一个独立的过程，可能是在他的学习过程中逐步形成的一个重新编码曲线过程。在学习过程中，信息组织的层次是以不同的速度实现的，并且相互重叠，逐步熟练。

2001 年，美国密苏里大学尼尔森·考恩（Nelson Cowan）在《行为与大脑科学》（*Behavioral and brain sciences*）杂志上发表《短期记忆中的神奇数字 4：对心智存储容量的再思考》的研究报告，他分析总结了人们有关短期记忆（Short-Term Memory，STM）的研究成果，提出：短时记忆容量是 4±1 组块，成年人的平均记忆容量为 3 到 5 组块，而不同个体差异的分布范围似乎更广，从大约 2 块到大约 6 块。[②]

需要指出的是，由于人类大脑的复杂和脑科学研究的局限性，到目前为止，有

① George Armitage Miller，"The magical number seven, plus or minus two,"Psychological Review，1994（2），pp. 52-343.

② Nelson Cowan，"The magical number 4 in short-term memory：A reconsideration of mental storage capacity,"The Behavioral and Brain Sciences，2001（1），pp. 87-114.

关人类认知记忆等机理并未清晰，可以说，目前有关人脑的研究成果都是研究者基于当时的科技水平的成果。米勒-考恩关于人的短期记忆容量4～7组块的理论发表后，这是一个富有创造性和探索性的研究领域，在心理学界引起了人们的兴趣和争论，有提供证据支持的，有质疑科学准确性的，有提出其他研究方案的，等等。一些心理学家从认知心理学与认知神经科学的不同角度，如有关人类大脑振荡的假设，短期记忆容量限制的原因，高级视觉区域的神经组件编码，工作记忆的深层次机制，包括神经生理学，功能磁共振成像，功能性神经影像数据，动物的记忆研究等提出了不同的见解。如果从极简主义的视角来看，一个显然易见的事实是，人的短期记忆和长期记忆都不可能无限记忆信息，总会有一个极限值，当然，这个具体的极限的数量、形态和影响因素等是可以研究和讨论的。米勒和考恩的研究贡献是他们勇于思考这个问题并给出可供人们参考的数据。

在极简教育技术实践中借鉴米勒和考恩的研究贡献，我们称之为极简教育技术的"米勒-考恩定律"（Miller-Cowan's Law），可以用于极简教育技术的各个领域，包括软件设计、资源库建设、项目管理、教师培训等方面的极简设计和管理。例如：

建议应用程序用户操作界面设计要遵循视觉和短时记忆的心理学规律，最适合用户体验的是4～7个功能块组。例如，微信的界面设计，下面是最常用的4个功能键，上面是3个功能键，恰好是神奇的数字4～7，为什么不是更多或者更少的功能和按键设计呢？不知道微信设计团队是否依据"米勒-考恩定律"来设计的微信操作功能选择和界面安排。但是，可以猜测到，他们一定会反复征求用户意见，根据用户和自身的体验反复修改、测试，最后才做出这样的设计安排的。读者也许可以试一下，给微信设计团队反映要求增加按钮或者减少按钮，他们可能会告诉你，为什么是这样。

要重视编码过程在教学中的应用。根据"米勒-考恩定律"，人们的记忆容量大致为4～7组块，也就是说，对任何学习内容，4～7组块这神奇的数字比较适合一般学习者一个时间段中学习掌握新技术、新知识的容量。由于组块的内部信息编码与4～7组块总数无关，所以，如果在教学中将组块内部信息编码灵活组合，就能够提高单位时间的记忆效率，化繁为简。下面是供读者参考的事例。

例1：这是米勒当年告诉人们的一个老掉牙的例子，让一个人记住并回忆12个字母"fbicbsibmirs"将会很困难，但是，如果把这个序列中的字母分成四个组块(FBI、CBS、IBM 和 IRS)这是美国人众所周知的首字母缩略词："美国联邦调查局""美国哥伦比亚广播公司""国际商业机器公司"和"美国国家税务局"，就可以很轻松地帮助回忆12个字母的顺序。如果进一步假设这些首字母缩略词之间没有预先存在的关联，那么这四个缩略词就必须分别占用有限容量的存储来帮助回忆。

例2：手机号码的记忆，如果孤立记忆11个毫无联系的数字，如1、3、9、2、1、8、4、9、1、0、×，你很难记住，也很容易忘记；如果把这11个数字组合编码，变成：139，2184，910×，就很容易记住，因为，这些组块容易引起你的联想：

139 是中国移动的号码，只需记住后面 2184，910×，两个组块内部只有 4 个数字，反复几次就可以记住，这样整个电话号码被编码分成了 3 个组块，容易记忆。同样，中国公民 18 位身份证号码，根据中华人民共和国国家标准 GB 11643—1999 中有关居民身份证号码的规定，排列顺序从左至右依次为：[六位数字地址码]，[八位数字出生日期码]，[三位数字顺序和性别码和一位数字校验码]，编码成三个组块，就很容易记住了。

例 3：当你熟悉了微软办公软件 Word 基本操作(如打开文件、保存文件、复制、粘贴等)，再学习其他软件操作的时候，基本方法都是一样的，新软件凡是类似办公软件操作的技能就成为一个组块，学习者就可以学习软件其他新的功能。

编码过程就是充分利用人已有的熟悉事物的联系(故事，家庭生活，身边熟悉的事物等)，将大脑丰富的内容连接构成一个组块，或者根据 4～7 组块方法将不熟悉的内容化整为零记住，变成若干小的组块，从而更容易记忆。

例 4："米勒-考恩定律"在教师培训项目中的运用，改进教师教育技术能力培训项目，要根据基层学校和受训教师的反馈意见，从整体方案的规划开始，要改变运动式、形式主义等教师培训方式，加强调查研究，根据学校教育教学的实际需求安排培训内容，有针对性地设计和组织教师教育技术能力培训活动，做到培训极简、有效、高质量。从事教师培训的人员应熟悉基层教师日常教学需求，掌握极简教育技术培训技巧。重视"米勒-考恩定律"在教师培训项目中的运用，不要一次培训介绍很多应用技术和软件，致使学习者"消化不良"，事倍功半。

2. 化繁为简的五个技巧

人们在设计应用于教育教学的一项新技术，如新设备、新环境、新内容、新教法的时候，如何把原本比较复杂的事物简化，可以借鉴五个基本的极简设计技巧。

(1)视觉与操作简化。

根据心理学的研究成果，学习者在观看图片进行学习的时候，认知负荷小，理解效果好的图片顺序是：真实物体照片＜平面图片＜素描画片＜简笔画＜矢量图。也就是说，图片的构成越简单越直接，对认知的干扰越小，帮助学习者理解概念的效果越好。视觉简化还包括简化版式、色彩、线条、文字等。现在越来越多的手机界面采用扁平化极简图标，就是这种极简技术趋势。

(2)内容与功能简化。

用户功能需求的精准定位，只安排能够满足主体用户需求的基本功能和学习内容，做到使用方便、操作简单、满足需求。

(3)分层与隐藏简化。

对于硬件和软件的设计，随着不同用户的需求增加，设备和技术的功能和操作越来越多，系统变得越来越复杂，如何将复杂的对象简化，可以采用分层和隐藏的方法化繁为简：按照用户基本需求和使用习惯，参考二八定律分析，按照最常用、次常用、比较少用、特殊使用等不同的使用频率排序、分层，将使用频率最高的几项功能放在第一层，以此类推，在用户使用的第一页界面，只安排第一层功能，做到极简操作。其他层次的功能隐藏，放在下拉菜单或者下一页展开。对于教师培训和教学活动内容的安排，首先学习掌握第一层次的操作使用，隐藏的其他层次的功能让用户根据自己的需求逐次展开。

（4）转移与导向简化。

简化复杂技术系统的设计和教学的另一种策略，可以采用化整为零、分散转移的策略。例如，班级管理和课程管理的系统，可以把教师端最主要的控制功能放在手机移动端，其他更多的功能，诸如课程资源建设和管理、作业评估统计分析、参考学习资源等，转移到网页、台式计算机、大型数据库上面去。在教师培训活动中，可以把面授互动主要的培训内容放到课堂有限时间内，把教师的自学、阅读、实践、写作等活动转移到校本活动和回家作业中。配合转移策略，需要给用户提供导向，让用户知道去哪里可以找到自己需要转移或者隐藏的内容。在软件和教学资源设计中，需要给用户提供的导向功能包括搜索、提示等功能。在教师教育技术能力培训活动中，导向功能是指让每一位教师能够熟练掌握信息搜索技能，学会自主掌握未知新技术、新知识、新理念、新教法的方法，学会学习。

（5）编码与分组简化。

根据前面介绍的根据记忆 4～7 组块的"米勒-考恩定律"，组块的内部编码与 4～7 组块总数无关，可以将繁杂的对象按照某种法则编码组合，可以让工作简化。例如，手机上面很多应用程序图标，可以按照使用功能分组建立文件夹，让手机界面更加简洁。

三、设计导向 >>>>>>>>

极简教育技术的实现，需要通过教学设计和学习活动的实施来具体落实，无论是个人自学或是机构组织的培训项目活动，除了遵循传统系统化教学设计的 ADDIE 法则之外，还需要考虑"少就是多""小就是大"的极简主义原则，并根据脑科学和成人学习理论来组织。下面介绍极简教育技术设计导向的主要方法。

（一）ADDIE 教学系统化设计模型

ADDIE 模型源自美国教学系统设计（Instructional System Design，ISD）的总结，如图 0-3 所示，这里的五个缩写字母 ADDIE 表示教学设计的五个环节或要素：Analysis（分析）、Design（设计）、Develop（开发）、Implement（实施）、Evaluate（评价）。图中的双向虚线箭头表示每一个步骤的教学设计活动都需要进行评价，并根据评价进行调整；单向虚线箭头表示各个步骤的进行顺序，上一步骤要经过修订并调整下一步骤的设计。

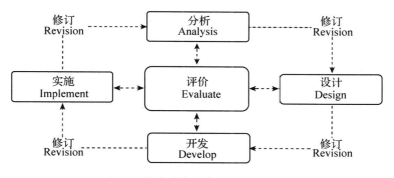

图 0-3　教学系统设计的 ADDIE 模型

（二）基于极简教育技术理念的 ADDIE 极简教学设计说明

面对移动互联网时代不断快速发展变化的新技术、新软件、新工具、新课程、新教法，无论是开发教师培训课程资源，还是新技术的传播推广活动，传统的 ADDIE 系统化教学设计模式由于开发周期过长、开发要求过高，系统设计太复杂，越来越难以适应现代教育和培训的多样化需求。今天，新时代全媒体的迅猛发展，中国教育现代化 2035、教育信息化 2.0、微课、翻转课堂等中国追梦历史前进的步伐，更是让传统的教育教学资源开发方式遭遇前所未有的挑战。时代变革呼唤重新思考 ADDIE 教学设计模式，重构 ADDIE 变革势在必行。

经典教学设计模式 ADDIE 的五个首字母没有变化，但是，从极简教育技术的新兴潮流来看，以人为本、从繁至简、高效快速、整体设计开发的极简化和每一个步骤的内容和处理方法的极简化将是未来教学设计发展的大趋势。

1. 分析（Analysis）

对教学所要达到的行为目标、任务、受众、环境、绩效目标进行一系列的分析。分析阶段明确教学问题和目标，识别学习环境和学习者现有的知识和技能。传统的 ADDIE 教学设计一般是基于国家课程标准和教材的要求来分析，往往从培训者的视角对参加学习的人员的各项指标进行系列分析，对于学习者而言，这是一种"外驱力"的视角。基于极简教育技术的观念，需要重新用以人为本的视角考虑，从学习者自身的需求来分析。例如，分析我的学习目标是什么？我的学习特点、长处和短处是什么？我当下的教学期望掌握的新技术是什么？我有哪些学习资源和有利条件？我存在哪些类型的学习约束和困难？完成的时间表是什么？

2. 设计（Design）

极简教育技术主张采用逆向教学设计，这是一种"以终为始"，通过学习目标引导学习者理解的高效优质教学策略。在设计教学活动之前，先要搞清楚学习要达到什么目的，确定哪些证据表明学习达到了目的，然后才计划适合的教学活动，进而开发相关的教与学的资源。具体操作步骤是：首先根据以人为本的极简理念确定"我""当下"的极简学习目标，然后创建检验学习目标达到的依据或者评价的方法，之后对需要实施的教学活动进行课程资源和教学安排规划。如果你是针对自己的自学，需要规划适合自己需求的学习计划、学习方法、路径、时间表等；如果你作为教师，要为学生设计适合的课程内容、教学组织、学习活动等。

传统的教学设计是从课程标准和教材内容出发，逆向教学设计与传统的教学设计不同，从学习结果逆向思考，倒过来设计教学流程，避开了传统学校教学设计中的两大误区——聚焦活动的教学和聚焦灌输教材内容的教学，前者没有明确学习体验如何帮助学习者达到学习目标；后者缺少明确的大概念来引导教学，缺乏为确保学习效果而进行设计的过程。[①] 逆向教学设计的三个步骤如图 0-4 所示。

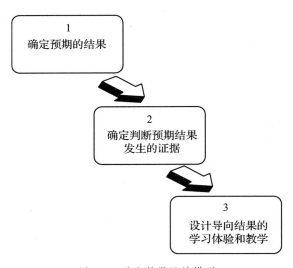

图 0-4　逆向教学设计模型

第一步：想清楚究竟想要什么结果，例如，自己在学习中需要知道、理解和掌握什么知识和技能？最好抓住当前工作中的"牛鼻子"，如大问题、主要矛盾、核心问题等，确定学习的期望和具体学习目标。

第二步：明确如何判断预期的结果是否发生？用什么证据(可接受级别)作为判据，包括过程性评估方法的选择，最终评估办法等。例如，评判学习者学习取得的绩效成果，作品档案、测验成绩、反思日志、同伴评价、效果反馈和其他可以反映学习效果的证据等。

第三步：设计能够产生预期结果的学习活动和体验，进一步设计和落实有关

现代极简教育技术

① ［美］格兰特·威金斯、［美］杰伊·麦克泰格：《追求理解的教学设计》，1～2 页，闫寒冰、宋雪莲、赖平，译，上海，华东师范大学出版社，2017。

的课程、教材、学习资源、教学序列、时间场地安排等。

【极简教育技术101】什么是"逆向教学设计"？

"逆向教学设计"是当代美国教学改革专家格兰特·威金斯(Grant Wiggins)和杰·麦克泰(Jay McTighe)在他们出版的《追求理解的教学设计》(*Understanding by Design*，UbD)一书中提出的教学设计策略，也是"美国视导与课程开发学会"(ASCD)近年来大力向中小学推介的一种课程与教学改革模式。在逆向设计中，教学好比旅行的"路线图"设计，首先选择目的地，然后规划路线图和到目的地所需的旅程计划、资源等。UbD逆向设计的核心理念在于整个教学活动始终指向结果，强调通过实践活动和适合的检验方式和评价标准确保基于理解的深度学习。

3. 开发(Development)

针对已经设计好的课程框架、评估手段等，进行枏应的课程内容编写、资源设计、制作、测试等准备活动。基于极简教育技术的学习资源开发，建议采用敏捷开发策略，充分利用各类技术平台和软件快速制作，根据学习的需要和实施中反馈的情况，不断迭代充实，逐步完善。

【极简教育技术101】敏捷开发简介

1. 什么是敏捷开发

敏捷开发(agile development)是来自软件工程领域的概念，最早源自20世纪50年代的迭代式增量开发方法，到了20世纪后半叶，随着社会需求的变化，软件产品开发面临用户要求快速变化，多样性、个性化等新的挑战，迫使从事软件开发的人们需要更加灵活、快速和更低廉的代价尽快开发软件以满足用户需要，促使软件行业变革软件设计开发的思路和模式。2001年，17名优秀的软件工程师在美国犹他州斯诺伯德的一个度假胜地集会讨论快速轻量级软件开发策略，这次会议签署了"敏捷宣言"，包括4个核心价值观和12条敏捷开发基本原则，标志着敏捷开发的正式诞生。敏捷开发的四个核心价值观如下。[①]

(1)注重发挥开发团队每一个人的积极工作和相互交流，而不只是关注开发流程和工具的使用。

(2)注重工作的完成，而不只是关注开发文档的完整。

(3)注重与用户的合作，而不只是关注合同谈判。

(4)注重对变化情况做出反应，而不只是遵循原先的计划。

2012年，Lembo(莱姆)和Vacca(瓦卡)从学校教育的视角提出了新的《敏捷教育宣言》，内容为：学生和教师的协作胜过流程和工具；学生、父母和教师的

---

① 资料来源：Manifesto for Agile Software Development，http://agilemanifesto.org/，2020-02-23。

协作胜过教育协议；有趣的活动胜过教学设计文本；设计、解决问题和执行任务胜过概念和知识；响应反馈胜过一系列计划。两种《敏捷教育宣言》的提出，一定程度上奠定了敏捷理念在教育领域的发展基调，强调及时响应、活动实践、多方协作，并突出以学习者为中心。[①]

2. 极简教育技术的敏捷开发

从极简教育技术的观点看教学资源开发，要改变传统的从规划开发文本到做出产品(这里的产品指的是教学活动需要的课程资源、课件、学习材料等)的流程，需要基于敏捷软件开发宣言的 4 个核心理念和 12 条敏捷开发基本原则，做到以人为本，以需求目标导向，快速迭代。课程和教学资源的敏捷开发四原则如下。

第一，注意充分利用开发敏捷工具平台和流程设计，但更要重视让有能力的人有效地一起协作，开发团队的人员要少而精，熟悉敏捷开发的理念和实施方法。

第二，开发工作的重心是做教育资源，而不是文档。要尽早提交开发产品供用户使用，并且不断频繁提交产品的最新版本，在使用中及时了解需求变化和产品更新建议，动态适应技术、环境和需求的变化，尽快根据变化做出调整和解决方案，敏捷开发过程中的学习者反馈和调整、交付使用的循环周期，最好以天为计时单位进行迭代。

第三，最重要的是开发人员与使用者密切合作，重视高效的面对面交流，及时发现学习者的需求；充分发挥学习者的积极性，让学习者参与教学设计过程，及时将学习者的创意和资源融入产品中。

第四，开发团队定期反思如何提高效率，如何实现学习者的极简体验，持续关注并引入卓越的技术和优秀的设计，及时做出相应调整。

敏捷开发的核心思想可以归纳为：合作、沟通、快速响应变化、迭代开发，不仅适用于产品类资源开发(教育软件、课程、讲义等)，也适用于培训项目类的资源和活动开发。

4. 实施(Implement)

使用已经设计制作好的教学资源开展教学活动，基于极简教育技术原理的教学活动组织要力争少而精，低耗高效。教学内容的安排要遵循"米勒-考恩定律"，一般情况下，单位时间的学习内容最好不要超过 4～7 组块内容，不要一次学习太多的内容，会不利于学习的消化吸收。

5. 评价(Evaluate)

对课程教学和学习效果进行评价，根据逆向教学设计的思路，需要根据学习

---

① 闫寒冰、李帅帅、段春雨，等：《敏捷理念在教师培训课程开发中的应用研究》，载《中国电化教育》，2018(11)。

者期望的学习结果来设计和实施评价方案，评价的方式可以采用多元化的评价方式，根据学习活动的不同情况，可以是融入学习活动的及时反馈，自评，反思清单检查，小组成员互评、作品评价、表演型评价、学乊评价等。在上述各个环节都可以进行评价，并将评价结果反馈到后续的活动中，及时调整相关教学设计环节。

四、实干为要 >>>>>>>

大道至简，实干为要，落实极简教育技术的关键是行动。根据多年来教师培训的历史经验，教师培训特别是促进教师学习掌握新技术和改变课堂教学的培训活动，单纯依靠进修课程和参加培训项目讲座是不够的，亟须变革培训的学习方式和管理模式，转向以人为本的极简行动新模式。

（一）以人为本的学习方式转型

极简教育技术的行动强调对"学习者"自身和当下三动需求的学习，而不是传统教育的基于课程标准和课程教材的系统化学习。过去许多教师培训项目没有正确区分成人教育（教师教育）和基础教育，忽视了学习者作为成年人的学习特点。教师培训作为成人教育最主要的特点是：教师的学习与儿童的学习不同，成年人已经形成了成熟的自我概念，已有丰富的工作生活经验，学习的主要目的和动力来自对现实的具体需求。根据成人学习理论，极简教育技术的成人学习方式需要变革传统模式，在时间和空间的两个维度转型。

1. 时间维度的转型

从储备式（或者叫作预备式）学习走向即时性学习。青年学生在基础教育和高等教育阶段的学习多是储备式学习（just in case），它的学习依据是，某些知识和技能"万一"（in case）以后有用呢，所以现在要学习；但教师进入工作岗位后，学习更多地转向了即时性学习（just in time），在遇到任务和问题时进行学习，学以致用。相比储备式学习，即时性学习更有针对性，也夏及时，减少了学习和应用之间的时间间隔，确保了最少的遗忘发生。[1]

传统教育对学习内容的判断是基于这个知识和技能"将来有用"，但是，面对极速发展的信息时代，这种判断遇到了无限增长的新知识和学习效果的矛盾。面向学习者当下需求的"即时性学习"转型就是为了解决这个时代难题的极简主义对策。

极简教育技术认为，伟大的目标始于当下，学习和运用新技术、新理念、新

---

① 闫寒冰、苗冬玲、单俊豪，等：《"互联网＋"时代教师信息技术能力培训的方向与路径》，载《中国远程教育》，2019(1)。

教法，要从现在就开始，不要等到明天，因为明天之后还有明天，未来永远在未来。要果断放弃总是想寄托未来和明天的拖延症，积极主动"带着问题学习"，"为用而学"，学以致用。

当然，如何把握好远与近，系统学习和解决当下需求之间的辩证关系，避免"只看脚下，不看星空"的误区，需要掌握好适当的平衡度。

2. 空间维度的转型

从离境培训走向实境学习。华东师范大学网络学院闫寒冰教授对全国教师培训活动经验分析中，提出了将教师对新技术的学习从离境学习(指离开教师任教的学校课堂，集中到培训班学习)转向紧密结合教师教学工作的实境学习(在教师工作的实际情境中学习，结合教师具体的备课、上课、批改作业、班级工作等日常教学事务中)。现在，日益普及的移动互联网环境和丰富多彩的应用程序、小程序等新技术，为教师的实境学习提供了丰富的技术支持。实境学习的优点是将理论和实践无缝连接，将间接经验的学习与直接经验的体验式学习无缝连接，促进新理论、新技术、新教法的学习直接转化为真实世界的教学生活实践。

(二)关键是行动

极简教育技术的四大支柱介绍了如何实施极简教育技术的方法和路径，但是，任何想法和计划要变成现实，关键在行动。在基层学校，一线教师忙于教学工作，很难坚持学习教育技术，如何解决教师的"工学矛盾"这个老大难问题？下面给读者推荐《5 秒法则》和《信息时代优秀教师的七个习惯》，让自己马上行动起来。

1.《5 秒法则》

"5 秒法则"是一种极简思维工具，帮助人们突破思维障碍，激励勇气，实现自我改变。"5 秒法则"的使用方法是：在你要学习某个新技术、新理论、新教法的时候，每当你对该做的事情感到迟疑时，就立刻倒计数口令：5，4，3，2，1。一旦你数到"1"，就立刻行动。记住：只有行动才能改变一切。这是美国作家梅尔·罗宾斯(Mel Robbins)从一次火箭发射电视转播画面的倒计时中获得灵感，她总结出"5 秒法则"，并出版了《5 秒法则》一书，并很快成为全球畅销书，改变了数百万人拖延的行为习惯。"5 秒法则"的原理是，当人们在需要行动而又犹豫不决和拖延时，通过倒计时口令屏蔽心理感受，极简化思考与行动的过程，5 秒钟的勇气，让人生变得与众不同。

2. 信息时代《优秀教师的七个习惯》

为什么在现实的生活工作中，有的人能够坚持行动获得成功，而有些人却只能够想到而做不到呢？人们注意到，学习极简教育技术并能够真正行动，改变自己生活工作质量的人，都是在自己的教师生涯中，努力培养和形成了自己良好的思维和生活工作习惯，从而逐步走向成功的。人民教育出版社的中小学数字化教学杂志编辑向笔者约稿，希望反映我国改革开放 40 多年教育信息化发展进程中教师专业发展的特点。我们根据多年来参加全国教师培训项目的经验，发现很多优秀教师的成长规律，是他们养成了良好的思维方式和习惯，于是将他们学习和实践的特点归纳概括为"信息时代优秀教师的 7 个习惯"，这或许是广大读者践行极简教育技术的必由之路，在本书中精简归纳如下，供读者参考。①

（1）高期望。

在教师队伍里，你总可以看到有一些对工作、对教学、对信息化教学积极主动参与，很有责任感的优秀教师，他们好像是与生俱来充满着激情，热爱自己的工作，热爱自己的学生，热爱自己的学校，对新事物总是充满兴趣，乐观向上，满满的正能量感染着周围的师生。他们不仅对自己总是高标准、高要求、高期望，而且对学生也是高期望、高关怀。他们满怀梦想，追求人生意义感，而且一直不忘初心。这种性格或者说是长期养成的习惯，好像与人的年龄无关，无论是刚刚入职的青年教师，还是久经杏坛磨炼，教学经验丰富的中年教师，甚至看到一些年近退休的老年教师，对数字化教学也是热情洋溢，忘记年龄。

（2）善学习。

信息时代的高效能教师特别爱学习、善于学习、高效学习。许多优秀教师，成长的速度很快，与他们爱学习的习惯分不开。他们在生活中对新事物永远保持高敏感，能够随着时代的进步不断学习新技术、新理念、新教法。他们学习的方式多种多样，除了传统的阅读书报、新闻媒介、培训班会议、上网查询等，这些人最擅长的学习方式是通过"朋友圈"互相交流学习。他们的学习更倾向于深度学习，他们大多具备高学习力，不是简单接受式学习，对任何新的东西都要经过自己的独立思考，深入理解和分析，紧密联系自己的教育工作实际。对于国外传来的许多新理论、新技术、新模式，也会发现其中不适合中国国情之处，能够批判性的学习和应用。

（3）肯实践。

优秀教师学习新技术一般都是从模仿、练习开始，逐步熟悉技术，然后尝试用于自己的课堂教学，在使用过程中不断改进，最后对于技术融入课程教学达到娴熟。在世界上，任何新的事物，开始的时候总会遭到很多人的反对、怀疑、不理解等，优秀的教师具有敏捷的高感受力，当新事物刚刚出现时就会觉察到新的变化，把握变革与发展的机遇，当他们在教学中学习运用新的技术和理论的时候，能够沉浸其中，长期实践，遇到阻力和挫折也能够坚持不懈。

这些人的共同特点：具备高行动力、高反思力，自省，勇于承认错误，无论教

---

① 黎加厚：《信息时代优秀教师的七个习惯》，载《中小学数字化教学》，2017(1)。

学还是科研活动，一旦意识到问题，立即会主动调整改进。在实践中注意不断修正、迭代，通过多年来的实践，逐步形成了非常开放的心态和包容的思维习惯。

（4）善设计。

注意培养自己的想象力、设计感。平时的教学工作中，很注意细心观察学习他人的教学经验。在课堂教学中，备课充分，学科知识精益求精，重视方法论的教学，教学设计不仅设计知识内容，更注重设计教学活动，能够熟练地使用互动教学、可视化表达、新技术融入，课堂讲授特别有故事感和共情感，无论是教学媒体设计制作，还是课堂教学活动的组织设计，于细微处显现工匠精神。

（5）爱创新。

信息时代的优秀教师能够在常态化教学中发现问题，并能够与教师团队和学生一起致力于解决问题，创新教学方法，灵活地运用技术促进教学。他们善于跨界思维，不断更新，迭代解决问题的策略，研究新技术条件下的教育教学规律。

（6）乐交流。

他们习惯团队协作的工作和学习方式，深知"三个臭皮匠，赛过诸葛亮"的集体智慧原理，熟悉"六顶思考帽""拼图式"（Jigsaw）"世界咖啡屋"等合作学习策略。他们是使用新媒体（博客、微信朋友圈、公众号、QQ、直播）的高手，乐于无私分享自己在数字化教学中的收获体验，有的人甚至成为网红名师，粉丝众多。

（7）利其器。

他们深知"工欲善其事，必先利其器"的古训，高度重视生产工具的装备，早在20世纪90年代，笔记本电脑刚刚问世不久，这些人会勒紧裤腰带用自己多年的积蓄去买一台价格不菲的电脑。他们更知道，教育信息化，最好的资源不是现在大家说的资源库、教案库等，最好的资源是人，人是教育的第一要素。他们不断丰富自我，注重人生修养的提升，知识面宽阔，兴趣广泛，天文地理、人文艺术整合，思想开放、开朗、幽默、生动。他们关注身体健康，热爱锻炼，有的人喜欢每天晚饭后坚持散步；有的人喜爱节假日爬山远足，徒步上瘾；有的人热爱游泳、打乒乓球；还有的人即使出差也不忘锻炼。他们身体力行，长期坚持，时间久了，已经成为一种人生习惯。

任何普通的教师，如果你能够实践上述高效能优秀教师的7个习惯，并且长期坚持，"1万小时定律"就会出现在你的身上，你也会成为数字化时代的优秀教师。

模块五

本书的学习方法

随着全社会全媒体的迅速普及，极简教育技术倡导的按需服务（Service on Demand，SOD）、按需学习（Learning on Demand，LOD）的教育信息化环境和学习方式将成为现实，任何人只要你有需求就可以找到学习的资源，解决你的问题。本书就是在这样的时代背景下出版的，本书的定位是为关注极简教育技术应用的读者服务，包括各级各类学校的在职教师、高等院校有关教育技术类课程教学、教育培训机构、教师进修学院、各类教师培训项目、师范院校的师范生等。

本书系统介绍了极简教育技术的理论，并推荐了适合读者日常工作使用的若干极简教育技术，目的是帮助读者比较全面地了解极简教育技术的主要思想，基本原理和技术方法等。全书包括绪论和五个极简教育技术操作部分，绪论部分比较全面地介绍了极简教育技术的发展历史和理论基础，帮助读者掌握极简教育技术的基本原理；五个有关极简教育技术的实用操作部分，根据当前教师在学校的工作和生活的实际需求，提供了比较全面的技术培训课程，可供读者自学，或者学校和培训班作为学习教材。

读者如果对极简教育技术很感兴趣，希望深入学习掌握极简教育技术的理念和技术，建议你尝试采用本书介绍的基本学习方法，改变过去多年来教师培训的惯性思维，从极简思想、极简精神、极简生活入手，在自己的工作和生活中学习（实境学习和即时性学习），确定好学习目标就立即行动（5秒法则）。

极简教育技术强调学用紧密结合方式，读者可以根据自己的实际情况采用多样化方式学习。为了帮助大家学习掌握极简教育技术，本书的每一部分的最后，针对各部分的内容提供了若干教与学的策略建议，可供使用本书的教师和学生参考。例如，高校、教师进修学院和培训班作为教材，建议采用小组互动式教学，将极简教育技术的理念和实用新技术的动手操作结合起来学习；教师也可以自学，通过朋友圈相互交流学习的体会，共享新技术的教学运用之道；也可以不用专门学习，而是作为办公室案头参考手册，遇到需要技术帮助解决实际问题的时候，以拿出来即用即学的方式参阅。推荐读者在本书阅读的同时，采用手机搜索学习，群里同伴互助学习，以及向学生学习等全方位学习方式，相信你一定会有所收获。

练习题 >>>>>>>

1. 思考题：为什么极简教育技术在移动互联网时代才被大家重视？

2. 设计题：如何根据极简教育技术的四大支柱原理，对教学活动进行修改设计？

3. 分析题：收集有关极简主义和极简教育技术的网上资料，总结极简教育技术的特点。

教与学的建议 >>>>>>>

1. 绪论部分主要介绍极简教育技术有关的基本原理、理论发展脉络，让读者对极简教育技术的整体思想有一个比较系统全面的认识。这部分的教与学，可以通过教师引导、学习者自学阅读、小组讨论、全班交流的方式学习。

2. 教师可以根据极简教育技术的基本思想，选择一些社会热点话题(例如，是否让学生自带设备进入课堂的话题)，组织学员讨论，分享自己的看法，达成共识。

3. 师生可以自选一些技术在教育教学中运用的案例，开展调研活动，分析教育信息化进程中成功的经验和失败的教训，总结教育教学中应用新技术的规律。

4. 开展研究性学习，例如，让学生回忆技术应用的历史，去访谈不同年龄的人，问问他们，从小时候到现在，技术如何影响人们的生活，听听老人们讲述当年村里刚开始有有线广播的情况，家里第一次有黑白电视的情景等。

做事前牢记九字箴言：你喜欢，你需要，你适合。
适用于很多事，包括感情也一样。

——青年文摘，2018。

第一部分 学习目标

通过第一部分的学习，学习者应达到下列目标。

1. 对于自己希望获得的信息资料，或者遇到的问题，能够通过微信搜索和其他有效的网络搜索方式获得参考资料。

2. 了解移动互联网时代使用手机进行教学的重要意义，并能够掌握运用手机上面的应用程序、小程序等开展教学工作的技能。

3. 能够充分利用超星学习通等软件和各种教育资源，开展丰富多彩的教学活动。

4. 了解在全媒体环境下，如何转变教学方式，能够运用适合全媒体时代的各种教学策略。

第一部分
让教学资源为我所用的技术

今天，每一个教师的信息化教学能力，与教师的学习能力、研究能力密切相关，直接影响到教师专业发展和教学水平的提高。能够熟练地在移动互联网时代获取新思想、新信息、新技术，在海量的互联网信息资源中高效率获取自己最需要的信息，对教师的专业成长至关重要。甚至有人说，"搜索信息的能力"是教师信息技术能力的核心技能。如何使信息资源更好地为我们所用，而又不被信息泛滥干扰？学习掌握信息资源的搜索技巧、有效信息的下载、信息的高效管理等技能显得尤为重要，这一部分的内容将帮助读者用好极简现代教育技术，更简单、更高效、更实用、更有效地解决工作中的实际问题，提高教学效率和质量。

模块一

如何查找备课需要的教学资料和信息

移动互联网时代，教师在备课、教研、科研课题申报、工作总结等工作中，随时需要了解教学改革新信息、新思想、新理论，时代变化的新技术的发展、日常教学中的新教法等，学会搜索信息资源成为一项对教师重要的教学能力，掌握高效的搜索技巧意味着高效的信息获取能力，那么如何在海量的信息资源中更有效地查找对我们的生活、教学过程等有用的信息呢？下面介绍各类资源的搜索与下载技巧，同时推荐一些对教学工作实用的相关公众号、网站等，让互联网中丰富的教学资源更好地为教师所用。

一、移动互联网时代的信息搜索技巧 >>>>>>>

（一）手机上的微信搜索功能

我们可以看到几乎 99% 以上的教师都在使用手机，而且几乎都有微信。但是，很多人没有想到，自己手机上的微信，就是随身携带的一个"微型计算机"，是你连接信息世界的第一入口，也是你的个人信息中心和教学资源中心。打开手机微信，从菜市场买菜扫码付钱，上街骑共享单车，银行转账，医院看病，网上订票，飞机航班管理，到看报纸、看电视、听广播，朋友圈交流等，手机微信已经成为人们须臾不能离开的生活工具。早在 2018 年 3 月，腾讯董事会主席兼首席执行官马化腾接受采访时表示："微信月活跃用户数已经突破 10 亿大关。"这是一个"了不起的数字"。在这个 10 亿级大数据后面，是微信超越所有人（包括微信开发团队）的想象力的社会化海量信息资源，以及"微信综合征"对整个社会和人类身心的影响，可以毫不夸张地说，微信不仅改变了整个社会的生活方式，甚至正在改变人的脑神经结构。

微信席卷整个社会的胜利，也是以张小龙为代表的微信团队极简技术主义的胜利。读者可以"站在微信巨人的肩上"，充分利用微信的社会化力量去创新教育教学活动，就像古希腊神话中的巨人安泰俄斯，只要他保持与大地母亲的接触，就会力大无穷。

微信强大的搜索功能除了可以搜联系人和群之外，还可以搜索到包括朋友圈内容、文章内容、聊天记录，甚至新的资讯，你可以用微信搜索查到更完整、观点更系统化的文章和资料。

1. 搜索某主题内容

(1)打开微信主页面→点击右上角放大镜(搜索栏)，如图 1-1 所示。

(2)在输入栏输入待搜索内容的关键词，如"教学资料"，则与教学资料相关的朋友圈、文章、公众号等就会显示出来。

图 1-1 微信搜索框

输入关键字搜索后可以看到，首先呈现的是你的聊天记录以及你关注的公众号内关于该关键字的信息内容，其次即"搜一搜"信息栏，点击进去，可以看到关于关键字的搜索内容，你可以按照模块类型进行查看，包括公众号、文章、视频等，你也可以根据需要的信息类型进行查看学习，如图 1-2 所示。

| 全部 | 公众号 | 文章 | 视频 | 朋友圈 | 小说 | 小程序 | 音乐 | 表情 | 问答 | 百科 |

图 1-2 "搜一搜"信息栏

例如，某数学教师想查询一些关于"九年级数学"方面的相关资料，如果使用微信搜索方式应该如何查询到这位教师需要的信息呢？下面我们以关键字"九年级数学教学资料"为例来使用微信进行搜索。

如图 1-3 搜索所示，我们输入关键字后可以得到包含浏览器资源在内的各类别相关信息，可以根据需要进行查阅了解，依据关键字会有相关微信公众号的推荐，关注还能够获取其推送资源，并且可以有效去除一些无关的广告信息，避免他信息干扰。

现代极简教育技术

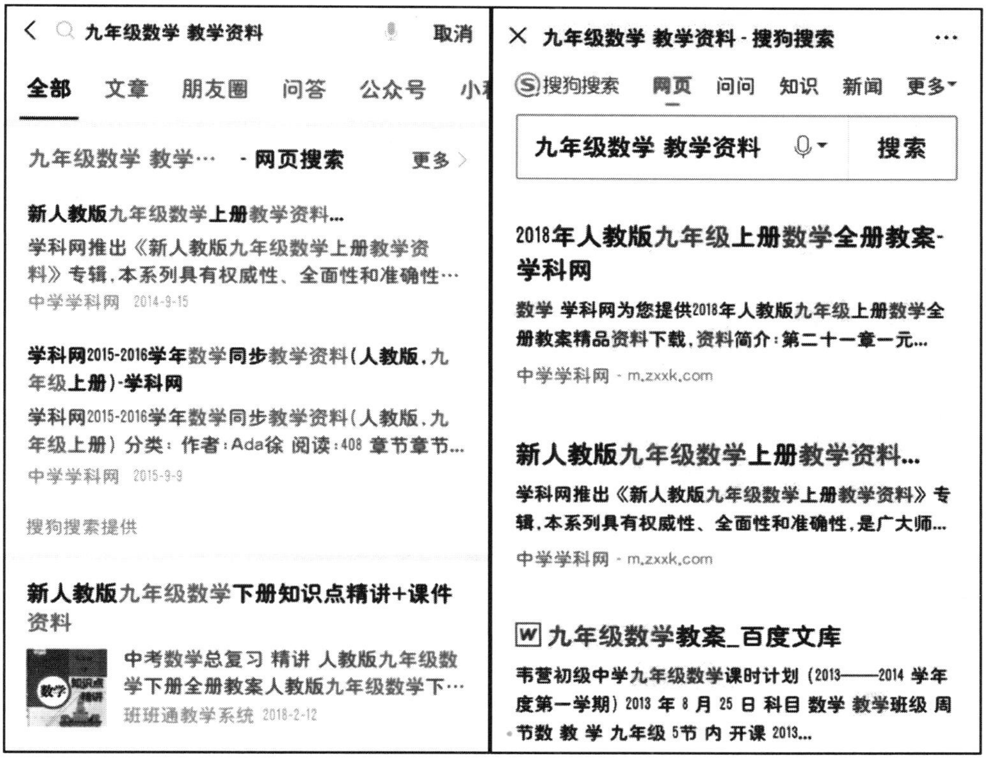

图 1-3　微信搜索中的"全部""文章""公众号"等搜索

2. 搜索某个好友的朋友圈

如果你想搜索某个好友的朋友圈内容，不用逐条翻。比如，张老师在朋友圈中发布过一篇关于教育信息化的文章链接，由于时间太过久远，直接去朋友圈查找太过麻烦，怎样快速找到 2016 年 10 月这位老师的朋友圈内容呢？（在朋友圈权限开放的情况下）

(1)打开微信主页面→点击右上角放大镜→点击朋友圈→输入"张老师"。

(2)点击按时间筛选→选择 2016 年 10 月，则该具体时间段内的朋友圈内容就显示出来了，如图 1-4 所示。

3. 搜索某公众号的文章

有很多公众号文章热心推送信息技术提高教学效率和教学改革方面的相关内容，经常介绍推荐适合教师教学使用的应用程序、小程序或网站资源，如"课堂漫话"微信公众号，如果要快速查找该公众号的精彩文章，该怎么做呢？

(1)进入公众号→点击页面右上角三个小圆点的图标→点击右上角搜索图标，在搜索框里输入关键词查询。

(2)例如，输入"PPT"，就可以学习与 PPT 的资源、制作等有关的知识了。

如图 1-5 所示，我们在"课堂漫话"微信号搜索"PPT"相关的内容。

取消			确定
不限		不限	
2018年		12月	
2017年		11月	
2016年		**10月**	
2015年		9月	
2014年		8月	
2013年		7月	

图 1-4　朋友圈搜索

图 1-5　微信公众号资料搜索

4. 微信公众号的搜索

你如果想查找微信公众号，可以采用手机上的微信公众号搜索：打开手机微信，点击上方的小放大镜图标(搜索图标)，选择"公众号"搜索，输入你想查找的微信公众号关键词，也可以看到很多有用的信息。

配套方法：使用搜狗搜索网络版，在搜索框的右侧，选择"搜公众号"，也可以方便地找到你需要的微信公众号。

如果你不知道优秀的微信公众号的名称，那么如何能够找到它们呢？技巧如下。

现代极简教育技术

(1)利用前面介绍的微信文章搜索，输入自己当下最感兴趣的话题的关键词进行搜索，可以发现很多相关的文章，浏览这些你感兴趣的话题的文章，会发现其中最精彩的文章，你会想到，这篇文章的作者，或者转载这篇文章的微信号一定是与你的观点和兴趣相同，他才会发布这篇文章。

(2)点击这篇文章标题下面的一行小蓝色字体(就是这篇文章的来源和出处)，就进入了这个微信公众号，添加关注，浏览他的历史文章，就可以发现更多的相关话题的优秀文章资料。

5. 搜索微信群的共享资料

微信群是很适合群体智慧共享的交流学习环境，能够促进协作学习互动。教师在课堂教学和拓展学习中使用微信群平台，课堂微信群消息就是该课程的授课与学习的轨迹和笔记，同时也包含教师与同学分享的与专业相关知识资源。那么，如何从成百上千条群消息中快速找到想要的内容呢？

进入微信群→点击页面右上角三个圆点式的图标→点击"查找聊天记录"，可以查找指定某位群成员、具体某天的信息内容，同时可以选择聊天记录类型，如图片及视频、文件、链接等消息。

如果想查看曾经在群里发送的文件，可点击文件，就可以看到各种格式的文件，如图 1-6 所示。

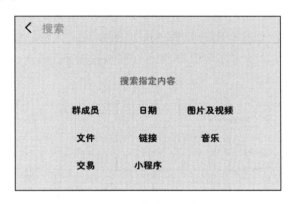

图 1-6　微信群搜索

6. 如何在微信文章中找到特定关键词内容

上面介绍了如何搜索到自己需求的文章资料，如果要在一篇很长的文章中快速检索感兴趣的关键词内容，应该怎么操作？

例如，我们在微信文章搜索中输入关键词"极简"，看到一篇精彩文章《追求极简的宜家创始人走了》，这篇介绍宜家创始人坎普拉德的极简精神的文章，详细介绍了宜家在全球经营成功的极简创意、极简风格、极简体验、极简管理等经验，读者联想到可以迁移到自己的极简教学设计、极简培训活动设计的实践中。文章很长，内容丰富，如果你只想搜索这篇文章中与"极简"有关的内容，应该怎么办呢？方法如下。

(1)点击文章右上角的三个小圆点。

(2)选择"搜索页面内容"。

(3)输入关键词"极简"，宜家极简模式的精髓内容立即呈现在你的眼前。

(二)教师如何找到适合自己教学的应用程序和小程序资源

移动互联网时代，教学中不仅可以利用图片、视频类的教学信息资源，还可以使用应用程序、小程序来增加课堂学习与实践互动。例如，一所学校的某位美术老师希望可以找到适合自己教学的应用程序或小程序来丰富教学活动，那么老师如何找到这些所需要的软件呢？下面介绍几种方式，大家一起尝试体验一下，跟这位美术老师一起来找到上课需要的应用程序及小程序资源，其他学科的教师可以采用类似的方法搜索和使用应用程序和小程序。

1. 微信关键字搜索

教师在教学中需要寻找适合自己学科教学的应用程序工具，除了通过培训班学习、学校教师朋友圈交流、办公室同事推荐之外，还可以利用手机微信文章搜索的方法，找到对自己教学有用的应用程序。方法：在手机微信文章搜索中输入关键词：××学科应用程序，如数学 App(应用程序)，化学 App，儿童 App，想找到大家筛选出来的好用的教学应用程序，可以使用关键词"教育 App 金榜"搜索，即可看到国内评选出的优秀教育 App。例如，以"绘画 App"为关键字搜索，如图 1-7 所示，通过该搜索还可以得到一些网络推荐的 App，根据你的需要选择即可。

图 1-7　微信文章搜索

在微信文章搜索中看到的信息，都是其他热心微友经过自己筛选后推荐上传的资料，所以，这些信息具有新颖、量大、实用等特点。除此之外，手机上还有一个专门查找小程序的地方，在这里我们尝试一下如何搜索到有关美术绘画小程序的资源。

(1)进入微信→选择"发现"选项→下拉到最底部打开"小程序"→搜索框里输入关键词查询，如图 1-8 所示。

(2)例如，输入"绘画"，所有与"绘画"关键字相关的小程序都会在下方列出。

图 1-8　小程序搜索

小程序搜索结果显示只包含关键字信息的内容，如"绘画"关键字，显示结果包括"绘画人＋""飞乐鸟绘画课堂"等，所以查询与美术相关小程序可以尝试换一换关键字以便搜索到更多需要的信息，如与绘画相似的"画画"，则会显示出"画画板""我来画画"等更多小程序，如图 1-9 所示。

2. 浏览器搜索

浏览器搜索是大部分人查找资源的途径，如大家熟悉的百度、搜狗、必应、谷歌等搜索引擎网站，有海量信息资源等你挖掘，包括多种信息类型，如网页、图片、音乐、视频等，用户可以根据不同需要进行相关检索。以百度搜索网站为例，检索一下美术老师所需要的资源，这里以"美术相关 App""美术相关小程序"为例进行检索，结果如图 1-10 所示。同样的检索内容，可以尝试换一换关键词进行搜索，同时可以辅助搜索工具，如时间限制、类型限制、网址站点限制等，可以进一步提高搜索的准确度。

图 1-9 小程序搜索关键词"画画"的结果

现代极简教育技术

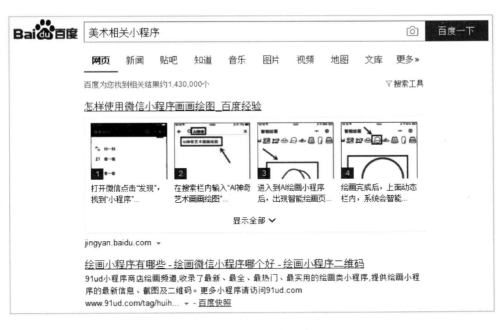

图 1-10　使用百度搜索

搜索时，可以尝试使用一些符号语言来帮助我们更精确地得到检索结果。如使用引号（""）或书名号（《》），如"九年级数学"、《九年级数学》，检索关键字将成为一个整体，不被拆分成多个关键字信息，实现精确匹配；使用加号（＋）：在关键词的前面使用加号，也就等于告诉搜索引擎该单词必须出现在搜索结果中的网页上，例如，在搜索引擎中输入"＋初一＋数学＋人教版"表示要查找的内容必须要同时包含"初一""数学""人教版"这三个关键词；使用减号（－）：在关键词的前面使用减号，也就意味着在查询结果中不能出现该关键词，例如，在搜索引擎中输入"电视台—中央电视台"，它就表示最后的查询结果中一定不包含"中央电视台"。注意：电视台后有个空格。

3. 微信公众号搜索

除了使用专门搜索引擎获得我们需要的信息资料，我们平时还可以多注意一些公众号上资源的分享，微信公众号是全媒体时代"人人都有麦克风"的自媒体传播平台，有很多热心人会推荐介绍教育软件应用程序的功能与基本操作，如果有需要，可以学习相关内容。

打开微信搜索，选择公众号搜索，就可以找到有关公众号的内容，如图 1-11 所示。下面，建议读者动手试一试，使用前面介绍的微信搜索方法，检索相关公众号平台，是否可以找到与美术教学相关的公众号呢？在本章节第四部分内容中我们会分类为大家整理推荐适用于各个学科的网站及公众平台供读者参考。

图 1-11　微信公众号搜索

4. 微信朋友圈搜索

物以类聚，人以群分。微信朋友圈里汇集的都是志趣相同的人，所以，在朋友圈搜索的信息和资料，往往是大家共同感兴趣的事情，相关度很高。尤其是针对教学内容来说，所需要的软件等功能大部分都是大家共同需要的，实用的软件、小程序可以推荐共享，在朋友圈里面聚集了适用于教学的应用程序与小程序的集体智慧和丰富的资源。

朋友圈搜索信息的方法，打开手机微信，点击上方的小放大镜图标（搜索图标），选择"朋友圈"搜索，输入你想查找的关键词，就可以看到很多来自朋友圈的有用信息。

移动互联网时代下，信息无处不在，如何使用简单高效的方式检索到我们需要的资源，是现代社会中的一种新技能。

二、常用高效网络搜索技巧 >>>>>>>>

（一）如何查找教学需要的相应格式资料

1. "file type"格式搜索

如果读者希望搜索有关教案、论文、讲稿等 PPT、Word、Excel、PDF 格式的文件，可以利用搜索引擎的字符串搜索。以百度搜索为例：在搜索框输入关键词之后，隔一个空格，后面输入"file type"和文件格式，就可以搜索这类文件格式的资料。（关键词 filetype：PPT）

例如，我想查找有关人工智能方面的 PPT 资料，就在搜索引擎的搜索框中输入"人工智能 file type：PPT。"又如"高一英语 file type：PPT"或"file type：ppt 高一英语"，检索结果即为含有高一英语关键字的所有 PPT 类型资源，从中进行筛选并选取你所需要的即可；也可以把关键词放在 file type：文件格式＋空格的后面（"file type：PDF/Word/PPT/Excel 搜索关键词"）。file type：命令字符串指定文件格式的搜索方法适合各类搜索引擎，包括百度、必应、搜狗、360 安全浏览器等。

2. 辅助搜索工具

百度自带的搜索工具插件中有"时间不限""所有网页和文件"与"站点内检索"三个工具，其中"所有网页和文件"可以直接筛选文件类型，如图 1-12 所示，无须在关键字中添加筛选条件。

所有网页和文件（不限格式）

Adobe Acrobat PDF(.pdf)

微软 Word(.doc)

微软 Excel(.xls)

微软 PowerPoint(.ppt)

RTF 文件(.rtf)

图 1-12　百度搜索辅助工具

百度文库筛选，如图 1-13 所示。百度文库检索相关内容时可以进行范围、格式、页数等的筛选，缩小选择范围，实现精确内容匹配结果，检索结果也可按照相关性、下载量等进行排序，从中择优选取。

图 1-13　百度文库筛选

(二)如何搜索图片、音乐资源

教学中，图片、音频、视频等多种类型的资源对教学效果与学习质量起到了不可忽视的作用，那么结合我们的教学内容，如何找到适合的图片、音乐等资源呢？

搜索引擎分类别检索：几乎所有的搜索引擎都将内容划分了具体的类别，如图片、视频、音乐等，可以在具体类别中检索关键字，找到你所需要的资源。

网站、App 检索：网上有专门针对图片、音乐等具体内容的网站与软件，含有海量资源可供选择，如图片类：昵图网、懒人图库、千库网；音乐类：网易云音乐、酷狗音乐等。

教师备课时常用的图片资源搜索方法如下。

1. 图片搜索引擎

(1)使用各大搜索引擎的图片搜索功能。

目前，各大搜索引擎(如百度、必应、搜狗)的图片搜索功能能够满足一般的图片查找。图片搜索技巧是：根据自己的需要，展开丰富的联想，用不同的关键词搜索图片。例如：教师设计有关精准教学的 PPT，想配图表达"精准"的意思，可以尝试用精准、放大镜、眼镜、箭头、靶子、射箭、微距等关键词搜索图片。

(2)使用专业化的图库查找需要的图片资源。

在百度、必应等搜索引擎搜索关键词"图库"，可以看到网上最流行的图库网站，如昵图网、千图网、觅知网、我图网、123RF 等。使用网上的图片素材用于教学，需要注意遵守网站有关图片版权的规定。网上也有一些免费的可供公开使用的图片网站，例如，搜狗图片网站推荐的三个全球最大的免费高清图片网站：Pexels 、pixabay 和 Unsplash，上面发布的摄影和图片作品都遵循允许公众对其作品免费自由使用的 CC0 协议，可以在上面找到大量精美的图片用于教学。

(3)使用微软官网的图库和模板库资源。

微软官网为 Office 用户提供了大量精美的设计模板和图片（网址为：https：//www. officeplus. cn/Template/Home. shtml，访问日期：2022-3-10），还为用户提供 PPT 模板库的 OfficePLUS 插件，用户可以登录微软官网，免费下载安装 Office 插件（网址为：https：//www. officeplus. cn/addin. html，访问日期：2022-3-10）。安装好 OfficePLUS 插件后，PPT 的工具栏会自动增加一个 OfficePLUS 图标，点击这个图标，PPT 编辑屏幕右侧会提供最新的模板供你选用。此外，点击工具栏上面"全局统一"图标，可以对 PPT 的全部页面的字体统一更换，让你设计编辑 PPT 更加快捷方便美观。如图 1-14 所示。

2. 以图搜图，一键搜索

"以图搜图"是查找图片的一种技巧，在识图搜索引擎上输入本地电脑上的图片或者输入图片网址，即可自动帮用户搜索相似图片，并提供这些图片的来源网址信息，也称为"反向图片搜索引擎"。在教学中，"以图搜图"的用处很多，例如：(1)你已经找到的图片分辨率低，不清晰，想找更清晰的高分辨率的相同图

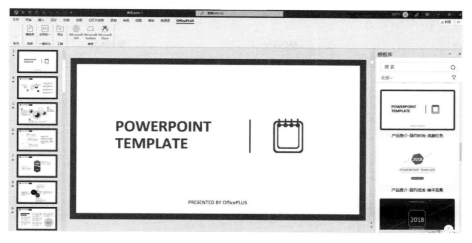

图 1-14　提供 PPT 模板库的 OfficePLUS 插件

片。(2)想了解图上的人物或者环境的真实名称，知道图片的来源。例如，一位教师准备在课堂教学中给学生示范合唱指挥的手势动作，就在网上搜索"《我和我的祖国》合唱指挥"，找到一个著名合唱指挥家的教学视频，但是，教师不知道这位指挥家的姓名和事迹，就在视频上截图，把这位指挥家的图片上传到百度的"按图片搜索"，立刻知道了这是中国著名指挥家秋里和他的红色人生故事，从而能在课堂上介绍秋里的故事，自然地将情感教育融入教学活动。(3)搜索到的某张图片很适用，但还想找与之类似的图片，或者有更好的更适合的图片。(4)了解图片在网上被他人使用的情况，看看图片是否已经被别人重复使用很多次。

　　常用的"以图搜图"方式有以下几个。

　　百度按图片搜索。百度搜索引擎的搜索框的右侧有一个类似小照相机的图标，点击图标即可进入"按图片搜索"，上传本地电脑上的图片或图片网址，即可搜索相似图片并提供相关信息。

　　必应可视化搜索，网址为：https：//cn. bing. com/visualsearch/(访问日期：2022-3-10)。

　　搜狗以图搜图，网址为：https：//pic. sogou. com/(访问日期：2022-3-10)。点击搜索框的右侧的小照相机的图标，即可进入"以图搜图"。

　　使用火狐浏览器的插件 Search by image 可将网上图片一键传送到若干个图片搜索引擎，同时查找类似的图片，大大提高了搜索效率和范围。操作方法：使用火狐浏览器，安装插件 Search by image，点击火狐浏览器的右上角三个小点的设置功能，打开"扩展和主题"，在"寻找更多附加组件"的搜索框中，搜索和安装插件：Search by image。然后，在任何网页的图片上，点击鼠标右键，在下拉功能框中选择 All Search Engines。如图 1-15 所示，在必应的每日封面图片上点击鼠标右键，即可找到类似的大量图片。

图 1-15　火狐浏览器插件 Search by image，在图片上用鼠标右键，选择 All Search Engines

3. 动图搜索

在教学中常常使用动图来展示运动的对象，如化学的分子模型，物理的力学、光学的动图演示，数学的图形动态分析，体育运动的动作演示等。搜索方法：在百度图片搜索中输入图片内容的关键词，后加一个空格，再加"动图"，即可找到需要的动图资源。

4. 3D 小人搜索

在制作 PPT 的时候，常需要用人物造型表达设计思想。使用 3D 小人组成各种场景更为简洁，不受具体形象的干扰，往往比真人拍照的效果更好。搜索方法：在百度图片搜索中输入图片内容的关键词，后加一个空格，再加"3D 小人"，即可找到丰富多彩的 3D 小人场景资源。例如：在百度图片搜索查找"会议 3D 小人"，然后选择适合的图片复制粘贴在 PPT 课件中。如图 1-16 和图 1-17 所示。

图 1-16　在百度图片搜索 3D 小人图片

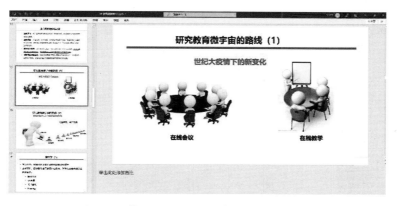

图 1-17 使用 3D 小人组成各种场景更为简洁

5. 爱给网音视频资源

在制作 PPT 短视频、微课的时候，常需要找到背景音乐或者短视频资源，爱给网(http：//www. aigei. com/，访问日期：2022-3-10)是国内规模最大的音视频作品库资源中心，为用户提供了音效、配乐、视频、3D 模型、平面设计素材模板等，可分类检索，提供了众多的免费资源供用户下载使用。

(三)如何找到教师备课需要的课程教学资源

搜索适合自己学科教学的课程教学资源的能力，被称为教师信息化教学胜任力的"第一力"。这是因为，老师们遇到的大多数问题，网上都有人遇到过，而且早就被人回答过。在信息爆炸的时代，提高搜索力是解决问题的绝佳技能。教学中常用的资源搜索方法有下面三类。

1. 课程教学资源搜索

(1)国家中小学网络云平台，http：//ykt. eduyun. cn/(访问日期：2022-3-8)。

国家中小学网络云平台由教育部中央电化教育馆运维，面向全国师生免费提供中小学课程资源，覆盖小学、初中、高中的所有学科。

新版本为国家中小学智慧教育平台(试用版，https：//www. zxx. edu. cn/(访问日期：2022-3-8)。

(2)"空中课堂"。

北京的空中课堂，搜索"北京数字学校空中课堂"，即可进入。这里是北京市教委为中小学建设的课程教学资源，覆盖了中小学的全部课程。

上海的空中课堂：上海微校，https：//smile. shec. edu. cn/#/(访问日期：2022-3-10)。这是上海市教委为中小学建设的课程教学资源，覆盖了中小学的全部课程。

（3）线上教育资源。

深圳教育云资源平台，https：//zy.szedu.cn/（访问日期：2022-3-10）。深圳市教育局建设的网站，覆盖小学、初中、高中的所有学科，全国师生都可以免费学习使用。

之江汇教育广场，http：//yun.zjer.cn/（访问日期：2022-3-10）。浙江省教育厅建设的网站，覆盖小学、初中、高中的所有学科，全国师生都可以免费学习使用。

（4）线上线下混合式教学与双师型教学。

互联网飞速发展与突发的疫情改变了人们对教育资源建设的观念和行为方式，当初为了抗疫应急建设的空中课堂和线上教学资源，逐步向常态化方向发展。越来越多的学校和教师逐步适应了线上、线下混合式教学模式，双师型教学逐渐普及。

"双师型教学"是指线上空中课堂教师资源和校本任课教师相结合，发挥各自优势，共同完成教育教学任务。学校班级和教师运用空中课堂和在线课程资源的方式，有以下几种方式，可以灵活组合运用。

直播方式：学校和教师提前根据空中课堂的播出课表安排本校对应年级的课表，课堂中的 20 分钟时间用来组织学生观看空中课堂的直播，另外 20 分钟由教师组织课堂教学活动。

录播方式：学校和教师提前根据空中课堂的播出课表录制课程视频，教师根据教学需要，灵活播放或裁剪视频用于课堂教学。

自学方式：学校和教师提前根据空中课堂的播出课表安排，组织学生回家自学，适用于寒暑假，或者帮助教师提升备课水平。

创新方式：教师观看空中课堂的直播或录像后，根据自己的备课，在空中课堂的基础上完善自己的课堂，以期将空中课堂的教学内容和方法融入到自己的教学中。

统整方式：学校根据自己的办学特色和师资长处，把空中课堂和各类云端教育资源作为 1.0 版的基础资源，在 1.0 版资源的基础上，针对本校学生的情况，有计划地建设补充的资源（例如：补差纠错的课程资源，拓展学习和课后服务的资源、针对中考和高考强化复习提分的考试资源等）建设成 2.0 版的校本资源，1.0 版的基础资源和 2.0 版的校本资源共同构成学校课程建设的压舱石。

2. 基于智能推荐算法自动获取教学资源。

智能推荐算法的原理是，系统基于大数据管理内容信息和用户个体特征信息，采用计算机打标签的方法进行分类管理，分别对信息内容（文章、短视频等）分类打标签，对用户访问浏览信息的兴趣爱好分类打标签，然后，将用户个体的兴趣标签匹配对应标签的内容进行定向推送。让你看到的都是你喜欢看的。

根据"智能推荐算法"的原理，你可以在各种网站上用自己近期关注的教学内容和教育发展的关键词进行搜索，就可以看到与关键词相关的文章或者视频，重复几次后，平台就会记住你的兴趣。之后你就可以等待平台自动匹配并推送最新的资讯。

3. 国外教育科研论文的搜索

（1）教育资源信息中心（Education Resources Information Center，ERIC），网址：https：//eric.ed.gov/（访问日期：2020-01-09），如图 1-18 所示。

你如果需要检索国外教育科研类论文，可以在"Collection"检索类别中输入关键字信息，如需下载全文，可勾选右下角"Full text available on ERIC"（ERIC 提供全文）按钮，如以"education technology"为关键字进行检索，每个检索结果右侧有 PDF 论文格式，如图 1-19 所示。

图 1-18　美国教育资源信息中心网页

图 1-19　ERIC 教育资源信息中心搜索教育文献资料

（2）西林街网盘搜索——学术。

西林街网盘中包括"学术"类检索模块，且支持国内外文献检索，并直接附有下载地址，检索下载即可，具体方法参考"网盘上的资源搜索"小节内容。

（3）超星学习通——期刊检索。

超星学习通（http：//www.chaoxing.com/，访问日期：2020-01-09）一大模

块内容即超星期刊检索，可根据主题、标题、刊名、作者、机构、关键词、摘要等类别输入关键字检索，检索结果还可选择具体时间、期刊类别等进行筛选，同样支持中文、外文，部分资源支持直接下载 PDF 格式论文，如图 1-20 和图 1-21 所示。

图 1-20　超星学习通的期刊搜索

图 1-21　超星学习通期刊搜索的关键词选项

(4)国外教学视频和 PPT 资源的搜索。

edX(大规模开放在线课堂平台)，网址为 https：//www.edx.org/，访问日期：2020-01-09。

edX 是麻省理工学院和哈佛大学于 2012 年 4 月联手创建的大规模开放在线课堂平台(慕课)。它免费给大众提供大学教育水平的在线课堂。所有 edX 课程是免费的，edX 界面支持英文和西班牙语。现在，edX 部分教学内容会搬到学堂在线(http：//www.xuetangx.com/，访问日期：2020-01-09)，可以直接在学堂在线上查找相关教学内容进行学习。

与 edx 平台同样影响力的慕课课程平台还有 Coursera（https：//www.coursera.org/，访问日期：2020-01-09）、Udacity（优达学城，https：//cn.udacity.com/，访问日期：2020-01-09），它们被称为美国的三大慕课网站，含有丰富的教学资源。

国外海量学术资源越来越受到重视，很多国内教育平台开始引进国外优质教学资源，如学堂在线网站课程已引进部分国外慕课课程，优达学城中文官网版也已上线供大家学习，网易公开课平台引进了 TED(Technology，Entertainment，Design；技术、娱乐、设计)演讲、国外优秀名校公开课和可汗学院的课程资源。未来，国内外优质教学资源提供平台会越来越多。

三、教师常用教学资源汇集 >>>>>>>

（一）教育理论和实践

1. 人民教育出版社官方网站

人民教育出版社，是教育部直属的专业教育出版社，主要从事基础教育教材和其他各级各类教材及教育图书的研究、编写、编辑、出版与发行。人民教育出版社网站包含教育行业所有科目的教育信息与教育资源，涵盖了小学、初中、高中、职业教育及相关教育中的各个科目类别，教学资源丰富，并且以教师与学生的身份区别设置了"同步教学"教师版教学资源与"同步学习"学生版学习资源。教师版不仅有具体章节的教学设计参考，还有每个小节的测试题，以及相应的教学资源，帮助教师的教与学生的学。

2. 中小学数字化教学(微信公众号)

《中小学数字化教学》系教育部主管、人民教育出版社主办的国家级教育专业期刊，主要服务于运用信息技术改进教学的中小学教师、教研员、校长，以及师范院校师生和科研院所的科研人员。该公众号是刊物"纸数联动"的支撑平台之一，长期推送教育行业话题与前沿热点内容，公众号还支持部分电子刊物在线仿真阅读，直接可阅览《中小学数字化教学》期刊内容。

3. 码书码课(微信公众号)

码书码课(原名：教师微课程研究平台)——从微课程到码书码课，从场景化学习到学习新生态。该公众号的创始人李玉平老师发布了紧密联系中小学教学实际的丰富案例，如蝴蝶课、策略故事与培训资料等。其中，蝴蝶课包括一些经典课程、蝴蝶课系列、合作学习小策略等内容，李玉平老师制作的微课程视频供大家学习参考；培训资料模块中，都是李玉平老师的实际培训活动的总结报道，包括具体的培训内容细节，大家可以从中体验学习；还提供了丰富的优质培训资料库，具体实用绝技的推荐资源等，读者可以从中学习到现代新技术在教育行业中如何更好地辅助教与学，是一个实用性很强的教育公众号平台。

(二)学前教育

1. 学前教育网(微信公众号)

中国学前教育行业门户网站，致力于打造一个专业、系统的学前教育交流平台和学前教育行业资讯集合屏，涵盖出生至学龄前儿童的全方位教育，辅助广大家长、幼师为学龄前儿童的身体健康、个性发展及良好习惯的养成以及潜能、智力发展和入学前后做充分准备。内含中幼网资讯、教案、论文、保健等各类信息资源，其中教案内容部分设计得很详细，可做教学参考，设有中幼部落社区，来自各地的教师可进行讨论交流，互相学习。

2. 幼师口袋(微信公众号)

幼师口袋——深受欢迎的幼教内容资源平台，每3个幼师有2个在用口袋。我们希望让幼儿园不再"小学化"，教师把时间还给孩子，让教育更幸福。幼师口袋内含有幼儿园环境布置、区角活动、角色游戏、手工制作等相关资源，且有很多幼教干货推送，提供了丰富的幼儿教育资源。

(三)各科教育

1. 中小学阅读吧(微信公众号)

中小学阅读吧由国内知名的阅读专家和一线特级教师联合创办，旨在帮助中小学生结合课本同步精读，同时结合大纲泛读，设置"主题朗读者""名人传记"等精品栏目，主题模块内容有悦读课堂、国学公益课堂、悦读会、古诗词、超级朗读者、名人传记等，让学生在阅读的同时，配有相应音频资源，图文声并茂；古诗词模块中针对唐诗宋词进行专题赏析解读，包括音频讲解、诗词译文、词句注释等。

2. 遇见数学(微信公众号)

遇见数学——拨开知识的层层密林，探索美妙数学中的趣味，在这里遇见更精彩的自己。该公众号从趣味化的角度去解析数学，数学也可以是幽默的、有趣的。兴趣是最好的老师。教师可以从这里可以获取趣味化的数学资源，有效提高学生们对数学的学习兴趣与探索的欲望。趣味数学包括有点意思的数学、数学趣图、计算思维、数学史与数学文化、时间轴图五大模块，包含一些非常有意思的数学知识，如数学趣图模块，将生活中有意思的图片与数学联系起来。还有视频图解主题，详细讲解数学相关知识点内容，读者可以从中选取数学资源应用到教学课堂中。

3. TeacherGwen(微信公众号)

TeacherGwen 是全国最有影响力的英语学习平台之一，跟着 Gwen 学英文：早读、听写、读书、翻译、讲座、班级，干货满满。平台内"每日更新"模块推送每日早读、每日口语、每日听写、陪你读书素材内容，并搭配详细音频讲解发音技巧，手把手教你读英语，听写内容附带听写技巧资源；"自由学习"模块包括方法论文章、为你读首诗、听歌学英文、天天口语，如昕歌学英文，将歌词内容的读音重点部分标红，加以音频每句详细解读，部分英语歌曲还有歌曲 MV(Music Vedio，音乐短片)、歌曲背景、歌者介绍等内容，丰富多样的资源帮助你学习，教师可以在教学中选用，如听力、听写、听歌学英文等，为课堂添彩。

4. 演奏家网(微信公众号)

演奏家网，包括乐理声乐、管弦弹拨、键盘簧片三大主题内容，如"乐理声乐"包括声乐、图文荟萃、乐理三部分内容，有丰富的优质案例与实用技巧资讯内容；"管弦弹拨"包括小提琴、二胡、吉他等乐器的精品资源赏析；"键盘簧片"包括钢琴、电子琴、手风琴、口琴等乐器的解读。

5. 舞蹈网(微信公众号)

舞蹈网是国内最早建设的舞蹈专业型网站，每天介绍丰富多彩的舞蹈知识，国内外舞蹈动态、舞蹈教学、舞蹈学院课程、舞蹈范例视频等，特别适合艺术学校师生学习舞蹈参考。

6. 意外艺术(微信公众号)

意外艺术，致力于艺术大众化的互联网平台。通过原创视频和趣味图文等形式，将晦涩难懂的艺术轻松易懂地普及给大众，并为目标用户提供优质艺术类的产品和艺术线下体验，让艺术不再高居庙堂，而是成为大众一种美的生活方式。公众号平台与小程序搭配使用，意外艺术小程序中针对具体佳作或展览作品进行详细赏析介绍；此外还有"艺术词典"，分为艺术很难吗、艺术干货、艺术八卦、艺术展览、艺术生活、美育中国六大主题模块，内附丰富的艺术相关资源，另外针对想要了解的艺术家、风格、画作，还可在"意外大搜索"中检索，可以获得独家解读。

7. 保健时报(微信公众号)

保健时报是国家卫生健康委员会主管、中华预防医学会主办的科普报，中国百姓的健康生活指南。推送内容包括食疗、中医药以及生活习惯等方面的保健知识资讯，从生活细节出发，呵护你的健康。

8. 酷炫科学(微信公众号)

酷炫科学，内含丰富科学小知识与科学趣图等资源，让物化生严谨的科学变得生动活泼，贴近生活实际问题，其中的生活小实验模块，有效提高学习者的学习兴趣与积极性。专题内容包括文艺科学、生活疑问、DIY & 小实验、豆知识与酷炫动图模块。"生活疑问"模块：一些生活常见的现象引发的思考，如螃蟹熟了为什么会变红？这些生活问题的背后都蕴藏了相应的物理或化学等的知识内容，让学生可以体验到利用课本知识解决实际生活中的问题，寻找其中的乐趣，从而提升学习兴趣。如"酷炫动图"模块：试管中的彩虹内容，则是利用了化学试剂的物理与化学特性，实现多彩绚烂的彩虹实验，同时还学到了很多化学小知识。

9. 物理小识(微信公众号)

物理小识——你心中的物理，包括小编推荐、大师 & 历史、物理理论、方法 & 实验、天天一分钟等模块内容，如"小编推荐"模块包括关于物理的趣味小知识：物理也猜谜、倒霉的物理等；"大师 & 历史"模块从物理学史角度了解物理，如爱因斯坦、邓稼先等著名物理学家的生活实例，电压、杠杆的故事等；"方法 & 实验"模块包括了物理学的研究方法与物理实验集锦，如一些非常有趣的物理小实验等。公众号平台推荐的丰富资源可根据教学需要合理融合运用到课堂教学中。

10. 生活中的化学、化学好老师(微信公众号)

生活中的化学——从生活中了解化学，让生活更美好，内附有知识集锦、趣味化学、厨房化学等信息资源，让学生的学习不脱离实际生活，从生活中体验学习解决实际问题的乐趣，提高学习兴趣。化学好老师更加侧重于学习资源的整合，包括初中化学、高中化学、化学实验等内容的具体讲解，并有对高考化学学习资源的整理，如高中三年级化学方程式、高中化学 51 条规律等内容集锦，都可作为教学辅助参考资源。

11. 生物 100(微信公众号)

生物 100 是一个包括专注高考、解读、拓展教材，丰富高考教学资源，并有趣味生物学、生活中的生物学小知识等内容的公众平台。其中电子课本主题内容中，包括高中生物的全部电子课本，手机上也能做好提前备课准备，同时含有丰富的教学素材，可以参考学习。在科普宣传模块内容中，有与生物相关的趣味知识，可作为教学拓展内容资源使用。

12. 地理小驿(微信公众号)

地理小驿是一个提供一个开拓地理视野、提高地理兴趣、感知地理过程、系统地理知识、培训地理思维的公众空间。地理小驿包括三个主题内容：驿心高考、驿眼看世、驿言驿语。驿心高考，有小驿天天测、微专题、构思维、微课堂四个模块，含有丰富的学习资源，如天天测模块，即为地理相关测试题，并附有详细解释说明讲解内容。驿眼看世，包含拓视野、看山河、寻民俗、观前沿模块，含有丰富的与地理相关的信息资源，可与课堂教学内容相结合。

13. 国家人文历史(微信公众号)

国家人文历史,包括人文地理、史家谈兵、晚晴人与事、中国与世界等五大主题,可以从中选取合适的与教学内容结合,丰富课本资源,以故事讲历史。

14. 历史故事(微信公众号)

历史故事,每天阅读一个历史小故事。包括原创故事、姓氏故事、王朝覆灭等,让历史鲜活起来。

15. 党建网微平台(微信公众号)

党建网微平台,传播全国宣传思想文化相关信息,与全国各地党的建设相关信息,党建学习包括习语、两学一做、干部必读模块内容,全面学习时政党建信息资讯。

16. 学习强国(应用程序,微信公众号)

党建应用程序,传播主流时政新闻、党政方针、国家大事、每日金句等,还为中小学课堂教学提供了丰富的教育资源。

师生使用教育资源的方法是:

打开"学习强国"应用程序,点击下边的"视听学习"进入视听学习栏目,向左滑动栏目,会延伸出"慕课""人物""文艺""科学""自然""影视"等栏目的名称。有些重点学习资源,附有二维码,直接长按或扫码就可以观看。如果你知道资源的名称,最简单的方法就是用应用程序里的搜索引擎直接输入关键词搜索即可。每个栏目的内容都极其丰富,例如,适合语文课堂教学的资源就有中国诗词大会、经典咏流传、朗读者等。

(四)实用教育技术类

1. 课堂漫话(微信公众号)

课堂漫话,把信息技术整合到课堂中,全面提高教学效率。把课程内容、教学法知识和信息技术综合在一起,帮助教师去尝试丰富多彩的教学方式。课堂漫话持续推送优质教学资源与资讯内容,包括极简教育技术的软件和小程序推荐、实用技术推荐、培训实例内容报道等,内容丰富详尽,每日一浏览,掌握体验最新实用技术内容。

2. EduTech 自留地(微信公众号)

EduTech 自留地——新鲜、热辣、接地气的教育技术资讯,由华南师范大学教育信息技术学院焦建利教授创建,该公众号是教育技术领域最具影响力的新媒体平台之一,致力于 Web 2.0、新媒体、社会性网络、慕课、微课、基于移动终端的一对一数字化学习、技术支持的教师专业发展、教育技术学基本理论等领域的研究和实践。资讯内容分为三大类:技术之思、教育小语、游记随笔等。

3. 教育新技术(微信公众号)

教育新技术，旨在传播教育领域新技术、新思路。资讯内容包括 VR(Virtual Reality，虚拟现实)系列、未来教室、谷歌系列、AR 系列等。针对 AR/VR、3D 打印、未来教室等新技术在教育行业的结合，实现新时代下的"互联网＋"教育，学习教育最新前沿信息。

4. 曹将(微信公众号)

曹将，《PPT 炼成记》作者，关注职场成长与知识管理，在教育技术类工具方面有很多值得借鉴的资讯与资源，如 PPT 设计、结构化笔记类软件、工具与效率类技巧、手机摄影技能，还有很多演讲能力、职场成长、写作能力方面的优质干货资源推荐。

(五)更多的教育参考资源

1. 推荐热心介绍极简教育技术实用技术的微信公众号

(1)信息化教学创新。

(2)学为师范。

(3)每日一汤 App 资源。

(4)教你玩转手机电脑。

(5)高效率工具搜罗。

(6)数字学习工具。

(7)知晓程序。

2. 推荐教育新创意新信息新教法介绍的微信公众号

(1)微言教育。

(2)第一教育。

(3)新校长传媒。

(4)美国小学的日常。

(5)带着孩子学科学。

3. 推荐国内教育技术类期刊的微信公众号(每期文章可以在手机上阅读)

(1)中国电化教育。

(2)电化教育研究。

(3)中小学数字化教学。

(4)现代远程教育研究。

(5)中小学信息技术教育。

(6)中国信息技术教育。

4. 推荐教育资源网站

(1)中华人民共和国教育部门户网站。

(2)中国知网。

(3)国家图书馆。

5. 推荐国外教育资料的搜索方法

(1)使用手机上的微软必应搜索：打开安卓手机应用市场(苹果手机使用 App Store 安装软件)，输入关键词"微软必应"安装，即可使用微软必应搜索国外教育资源。

配套方法：使用电脑网络版，登录微软必应(https：//cn.bing.com/，访问日期：2020-01-10)，在搜索框上方分为国内版和国际版，查找国外教育资料，需要选择国外版，并使用英文关键词检索。(不熟悉英文的老师，可以先在有道在线翻译网站把中文关键词翻译成英文，复制到微软必应搜索，还可以选择必应搜索框下面的"翻译成中文"选项，搜索的结果都会翻译成中文显示。)

(2)Top Tools for Learning(https：//www.toptools4learning.com/home/，访问日期：2020-01-10)，可以学习到国外最新的有关学习和教育的软件工具的推荐介绍资料。

(六)如何找到适合自己学科教学的工具软件

教师常常需要根据自己的课程教学设计找到能够支持教学活动的软件，书上推荐介绍的工具软件不一定恰好适合你的情况，这就需要动手找到适合自己教学的工具软件。常用的方法如下。

一是，人际搜索。向自己的同伴求助，还可以向学生了解，人多力量大，热心的人会告诉你解决问题的办法。

二是，网站搜索。在百度等网站搜索你的问题，你会发现原来别人早就有具体的解决方法了。

三是，微信文章和小程序搜索。这一招更厉害，因为微信的用户超过 10 亿人，你的困难自然可以轻松解决，而且可以看到最合适的答案！例如，教师想自己动手制作教学上使用的动图，但不知道用什么工具软件来制作，就打开微信，点击右上方的小放大镜搜索图标，分别在"文章"和"小程序"搜索关键词：动图制作。你会惊讶地发现制作动图的方法和工具软件有好多！

超星学习通：让海量学习资源就在你的指尖

　　超星学习通是面向智能手机、平板电脑等移动终端的移动学习专业平台，是国内一款优秀的知识传播与管理分享平台。超星公司 20 余年来积累了海量的图书、期刊、报纸、视频、原创等资源，集知识管理、课程学习、专题创作为一体，为读者提供一站式学习与工作环境。用户可以在超星学习通上自助完成图书馆藏书借阅查询、电子资源搜索下载、图书馆资讯浏览，学习学校课程，进行小组讨论，查看本校通讯录，同时拥有电子图书、报纸文章以及中外文献元数据，为用户提供方便快捷的移动学习服务，并含有阅读、兴趣的小组广场等，让海量学习资源在你的指尖随处可得，为用户提供方便快捷的移动学习服务。

一、如何使用超星学习通 >>>>>>>

（一）进入超星学习通

　　进入网站或应用程序，注册一个专属于你的账号，第一步就是在超星上创建我们的专属空间。

　　超星学习通官方网站入口：http：//www. xuexi365. com/(访问日期：2020-01-10)，在浏览器中输入并打开该网址，就进入超星学习通的首页。

　　进入手机应用市场，查找"超星学习通"进行下载，也可扫描下方二维码直接下载安装，如图 1-22 所示。

　　超星学习通包括两种用户类型：普通注册用户、学校或机构单位用户。

图 1-22　手机扫码安装超星学习通应用程序

　　普通注册用户跟我们平时用微信、微博等应用程序注册途径相似，可使用手机号进行注册登录使用。

　　对于机构单位用户，如某学校与超星联合进行学习课程方面的合作，超星公司会为学生开通权限，使用学号与初始密码进行登录，然后可以修改密码，登录时会稍有所区别，需要先选择好机构单位的名称，如网站入口，在用户登录右侧有"选择单位"一栏，点击进入，在搜索框中可直接查找具体机构单位进行选择，进行正常的登录信息输入即可。

手机客户端机构单位登录入口：登录界面选择"其他登录方式"—"机构账号登录"，输入相应信息即可。

(二)了解学习通海量资源

超星学习通涵盖的信息资源类型囊括了报纸、中外期刊、中外图书、各类论文，甚至课件、视频、文史资料等，你想到的或者想不到的几乎所有类别与检索词相关的信息资源它都一一列举涵盖，根据你的需要可以进行选取阅读。学习通的资源类型可以分为四大类别，包括学术、教育、信息和专题，可以完全满足你的教学资源需求，如图 1-23 所示。

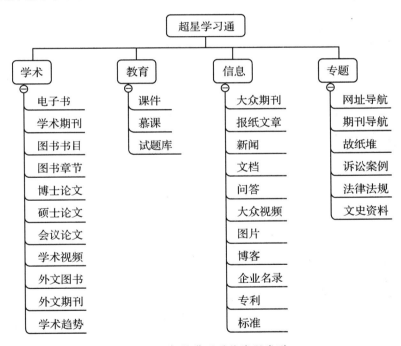

图 1-23　超星学习通的资源类型

移动互联网时代，我们就以超星学习通的手机客户端为例，体验一下移动学习的强大功能。打开超星学习通，它所提供的功能类别主要分为课程与应用两大模块，我们就从这两大模块来熟悉这个集功能多样与海量资源于一体的学习环境。先从"更多"进入"应用"模块，如图 1-24 所示。

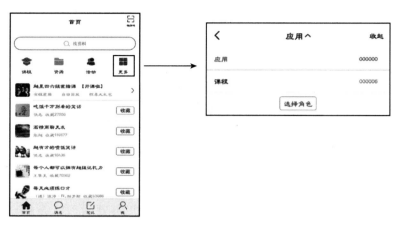

图 1-24　超星学习通的应用模块

　　超星学习通的应用模块分为推荐、移动图书馆、移动博物馆、创作工具、小程序和互动工具六大类别，如图 1-25 所示。在信息资源上，学习通有着巨大的优势，一是海量信息资源，如各类培训课程与名师讲堂等，满足不同的学习需求；二是资源支持离线下载阅读，不用再担心没有网络条件下的阅读问题；三是提供创作专题与笔记分享专区，记录你的点滴生活，通过海量资源阅读以不断提升自己。

图 1-25　超星学习通应用模块的六个类别

　　小组广场：小组广场类似于百度贴吧，分为学习吧、共读社、阅读馆、话题吧与兴趣吧五大模块，模块下有多个主题，根据个人兴趣加入相应主题，与各地志同道合的爱好者相互督促、互相学习、共同进步。在主题内大家会互相分享有用的信息资源，例如，漫漫旅途主题会根据专题、图书、纪录片等分类提供大量旅游类优质资源；全球顶尖摄影主题下资料库内会分享很多摄影实用技巧等，如图 1-26 所示。

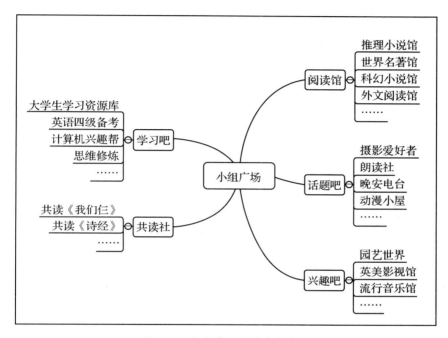

图 1-26　超星学习通的小组广场

移动图书馆：包含图书、专题、期刊、报纸、讲座、学术名栏、书架与学术资源八大模块，每个模块下按照信息资源的类别又可以划分相应的子模块，细化到三级类别，如报纸模块按照省份划分子模块；图书与期刊模块按照教育、文化、历史、艺术、文学、大众、医药等划分了二级主题、三级主题类别，每个资源模块下都存储着丰富的宝藏等待着去挖掘。

微课制作：超星学习通仅需三步即可在手机端创建一个微课：新建微课—添加素材及录音—创建完成。素材部分可插入图片、视频、PPT 与文字四大类，可直接导入已有 PPT 文件，录音是针对某一页面的音频，不跨页播放，可实现类似于真实情景的教学，给学生以身临其境的课堂学习氛围。

二、如何在教学中使用超星学习通资源 >>>>>>>

超星学习通不仅为学习者提供了海量学习信息资源库，教师还可以很方便地在学习通中创建网上教学课堂，上传学习资源，建立学习小组，大数据跟踪统计学习者学习情况，在课前、课中、课后合理利用教学资源，结合互动工具辅助课堂教学，加强课堂师生互动，活跃课堂气氛，提高学生学习兴趣与积极性，高效辅助教与学，实现教学效果的有效提升。

学习通将用户划分为教师、学生与普通用户三类。设置方式：点击学习通首页右侧下拉框，下方出现"选择角色"按钮，点击即可弹出下列样式弹窗，根据学习需要可以进行选择，教师与学生的角色身份不影响学习通功能与资源的正常使用。

(一)教师端：创建课程

作为一名教授者，首先我们需要的就是创建一个课程平台，将首页设置到"课程"页面或在首页中找到"我的课程"，左上角点击"建课"按钮(我的课程为右上角"＋"创建课程)，输入设置课程名称与课程封面，一门基于学习通的网上课程平台就创建完成了。创建完成后，该课程的学习者可以输入自动生成的邀请码或扫描的二维码进入课程默认班级中，学习成员将自动建立班级群聊，便于学习沟通与交流，如图 1-27 所示，观察一下，在该课程中我们可以实现哪些功能？

课程章节：类似于纸质课本中，可以创建学习单元、子级章节，形成一套完善的课程内容。

资料：教师可以上传学习通书房、云盘、资料库中丰富的学习资源，以及图片、视频、笔记等内容，如图 1-28 所示，拓宽视野，丰富知识，更全面地辅助学习者的学习。

图 1-27　创建课程

图 1-28　学习通的资源类型

讨论：开展主题讨论活动，引导学习者共同进行头脑风暴，发散学生思维，学会灵活运用相关学习知识解决实际问题。

作业：作业类型包括单选题、多选题、填空题、判断题、简答题五大类型，如图 1-29 所示，基本涵盖全部题型，可保存在作业库中，课前、课中、课后可根据教学需要实时发放，随时检测学习反馈。

通知：可对指定班级、成员发放通知，实时现实阅读人数，并可设置成员未读提醒，通知可回复，如发布课程活动、作业要求等通知。

课程管理：可针对该课程明确课程说明，如学习要求、教学进度、考试安排等相关内容；可添加教师与助教成员辅助教学活动，侵证对课程内容进行更好的管理，如图 1-30 所示。

图 1-29　学习通的作业类型

图 1-30　课程管理

课程统计：采用大数据实时统计，包括学员访问量、讨论区发表与回复、成绩统计，通过数据反馈了解学生的学习情况，便于对教学活动安排进行调整，如图 1-31 所示。

考试：考试题型与作业类型相同，五种类型涵盖全面，每题目可设置 1～100 分分值，题目除文字类型外，可添加图片、实时录音，还可在题库中直接添加指定题目，考试可设置具体时间、限制时长，针对考试情况可设置是否允许学生查看正确答案、成绩排名等，如图 1-32 所示。

除此之外，班级中还可发布多种活动类型，如签到、抢答、小组任务等，如图 1-33 所示，丰富课堂教学活动，有效调节课堂氛围。以签到活动为例，支持普通签到、手势签到、位置签到与二维码签到四种方式，如图 1-34 所示。对于教师来说，再也不用担心学生逃课了，签到结果可谓一目了然。其他活动类型读者可以自行体验探索，操作很简便，可尝试一下如何使用。

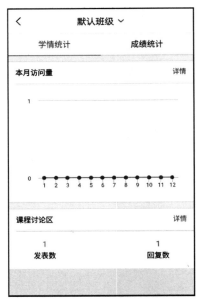

图 1-31　课程统计

图 1-32　考试设置

图 1-33　超星学习通支持的学习活动类型　　　　图 1-34　创建签到

(二)学生端

　　教与学是密不可分的，每一个教学活动都是为了学习者实现更好的学习效果，达到自己的学习需求。与教师版相同，角色类型选择"学生"，学生扫描二维码或输入课程邀请码即可进入相应班级，参与教学活动。同时可在学习通丰富的资源中拓宽自己的视野，丰富课内外学习活动。

　　通过在学习通中创建课程与教学活动等，辅助以学习通丰富的学习资源，同时可以与传统课堂教学相结合，在课前、课中、课后合理运用各种教学活动与学习资源相结合，调节课堂气氛与学习者的兴趣，有效提高学习质量；同时在学习资源方面，学习通不仅支持与课程内容相关的辅助资源，更注重学习者个人能力的培养与提升，如阅读资源丰富的书房、各类兴趣爱好的小组讨论区、个人笔记专题的创作区等都与教学有着密不可分的关系，合理地利用学习通的各种优质资源，学生的学习成长与教师的个人能力提升方面都可以得到有效的帮助。

(三)超星学习通如何检索查找资源

　　在首页"找资料"中输入想要找的资源名称，如"中小学教育"，会出现相关的内容介绍、专题、图书、学术期刊、外文期刊、电子书、学术视频、学术研究趋势、教学资源、文史资料、博硕士论文等，资源搜索非常全面、丰富，如图 1-35 和图 1-36 所示。找到自己需要的教学资源后，可以保存和转发，如图 1-37 所示。

图 1-35　找资料

图 1-36　学术趋势统计

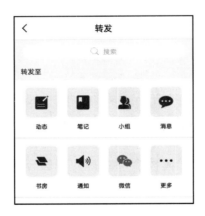

图 1-37　资料转发

三、使用超星学习通投屏上课　>>>>>>>>

　　超星学习通的投屏功能给教育工作者带来一大福音，之前我们上课教学的场景可能是老师们带着存有自己课件的 U 盘插到教室的电脑上，或者需要使用各种同屏器使得自己的电脑能够投屏等，学习通的投屏功能就可实现无 U 盘、无翻页器，无须各种同屏器也可以同屏显示。

　　首先在云盘中上传所需 PPT 课件资源，可建立文件夹便于管理，如图 1-38 所示。

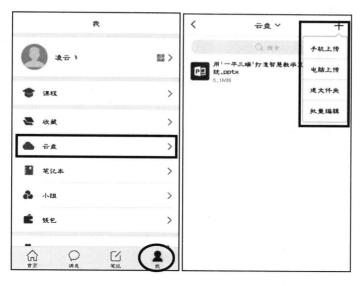

图 1-38 在云盘中上传所需 PPT 课件

进入相应课程班级，如我所创建的"信息技术教学能力培养"课程中的默认班级，选择要投屏的 PPT 课件，里面是你所上传到云盘中的课件资源，点击"投屏"选项，如图 1-39 所示。

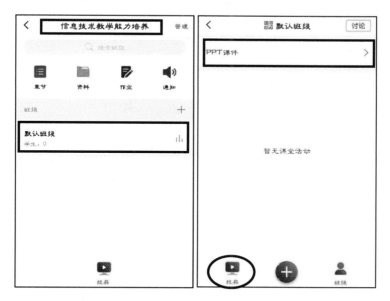

图 1-39 手机上的投屏操作

点击"投屏"后，在教室配备的电脑端（需联网）打开"http：//x. chaoxing. com/"(访问日期：2020-01-10)，输入手机端提示投屏码即可实现投屏，如图 1-40 所示，若教学环境满足学生使用移动客户端，可邀请学生进入，更加便于开展教学活动。

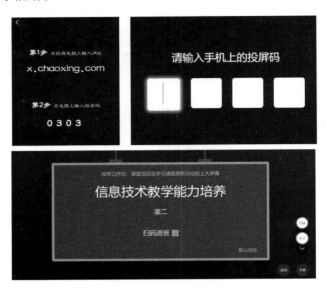

图 1-40　电脑与手机同步投屏操作

　　实现投屏后，同时可在投屏界面添加多种教学互动活动，如图 1-41 所示。一部手机，掌握所有课堂活动；例如，某老师在课堂上可开展关于某一教学知识点的主题讨论，通过阅读分享的相关资料并小组讨论后进行抢答说明，最终投票选出你认为的"最佳小辩手"或"答题王"等，活跃课堂，形成良好的课堂氛围，更有助于教师的教与学生的学。

图 1-41　课堂互动活动

　　通过对超星学习通各模块功能的简单了解，以及在教学活动中投屏及其他互动功能的介绍，教师只需一部手机和一台电脑，就可实现丰富多彩的互动课堂教学。

模块三

如何高效管理资料和信息

一、知识管理的技巧 >>>>>>>

　　通过前两个模块对信息资源的搜索技巧内容的阅读和尝试，我们可以根据需要的内容检索出丰富的资源进行学习参考，从中选取较适合、优质的教学资源融入教师的教与学生的学中，但与此同时，思考一下，如果我们下次需要相同类型的资源怎么办？是再次检索吗？如何对丰富的资源进行有效的管理？如何针对我们检索得到的信息资源进行收藏、分类、分享等操作呢？

（一）收藏

　　在我们检索或在公众号中阅读到内容较合适的资源时，可以将资源进行收藏归纳，如微信收藏、浏览器收藏夹等，同时可以使用收藏类软件，如收趣等。

（二）分类

　　如果收藏资源过多而不进行分类整理，再次使用时也一样令人头疼。根据需要，将资源按照你自己的分类方法进行整理，如按科目分类，也可以按照年级进行整理。按照你熟悉的方式进行分类整理，可以有效提高工作学习效率。

（三）检索

　　这里的检索对象是针对我们收藏整理的信息资源，在我们再次查找时可以在收藏夹中直接检索，节省时间。

（四）分享

　　当我们看到超赞的资源时可以分享给大家一起学习，可以选择单个资源分享，也可以直接分享我们整理的收藏夹。

(五)加密

当需要资源受到版权保护或只想分享给特定人群时，可以选择加密分享，如百度网盘分享时选择"复制私密链接"。加密步骤是：右键点击要压缩的文件→添加到压缩文件→添加密码→输入密码后确定，然后删除原来文件夹，下次需要使用时输入密码解压即可。

【极简教育技术 101】什么是知识管理

知识管理(Knowledge Management)是随着世界知识经济的发展而产生的新兴学科，最早起源于美国管理学大师彼得·德鲁克(Peter F. Drucker)提出的知识工作者及知识有序化管理的论述。之后，学者奎达斯(P. Quitas)指出，知识管理是一个管理各种知识的连续过程，以满足现在和将来出现的各种需要，确定和探索现有和获得的知识资产，开发新的机会。我国学者金吾伦认为，知识管理是适应知识经济时代的管理，用知识和智慧对知识进行管理，以便最有效地开发、配置和利用知识资源，服务于经济和社会的发展。从知识传播的角度来看，知识管理是研究人类获取、传播、共享、利用和创新知识的活动，管理有关知识的各种连续过程，以促进经济和社会发展的理论与实践。

知识管理的一个基本问题是对知识的分类，目前学术界公认的权威分类是经济合作与发展组织关于知识的 4W 分类。1996 年，经济合作与发展组织在题为《以知识为基础的经济》(*The Knowledge Based Economy*)的报告中，将知识划分为四种类型。

(1)知道是什么(Know-What)，关于事实的知识。

(2)知道为什么(Know-Why)，关于自然原理和科学的知识。

(3)知道怎么做(Know-How)，关于如何去做的知识。

(4)知道谁有知识(Know-Who)，知道谁拥有自己所需要的知识。

根据知识获取的方式，知识管理理论进一步将上述知识的分类分为两大类：显性知识(explicit knowledge)和隐性知识(tacit knowledge)。在四种类型的知识中，前两类知识可以通过语言、书籍、文字、数据库等编码方式传播和学习，属于显性知识，人们可以通过口头传授、教科书、参考资料、期刊、专利文献、视听媒体、软件和数据库等方式获取和学习。后两类知识通常是人们在长期的实践中积累获得的知识，与个体的体验和经验紧密相关，往往不易用语言表达，也不易通过语言和文字等传播方式来学习，属于隐性知识，即那些"只可意会，不可言传"，需要通过亲身实践与体验才可获得的知识。知识管理特别强调将隐性知识显性化，如编码化、协作学习和工作、头脑风暴、知识共享等多种方法，使每一个组织成员的隐性知识汇集转化为组织的知识资本，以提升组织的生产力。①

二、常用知识管理工具 >>>>>>>>

为了使我们的生活更有条理，不被纷繁复杂的各类信息烦扰，我们可以使用一些帮助我们进行管理信息资源的网站或应用程序等工具，下面为读者推荐几个对比之下较简单且实用高效的管理类应用程序。

（一）收趣云书签——收集你感兴趣的一切

生活在一个信息爆炸的时代，我们每天都在接收大量信息，"看到好文章，想收藏下来"是很多人的需求。无论是稍后阅读，还是分类收藏，收趣都是您最得力的助手。在任何应用程序中看到喜欢的内容，都能集中收藏到收趣。你喜欢的不再零散地被"藏"在各个应用程序的收藏夹内，而是在属于你自己的阅读列表中，静静等待"翻牌子"，再也不会有"收藏完了都没看"的遗憾。

收趣云书签体现了收藏方式极简化，共提供四种收藏方式，分别为微信转发、复制链接、"微博@保存到收趣"、系统分享。在此之前，你需要赋予收趣一些小能力——如悬浮窗权限，完成设置后，你就可以任意选择收藏方式了！除此之外，收趣支持 Pocket（钱包）、微博、微信、知乎与今日头条应用程序批量导入收藏夹内容的强大功能，集信息资源于一体，更加便于管理与阅读。

微信转发：你需要的第一步——添加收趣"小秘书"为好友，注意不是微信公众号。具体步骤参照：收趣应用程序"我的"—最下方"帮助/客服"—使用帮助"微信转发收藏"，按照内附步骤操作即可。

复制链接：当你在微信、微博等应用程序中阅读到感兴趣的内容想收藏到收趣中时，只需要找到并点击"复制链接"按钮，收趣的小弹窗就会出现在你的手机屏幕右侧（苹果系统下拉通知栏就可以看到），点击"保存到收趣"小弹窗即可。或者复制链接之后，打开收趣应用程序，会自动弹出选择收藏分类的对话框，按你所需要的点击即可。

"微博@保存到收趣"：首先在收趣应用程序中个人账号中"我""登录设置"绑定微博账号，其次在微博中看到你所感兴趣的文章转发微博并@保存到收趣（注意要先关注"保存到收趣"的微博账号）。

系统分享：阅读文章时，分享时在分享方式中选择分享到"收趣"即可，只需一键分享收藏，需要注意的是，部分应用程序并不支持系统分享，如微信。

四种方式的收藏方式都很极简化，根据需要选择你喜欢的。同时，根据你的

---

① 黎加厚：《知识管理对网络时代电化教育的启迪》，载《电化教育研究》，2001(8)。

需要，可以设置各类标签，类似于电脑中的文件夹，便于在收趣中打造自己的专属信息资源库。

1. 阅读模式多样化

移动时代的信息资源，电脑、平板、手机等使我们与各地各类信息密切相连。例如，我们一天，收藏的信息有时也会堆积起来。

重新排版：各类应用程序中的图文排版多种多样，在收趣中，收藏的信息将由收趣进行统一的优化排版。同时，你也可以选择原文阅读，便于查看一些有评论的内容。

离线阅读：信息化时代，最恐怖的莫过于没有数据流量。没有流量各种收藏链接也无法打开阅读。收趣在这一方面解决了数据流量这一大难题，网络断了，让阅读继续。离线阅读有个"开关"："设置"—"离线阅读"，打开之后在网络条件下可以自动下载转化为离线文件，无网络情况下，收趣让你照样阅读补充"能量"。

语音朗读：驾驶时、坐公交地铁时、休息时……此时此刻，语音阅读解放双手，让眼睛休息，耳朵静静听，并且可调节男声女声、语速快慢等，充分利用碎片化时间学习。

2. 信息资源推送与管理

作为一款收藏馆里资源的应用程序，不可缺少的自然是信息的推送，可根据你的需要进行定向推送，如性别、年龄、爱好等，减少其他信息的干扰，极简生活下的专属推送。

收趣的资源管理，除去简单的划分标签收藏夹外，在筛选内容时，还可根据你的阅读状态划分为已读、未读、续读三种，收趣帮你记住你的阅读状态，提供更精准的服务。

信息化的移动互联网时代下，信息的有效管理将大大提升学习工作的效率，同时满足碎片化时间的学习，聚沙成塔，细微的变化之下，慢慢地对我们的生活与工作将产生潜移默化的影响。

（二）幕布——极简大纲笔记

幕布是一款以层级折叠式文字来整理内容的大纲文档工具，用更高效的方式和清晰的结构来记录笔记、管理任务、制订计划等，同时支持一键生成思维导图。在幕布中，大纲笔记与思维导图可以一键转换，再也不需要为思维导图的编辑而头疼，幕布帮你将宝贵的精力节省下来，让你专注于内容创作，如图1-42所示。

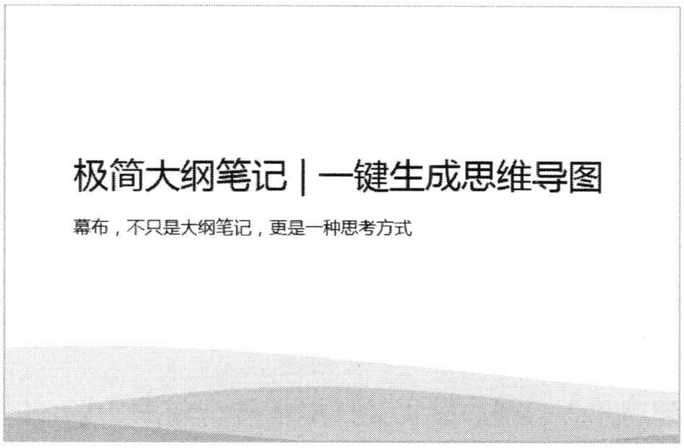

极简大纲笔记 | 一键生成思维导图

幕布，不只是大纲笔记，更是一种思考方式

图 1-42　幕布笔记

1. 初步了解幕布

幕布免费注册账号，并可以使用 QQ、微信等直接登录，电脑端与手机客户端可在幕布官网进行下载，网址为 https：//mubu.com/(访问日期：2020-01-10)，手机可以在应用市场搜索关键词"幕布"下载。幕布除支持电脑端、手机客户端外，微信公众号也可直接使用记录笔记，微信搜索公众号"幕布"即可关注，关注后，点击"进入幕布"—"进入微信版"，即可使用。

2. 适用场景

会议记录、读书笔记、工作计划、行程规划等，相较于备忘录与笔记本等将更有条理，层次清晰，操作方便，分享便捷。

进入幕布，点击"新建"—"新建文件夹"，即可进入笔记记录思路。

3. 使用技巧

只要你会使用 Word，你一定可以玩转幕布应用程序！比 Word 操作更简单的创作方式，电脑端编辑只需要记住三个快捷键。

Enter——创建新主题；

Tab——向右缩进一级；

Shift＋Tab——向左缩进一级。

掌握了这三个快捷键，可以简单地使用幕布，其他功能在幕布文档右上角帮助按钮框中有"快捷键列表"与"使用教程"供大家学习。手机客户端编辑相对于电脑端更加简单，在编辑时下方的按钮功能一目了然，如图 1-43 所示，大家可以试着创作一下。

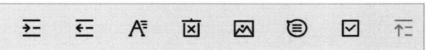

图 1-43　幕布手机端的极简操作图标

4. 一键生成思维导图

幕布的最极简技术莫过于一键生成思维导图功能了，在你完成了记录创作时，只要点击右上角"查看思维导图"按钮，如图 1-44，即可一键生成，无须其他任何操作，同时高级版用户可以设置多种思维导图样式，如有需要可在官网了解。

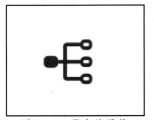

图 1-44　幕布的思维
导图转换按钮

5. 分享

在完成一篇创作记录时，如需分享，点击开启分享按钮即可自动创建链接，值得注意的是，如果你所创作的该篇幕布文档在下次分享时不更改链接，即不点击"换一换"按钮，那么，你的同伴收到的你分享的文档将随着你的修改而产生变化，无须再次分享！同时也可将它保存到同伴自己的幕布笔记中。

除此之外，分享时还可添加"允许打赏"和"分享加密"功能，加密时对方需要输入幕布随机产生或你设置的密码才可进行访问，可有效保护隐私，如图 1-45 所示。

图 1-45　幕布的文档分享功能

制作案例：

新建"语文学科"文件夹，点击文件夹，在文件夹中新建文档，如图 1-46 所示。

图 1-46　幕布笔记创建文件夹

输入文档标题"荷塘月色"；把幕布当成一个笔记本，直接输入文字即可，每段文字前面都有一个小圆点即表示一个主题；创建新主题按键盘上的 Enter 或回车键；调整主题层级时按 Tab 键缩进一级，Shift＋Tab 键提升一级，如图 1-47 所示。

图 1-47　幕布笔记创建小节

完成笔记记录后，点击右边查看思维导图图标，查看笔记思维导图的模式，点击下载图标下载思维导图(此项为升级版功能，如若在免费版需要下载思维导图可以截图)。

完成记录，点击右侧第三个图标进行分享，可以下载二维码进行分享，也可以复制链接进行分享，如图 1-48 所示。

图 1-48　幕布笔记分享文件操作

6. 资源管理与推送

幕布支持电脑端与手机客户端内容同步功能，无须传输。在创作平台之外还为用户提供了一个内容互动型社区——幕布精选，社区中有各类优质资源供大家学习借鉴，如读书会专栏、学习资料、自我管理等模块内容，如果你有不错的幕布笔记也可以分享到社区给大家阅读。

(三)巧用个人微信群做资源管理文件夹的技巧

前面我们学习了微信搜索的强大功能，那么"搜索＋收藏"是否都能在微信中得到很好的实现呢？可能你会想到微信的"收藏"功能，在这里介绍一种极简的微信收藏管理技巧：面对面建群—个人专属的微信群，变成个人资源管理的文件夹。

手机微信面对面建群的方法：打开微信，"发起群聊"—"面对面建群"—输入相同四个数字—建构一个新的微信群组。可以采用这个方法建一个只有你自己的个人微信群，修改群名称为所要管理的资料类别，如"信息资源技巧""教学策略新思路"，在今后浏览的时候，看到精彩的相关资料，直接转发到该群即可，这种方法无须下载应用程序，节省空间，今后查找十分方便。

(四)资料云存储

信息化移动互联网时代，对于手机移动端、电脑端的文件的同步与存储管理问题，云存储技术应运而生，有效解决了存储空间不足、资源丢失、手机与电脑资料同步等问题，在此为大家介绍两个操作简便的云存储软件。

1. 小程序：微云

微云是腾讯公司为用户精心打造的一项智能云服务，您可以通过微云方便地在手机和电脑之间同步文件、推送照片和传输数据。

最开始微云应该是在 QQ 软件中为大家所熟悉，支持文件、图片、音视频等内容保存到微云中(纯文字除外)。方法：选中需保存的对象，长按即可出现包括"保存到微云"对话框，点击即保存到微云中，在电脑端与手机端均可查看。

随着微信用户的大幅度增长，通过使用微云公众号与小程序可进行保存与查看信息资源(微信搜索"微云"即可查找到公众号与小程序)。两者皆可查看分享存储资料，不同于公众号的是，小程序可实现删除功能。微云根据资料来源不同将自动划分文件夹，如 QQ、微信公众号、QQ 邮箱等。

操作方法：

关注"腾讯微云"公众号，将文字、图片、文件等资料直接发送到该公众号中，微云即自动存储，与 QQ 软件中存储微云不同的是，微信版支持纯文字存储，并归类于"微云笔记"中。

与 QQ 版存储方式类似，长按要存储的图片、文件等，出现弹窗，选择"更多"(此时可多条信息同时选择批量存储)，点击最右下角的"发送"按钮，选择"腾讯微云"即可。

2. 百度网盘

百度网盘(原名百度云)大家应该都不陌生，首次注册即有机会获得 2T 的存储空间，用户将可以轻松将自己的文件上传到网盘上，并可跨终端随时随地查看和分享，支持多种操作系统。

(1)自动备份。

百度网盘极简存储莫过于手机自动备份功能，设置完成后自动备份不遗漏任何信息资料，手机下载 App 注册登录后，"更多"—"手机备份"中可设置图片、短信、通讯录、应用等自动备份，会员用户还可享受视频与文件自动备份功能，如有需要，在设置中可勾选仅 Wi-Fi 环境上传/下载。

(2)(手动)上传存储。

手机网盘应用程序首页选择"上传"即可出现图示弹窗，根据需要选择文件类型，手机将自动根据类型筛选相应文件，同时根据你所要存储的资料类型，可创建相应的文件夹，便于管理。

(3)分享。

百度网盘的分享可以选择有效期限，便于更好地保护信息，选中文件进行分享时将自动生成链接，出现弹窗，可选择一天、七天或永久的有效期，超过有效期后链接将自动失效。同时网盘中也可建立群组，便于一对多、多对多的信息分享。

不论是哪种云存储软件，都是为了更有效地存储信息资源，扩大手机存储空间、实现手机与电脑的资料同步、保障信息安全等都是云存储技术的优势，合理有效地使用云存储技术，实现资源最高效的利用，满足各类用户的不同需求。

练习题 >>>>>>>

1. 思考题：微信文章搜索与大家常用的搜索引擎有哪些不一样的地方？为什么？

2. 设计题：设计一个使用微信搜索的教学活动教案。

3. 分析题：总结教学中运用极简教育技术的规律。

4. 讨论题：回顾自己最擅长的查找信息的方法和管理资料的方法，与同伴交流。

教与学的建议 >>>>>>>

1. 第一部分主要介绍教师如何在教学工作和生活中查找信息，用好移动互联网时代极其丰富的教育教学资源。这部分的教与学，特别要强调做中学，动手操作体验，可以通过教师引导、学习者自学、动手尝试、小组讨论、全班交流的方式学习。

2. 进行头脑风暴讨论活动，研究本教材上面介绍的新技术在教学中的应用，探讨更多的自己喜欢的技术和教学技巧。

3. 组织学生开展社会调查活动，收集了解师生在教学中的困难问题，利用所学的微信搜索找出解决问题的办法，并尝试动手操作，体验解决问题的方法，提出自己的建议，例如，手机如何充电，电脑为什么越用越慢，如何让电脑运行得更快，如何找到自己学科教学需要的应用程序和小程序，等等。

4. 鼓励学生使用超星学习通创建自己的课程，实验用手机同屏互动教学。

你的时间是有限的，不要浪费时间活在别人的生命中。最重要的是，要有勇气追随自己的内心和直觉。

Your time is limited，so don't waste it living someone else's life. And most important，have the courage to follow your heart and intuition.

——史蒂夫·乔布斯
(Steve Jobs，1955—2011)

第二部分学习目标

通过第二部分的学习，学习者应达到下列目标。

1. 掌握教学 PPT 设计艺术的基本原理，能够运用极简教育技术理念设计高质量 PPT。

2. 能够用好 PPT 插件提高 PPT 制作的视觉效果，做出与众不同的演讲 PPT。

3. 掌握 Focusky 动画演示大师制作讲稿的技术，并能够在适合使用旋转动画演示的教学情境中正确运用 Focusky。

4. 初步体验在教学中试用 AR 技术，在教学条件允许的情况下尝试使用 AR 进行教学。

5. 学习速课平台的使用方法，能够自己动手设计制作 H5 格式的微课件。

6. 掌握视频编辑加工工具喀秋莎软件（Camtasia Studio）的基本操作，能够对教学需用的视频按照自己的需求进行加工处理。

7. 能够找到适合自己手机的应用程序或者小程序，熟练地用手机制作微视频用于教学。

第二部分
让教学课件魅力十足的技术

模块一

让你的 PPT 设计出彩

一、PPT 艺术设计的创意与技巧　>>>>>>>

(一)PPT 设计的创意

PPT 的创意并非单纯地指图表设计得有多么精美，动画效果使用得有多么酷炫，不能一味地强调技术上的视觉效果，更重要的是结合 PPT 展示的主题进行设计，发现呈现内容的最恰当的方式，这才是每个 PPT 独一无二且不可复制的创意。

这也是很多 PPT 模板并不适合所有情景使用的原因，虽然模板看上去很棒，但是并不符合自己的内容，就不能生搬硬套，否则只会让人觉得费解，反而干扰主题。对于刚刚开始接触制作 PPT 的初学者来说，学习 PPT 中的动画、图形、图标或其他元素的时候，往往不理解这些功能的特点和用途，一味地追求视觉的美观，从而忽视了呈现的效果是否符合内容的表现，不仅不能为 PPT 加分，反而成为累赘。

PPT 设计的基本原则有以下几点。

(1)逻辑清晰，内容有条理。

(2)主题明确，重点突出。

(3)排版美观，风格统一。

设计制作 PPT 的时候，首先要做的工作就是把需要展示的内容进行整理总结，找出内容之间的逻辑关系，然后根据内容的重点确定主题元素，使用文字进行解释说明的就用文字表达；使用图片更容易理解的就选择贴切的图片；使用表格能够使得数据有条理就制作表格；使用图形更加突出重点就绘制图形；使用动画更加准确表达含义就使用相应的动画。最后按照统一的风格进行排版布局，一个基本的设计制作 PPT 的流程就完成了。

在此基础之上，平时注意学习他人优秀的 PPT 设计经验来提高 PPT 素养，体会 PPT 创意的内涵，根据自己设计制作的 PPT 内容，找出其中的关键点和亮点作为出发点进行构思，从而得到独具特色的创意。

(二)PPT 的内容设计

1. PPT 的文字设计

PPT 的文字主要体现在字体、字号和颜色三个方面。根据 PPT 的整体风格选择对应风格的字体和颜色，根据内容的重要程度选择不同的字号。对于文字而言，字体是其灵魂，在一个 PPT 中的字体不宜超过 3 种，要根据不同的场景和内容，来选择适合的字体。

通常来讲，字体分为衬线字体和无衬线字体。由于衬线字体的笔画粗细不一样，因此适合在标题等字号较大的地方使用衬线字体；非衬线字体在正文中使用的较多，根据字体的风格，或简约大方，或刚劲有力，或活泼可爱，或中国风，等等，无论哪种风格，一定要与 PPT 的主题风格保持一致。

2. PPT 的图片设计

PPT 的图片是为了更好地表达内容，要考虑到图片与内容的关联度，如果毫无相关性，那么无论多么优质的图片也是败笔。通常情况下，不能把已有的图片直接放入 PPT 中使用，最好对图片稍加处理后结合文字进行图文搭配，更加准确地表达 PPT 的内容。

3. PPT 数字故事的设计

数字故事，指的是运用各种媒体(文字、图片、音频、动画)来讲述故事的一种传播方式，可以使用 PPT、微视频、动画等多种媒体方式制作。

使用 PPT 设计制作数字故事，可以通过以下四个步骤。

(1)故事编写。

(2)设计脚本。

(3)收集并编辑素材。

(4)编辑合成。

案例：《花落留芬"芳"》。

数字故事成功的关键是讲好故事。故事文稿的编写以教师李芳为救学生牺牲的事迹为内容，数字故事的设计要充分利用数字化的手段，使故事更加具有感染力。

首先要设计好故事的脚本，如图 2-1 所示。其次，搜集相关的图片与音乐，在 PPT 中进行编辑制作。

画面序号	画面内容/必要操作	解说词/字幕	备注
1	桃花飘落	纯音乐	
2	李芳的照片	李芳，河南的一名普普通通的乡村教师，优秀的共产党员	
3	李芳与学生	2018年6月11日，与往常一样的下午，李芳在放学的路上护送学生回家。突然，一辆失控的三轮摩托向学生们迎面急速驶来，千钧一发之际，李芳老师奋力推开学生，自己挡在车前，重重地撞了上去	
4	万人追悼	经过数天的全力抢救，李芳老师还是离开了，永远离开了这个被她温暖过的世界	
5	思念感想	6月16日，人们手捧鲜花从四面八方赶来，送李芳老师最后一程，送别的队伍蜿蜒数里。她用生命浇灌花朵，用大爱感动社会，向李芳老师致敬	

图 2-1　数字故事的稿本设计

在 PPT 中进行编辑的时候，要注意以下几点。

(1)PPT 设计，每一页字数要少，字号要大，简洁明了，建议字体选用微软雅黑等有线条感的字体，如图 2-2 所示。

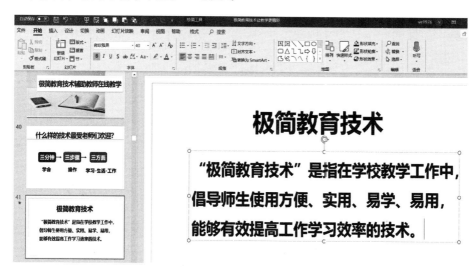

图 2-2　PPT 的字体设计

(2)对图片或者文字添加动画后，要将动画的播放时间调整为相对较慢的节奏。

(3)编辑完成后，在首页插入背景音乐，音乐的选择要符合内容的主题，表现出悠扬哀伤缅怀的风格，如案例中的音乐《天空之城(小提琴版纯音乐)》。

(4)使用幻灯片放映中的"录制幻灯片演示"功能，对 PPT 进行播放录制。在这个过程中，根据左上方的计时窗口，进行多次尝试和修改，结合每一页的动画播放时间控制 PPT 的播放。

(5)最后将录制好的 PPT 导出为 MP4 的视频格式，在导出设置中点击"创建视频即可"，如图 2-3 所示(本书的 PPT 是使用 MS Office 365 版本制作)。

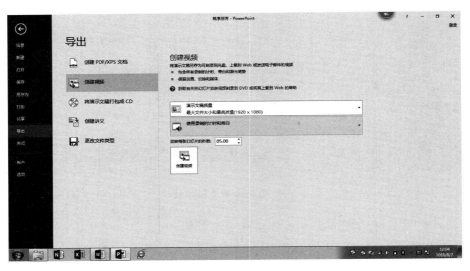

图 2-3　将 PPT 转成视频

数字故事的优点是图文和音乐的结合，生动地讲述，更加具有感染力，便于分享传播。

【极简教育技术 101】数字故事

数字故事是 20 世纪计算机进入教育教学应用的产物。20 世纪 90 年代初期，达纳·温斯洛·阿奇利(Dana Winslow AtChley)作为数字故事的先驱者，尝试用计算机把过去的老照片配合自己的讲述制作成数字故事，受到观众的欢迎。随后，他开始帮助人们制作数字故事，影响到越来越多的人参与数字故事的创作，并且在旧金山成立了第一个数字媒体中心，就是现在的数字故事中心(Center for Digital Storytelling，CDS)。2002 年 11 月底，来自 8 个国家以及美国 25 个州的代表聚集在一起，成立了数字故事协会(Digital Storytelling Association，DSA)，数字故事迅速在世界流行起来，在美国、英国、日本、加拿大等国家被广泛应用于教学活动中，如结合探究式项目的学习、语言教育、数字故事竞赛等。

在中国，2007 年后，最早使用数字故事是在英特尔未来教育项目中，我们将"泰迪的故事"设计成 PPT 数字故事，在教师培训班播放，许多教师被故事感动。"泰迪的故事"取材于英特尔未来教育项目国际圆桌会议上，美国一个著名的"与众不同"网站(http://www.makeadifference.com/，访问日期：2020-01-10)上面的《三封来信》的感人故事。故事讲述了一位因母亲去世而陷入困境的学生泰迪由于教师的关心而改变了命运。

数字故事与其他教学方式相比，其最大的特点是将感情融入教育传播之中，能够有效激发师生情感，促进师生思想深度互动。现在越来越多的学校和教师把数字故事作为校园文化建设、师德教育、课堂教学等活动中的一项重要内容和教学策略。

数字故事可以使用 PPT、微视频、H5 微课、手绘动画、卡通动画、手机拍摄、纸片呈现等多种方式制作，配合文字、画面、音乐、解说等讲述故事。现在教师使用的最普遍的方式是利用已有的电脑以及 PPT 软件，根据自己当前的教学目标，设计故事主线，并收集和加工相关的图片、视频、音乐、动画等素材，按照讲述故事的形式制成 3～5 分钟的 PPT。制作数字故事一般为以下几个步骤。

(1)选题。注意结合教学目标，要与现实生活密切联系。

(2)设计好故事主线。要构思好故事发展的线索，并考虑好与之相对应的图片或者视频，以及旁白和时间，用什么样的背景音乐等，起草数字故事稿本。

(3)用 PPT 等多媒体编辑软件，将收集的材料按照故事讲述的顺序组合起来，注意美化图片效果，配以与内容相匹配的背景音乐。

(4)在教学中使用数字故事，让学生在欣赏和感受中体验数字故事。

(5)总结教学中数字故事的使用情况，找出优点和不足，以便进一步改进和完善。①

4. PPT 快闪动画的设计

快闪动画指的是在有节奏感的音乐背景下，每个画面以极快的速度播放引人注目的文字的动画视频，强烈的节奏感能够一下子抓住学生的眼球。

快闪动画的制作方法和软件有很多，下面介绍如何使用 PPT 设计快闪微视频。

快闪动画的制作步骤如下。

(1)将需要展示的内容进行整理，选取关键词等作为 PPT 中展示的文字，如图 2-4 所示。

(2)设置 PPT 中文字的动画效果，其中动画的效果要选择明显一点，持续时间要尽量短，才能吸引观众的注意力。

(3)选择风格动感、节奏明显的背景音乐，使用幻灯片放映中的"录制幻灯片演示"功能，对 PPT 进行播放录制。需要注意的是每一页 PPT 的过渡和动画的表现要与背景音乐的节奏吻合。

(4)将录制好的 PPT 导出为 MP4 的视频格式。

快闪动画的优点是节奏快，每一秒的内容都重点突出，在短时间内快速地进

---

① 黎加厚：《数字故事的教育意义》，载《中小学信息技术教育》，2012(6)。

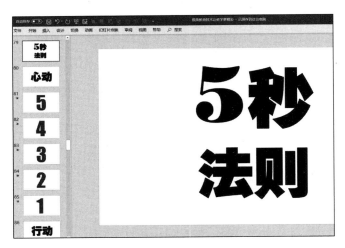

图 2-4　快闪动画的文字设计

行展示，吸引观众的注意力。

(三)使用插件丰富 PPT 的表现效果

PPT 插件在制作 PPT 时经常会用到，是嵌入 PPT 内辅助 PPT 的高效率小工具。在制作 PPT 时，提供了更多便捷和更多的可能性。常用的 PPT 插件有 PPT 美化大师、iSlide、OneKey Tools 插件、PPT 动画大师、Nordri Tools、iSpring 等。这里以 PPT 美化大师和 iSlide 为例，对 PPT 插件进行介绍。

1. PPT 美化大师

安装"PPT 美化大师"插件之后，菜单栏中会出现名为"美化大师"的选项，里面包含了美化大师能够实现的各种功能，如图 2-5 所示。

图 2-5　PPT 美化大师嵌入 PPT 工具条

(1)丰富的素材库。

PPT 美化大师提供了模板、范文、图片、形状等各种类型的 PPT 元素，可以在素材库中查找需要的元素，直接插入 PPT 中。打开"美化大师"—"资源广场"，里面包含各种分类的 PPT 模板可供挑选，也可以在上方搜索框中搜索关键字查找需要的模板。

另外，在"美化大师"—"更换背景"选项中，可以根据背景模板的风格进行选择，当选择好背景模板后，就可以将整个 PPT 模板套用至当前的 PPT 中。

现代极简教育技术

打开"美化大师"—"在线素材"—"范文",有丰富细致的分类,可以根据需要选择合适的范文,作为制作 PPT 的参考。

打开"美化大师"—"在线资源"—"图片",图片库中有大量经过分类的素材,在制作 PPT 时,根据需要进行搜索,可以直接插入 PPT 中,省去了在网络上搜索图片的时间。

打开"美化大师"—"在线资源"—"形状",大部分场景下会用到的图标和形状,资源库中都可以找到合适的选择。

(2)一键生成的功能。

PPT 美化大师的优点除了提供丰富的素材一键插入 PPT 中,更重要的是一键生成 PPT。

一键生成经过排版美化的 PPT,在"美化大师"—"新建"—"画册"选项中,有不同风格的画册可以选择。

打开每一个画册,里面包含数张不同排版的图片页,只需要将右边对应编号的图片上传,完成并插入 PPT 中,那么添加的图片就可以一键生成对应图片页。

如果已经选好模板,但是模板中的一些页面不符合需求,就需要对单独的页面进行加工处理。

在"美化大师"—"新建"—"目录"选项中,只需要在右侧的内容框中输入文字,点击左侧选择合适的目录样式,就可以一键生成对应文字的目录页。

美化大师更加强大的一键生成功能,将制作 PPT 之前的文字稿进行整理,打开"美化大师"—"新建"—"内容规划"选项,在规划 PPT 内容的页面里,按照题目、目录、章节的顺序完成文字内容,根据选择的风格随机生成一套包含文字内容的完整 PPT。

如果随机生成的 PPT 样式不符合需求,就可以使用"更换背景"功能,在背景模板中更换喜欢的风格。

PPT 中的一键设置功能,在"美化大师"—"工具"—"替换字体"选项中,可以通过不同的设置,对 PPT 中的字体进行统一的替换,免去了逐页修改字体的重复性工作,大大提高了效率。

2. iSlide 插件

iSlide 是一款辅助 PowerPoint 设计的插件,帮助用户高效和极简地创建教学 PPT 演示文档。首先,登录 iSlide 官网,下载安装 iSlide 插件工具,注册登录之后,可以在设计制作 PPT 的时候使用插件改进 PPT 制作效果。

PPT 中的 iSlide 插件是嵌入 PPT 的菜单栏中的。打开 PPT 后,可以在上方的菜单栏和右侧的工具栏找到相应的功能。如图 2-6 所示,iSlide 插件的界面。

图 2-6　iSlide 插件的界面

iSlide 插件的功能有一键优化、设计排版、主题库、智能图表、图示库、图标库、色彩库、图片库等，用户可以四步搞定 PPT 设计：第一，选择主题模板；第二，插入图示；第三，添加文本；第四，自由组合各种库资源素材，还有更多的"一键化"功能让 PPT 设计制作变得极简。

图 2-7　iSlide 插件的
一键优化功能

（1）一键优化，包括统一字体、统一段落、智能参考线和统一色彩四个功能，通过一键操作，节省重复编辑的时间，提高效率。iSlide 插件的一键优化功能如图 2-7 所示。

（2）设计排版，通过一键设置，可以快速地进行排版，实现单一元素的矩阵分布、环形分布，也可以完成矩形剪裁和环形剪裁。除此之外，剪裁图片、控点调节、增删水印等操作也可以一键完成，如图 2-8 所示。

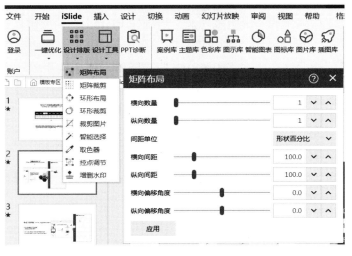

图 2-8　iSlide 插件的排版功能

例如，插入一个星星元素，在设计排版中选择矩阵分布，设置矩阵中各项的参数，横向数量设为 10，纵向数量设为 5，横向间距设为 150%，就可以一键完成一个星星元素构成的矩阵，不仅省去了复制粘贴的重复性工作，同时严格的对齐，省时高效，如图 2-9 所示。

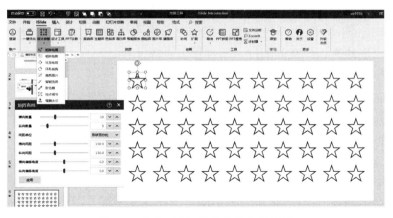

图 2-9　使用 iSlide 插件设计矩阵图形

（3）iSlide 插件中的资源库，提供不同种类的资源，包括案例库、主题库、色彩库、图示库、智能图表、图标库、图片库、插图库，并且在联网状态下实时更新，如图 2-10 所示。

图 2-10　iSlide 插件中的资源库

主题库。支持按照风格分类查找和关键字查找，最重要的特点是可以在预览主题库时选择 16：9 或者 4：3 的比例，从而适应不同尺寸要求的 PPT，可以在主题库中选择合适的主题，一键生成主题风格统一的 PPT 模板。系统内置了大约18 万个 PPT 模板，并不断更新，用户可以快速检索，一键插入 PPT。

色彩库。色彩库中提供了多种多样的色彩搭配方案，选择其中一种搭配后，可以点击"≫"符号应用到当前页，也可以点击"＞"符号应用到全部页面，如果喜欢这种色彩搭配，可以点击"☆"符号收藏保存，方便以后使用。

图示库。图示库中的图示可以插入到当前 PPT 页面，也可以新建一页 PPT，支持编辑文字内容和任意图标图形的位置、大小和颜色，在方便快捷的同时提供个性化的可能。

智能图表库。在智能图表库中，生动形象的图表样式能够给人眼前一亮的感觉，并且图表支持编辑和修改，让 PPT 中的数据展示不再枯燥。

图标库。图标库中的图表可以作为分类时的标志和装饰，也可以作为 PPT 中图文结合的元素，在改变大小、位置和颜色之后组成任意的组合，体现内容所要表达的含义。

图片库。iSlide 图片库中的图片是可在任何地方使用的 Creative Commons (CCO)协议下的真正免费的图片，图片可以合理使用，而无须为创作者署名，满足不同的场景和需求。

插图库。插图库中插图全部为 PNG 格式的矢量图，放大不失真，种类丰富，便于编辑。

(4)iSlide 插件中的工具 PPT 拼图和 PPT 瘦身。PPT 拼图是在保存和导出 PPT 时，将 PPT 页面按需排列组合，一键导出为长图，通过参数化调节自由控制输出图片质量和尺寸大小。PPT 瘦身在保存和导出 PPT 时，一键优化清理 PPT 中的冗余信息，对 PPT 中包含的图片进行智能压缩，减小文档体积。

目前，iSlide 插件实行的是会员制，注册购买会员之后可以解锁更多更好的资源和素材。

3. OneKey Tools 插件

OneKey Tools 简称 OK 插件，（免费插件下载地址，http：//oktools. xy2/，访问日期：2020-05-13）。它是一款免费开源的 PPT 插件，没有其他插件那种海量的资源，但是拥有强大的图形处理功能，支持图片混合、一键特效、三维复制等功能，涵盖形状、调色、三维、图片处理等方面。如图 2-11 所示，选择下面不同的功能组，可以对 PPT 设计使用丰富的功能。

图 2-11　OneKey Tools 插件工具栏

(1)形状组。

一键功能。可以一键去除包括去形状、去占位符、去同位、去版式、去图片、去文字、去形状字体、去动画、去媒体(音频、视频)、锁定纵横比和去纵横比、去超链接、去批注以上内容，在当前 PPT 页内使用"一键去除"功能，就可以将原来的格式一键去除。

尺寸递进功能。可以将图形和图片一键变为相同大小，或者按照大小、宽窄、随机的顺序递进排列。例如，将大小不等的正方形一键变为相同大小，将不同大小的图片按照从小到大的顺序排列。

旋转递进功能。可以将图形和图片一键变为相同的旋转角度，或者按照顺序递进排列。例如，将不同旋转角度的图片按照相同的旋转角度排列。

拆合文本功能，可以对文本进行编辑，文本统一功能将多页 PPT 的文字进行统一设置；将整段文字拆分，包括按段拆分和拆为单字；也可以使用合并段落和单字合并将多个文本框中的文字合为一整段；还可以把每页 PPT 的备注内容进行备注合并和删除备注。

（2）颜色组。

点击打开 OneKey Tools 的颜色组，可以调节对象的颜色变化。点击"颜色组"—"纯色递进"—"纯色统一"，可以得到颜色相同的对象；点击"颜色组"—"纯色渐进"—"HSL 补色"，可以得到介于第一个圆形和最后一个圆形颜色之间的六种渐变色圆形(RGB 是一种表示红绿蓝的色彩模式，HSL 则是另外一种色彩模式，H 代表色相，S 代表饱和度，L 代表明度)；点击"颜色组"—"渐纯互转"—"纯色转渐变"，可以得到按照渐变色填充的矩形。注意以上纯色递进和纯色互转功能需要至少 3 个或 3 个以上的图形才能进行操作。

OneKey Tools 插件颜色组的强大之处在于将不同图形的颜色进行统一设置，可以统一为相同的颜色，可以统一按照渐变色进行一键填充，不仅省去了逐个图形选择颜色的麻烦，还可以自动填充渐变色。

（3）三维组。

三维组是对图形进行三维立体处理，"三维组"—"三维工具"—"一键立方体/一键球体"，就可以将矩形/圆形变为立方体/球体。

三维工具中的三维刷，类似于格式刷工具，可以对图形的三维变换进行批量处理。

（4）图形组。

图形组中的"图片混合"功能。需要至少 2 张的图片才能够实现相应的功能，并且图片需要有重叠的部分，通过"图片混合"功能对重叠的部分进行调整。

图形组中的"一键特效"功能，对于图片的美化处理，可以一键处理得到与 PS 处理后相同的效果。如图所示的效果是将原图通过"一键特效"—"图片虚化/图片马赛克/三维折叠/微立体"功能得到的经过特效处理的图片。

（5）辅助组。

辅助组中的"一键转图"功能可以将 PPT 页面中的所有元素转成 PNG 格式或者 JPG，并导出相应格式的图片。

运用"GIF 工具"可以在 PPT 内制作动态图片，只需将图片选中后，对参数进行设置，就可以生成 GIF 动态图片；把外部的 GIF 图片导入 PPT 中，可以运用"GIF 工具"对图片进行分解，并将分解后的图片保存到 PPT 中。

辅助组中的"特殊选中"功能，可以按照特殊的分类对 PPT 中的各种元素进行选择，再利用"辅助功能"中的"批量替换"，对 PPT 中的元素进行快速选择和替换。

(6)文档组。

文档组特有的音频工具是 Onekey Tools 插件中的亮点，选中文档中的文字，利用"朗读工具"就可以将文字转换为声音，并导出音频文件。如果需要对 PPT 的内容进行讲解，就可以使用"录音工具"录制音频，并导出音频文件，如图 2-12 所示。

图 2-12　文档组特有的音频工具

在一些情况下，已有的音频文件需要进行简单的切割和合并处理，如果使用专业的音频处理软件的话，难度较大，这时候可以使用"音频拆合"和"音频混合"功能，对音频文件进行加工处理，如图 2-13 所示。

图 2-13　OneKey Tools 插件的"音频拆合"和"音频混合"功能

二、Office365 在教学中应用的新技术 >>>>>>>

（一）PPT365 的新功能

1. "插入"—"图标"

PPT365 在插入菜单中新增了"图标"选项，可以在 PPT 内直接插入图标元素，插入之后可以双击图标，在 PPT 内进行编辑。

对于 SVG 格式的图标，不能取消组合从而对图标进行部分修改，在 PPT365 中，格式菜单中新增"转换为形状"选项，可以将 SVG 格式的图标转换为形状后取消组合即可。

2. "设计"—"设计器"—"设计灵感"

当使用 PPT365 添加图片、文本或者图表时，在右侧界面会出现设计理念一栏，采用智能技术为用户提供了多种版式设计，可以根据推荐选择排版。

3. "动画"—"平滑"

与之前 PPT 翻页的平滑动画不同，新添加的动画是对 PPT 页面中的元素添加动画。

4. "插入"—"3D 模型"

新增加的 3D 模型，在 PPT 的工具栏，依次点击"插入""3D 模型""来自此设备"（保存在本机上的 3D 模型文件）或者"库存 3D 模型"（PPT 自带的丰富的 3D 模型库），将其插入 PPT 中就可以任意调整大小和旋转。

（二）用 Office365 组织社会化协作学习

Office365 是基于网络版的不断更新的办公软件，注册账号登录后，支持电脑端和移动端的同步更新和分享。用户使用自己同一个账号登录，电脑、手机上的文件可以通过云端同步。教师可以利用 Office365 的云端同步功能，组织班级同学协作学习，共享文件，共同编辑文件，分享思想和创意。

三、提高 PPT 设计应用技能 >>>>>>>

（一）提高 PPT 设计应用技能的六点建议

1. 好学习

认真学习有关 PPT 设计创作的书籍、各种其他学习资料等，从中了解 PPT

创意设计的基本原理、技巧和设计制作技术。

2. 细观察

平时注意从生活中吸取平面设计、广告设计、商品包装等的设计创意，注意迁移到自己的 PPT 设计构思中。你可以从地铁广告、电视台视频、各类期刊设计等发现 PPT 设计之美。

3. 勤实践

在平时教学中，认真做好每一次教学 PPT 的设计制作，把学习到的理念和技巧运用到自己的教学 PPT 制作中。

4. 多反思

每一次教学活动之后，静下心反思，总结教学的成功和需要改进的地方，注意使用 PPT 的教学效果，发扬成功之处，改进不足之处，长期坚持，必有收获。

5. 善交流

关注 PPT 教学设计，与朋友、同事、学生分享交流 PPT 设计和运用的经验，注意吸取老师和同学们设计制作 PPT 的优点，虚心请教 PPT 高手制作 PPT 的技巧，广泛吸取他人的 PPT 创意和制作经验。

6. 全媒体学习

特别注意利用手机微信搜索，可以每天学习众多公众号中 PPT 资料，不断提高。

(二)优秀的 PPT 学习资源推荐

1. 微信公众号上的 PPT 学习资源

锐普 PPT、秋叶 PPT、曹将、璞石 PPT、PPT 研究院、布衣公子 PPT、演界网、PPT 二号线、在于 PPT。

2. 优秀 PPT 设计和资源网站

微软 office 官方，http：//www.officeplus.cn/Template/Home.shtml，访问日期：2020-01-10。

锐普 PPT，http：//www.rapidbbs.cn/，访问日期：2020-01-10。

演界网，http：//www.yanj.cn/，访问日期：2020-01-10。

配色网，http：//www.peise.net/，访问日期：2020-01-10。

稻壳网，http：//www.docer.com/，访问日期：2020-01-10。

四、PPT 文件格式转换技巧 >>>>>>>>

在教学中，教师常常需要把 PPT 文件转换成视频格式播放，或者转换成

PDF 格式发送给他人，或者将 PPT 转换成 H5 格式在朋友圈分享给大家；有时需要把其他格式的文件转换成 PPT 文件。

(一)PPT 文件转换成视频格式文件

在教学中，有时需要把 PPT 格式的文件转换成视频文件播放，可以使用 Office365(或者 2013 以上的版本)，在 PPT 工具栏，点击"文件"—"另存为"，下拉文件格式框，选择"MPEG-4 视频(＊.mp4)"格式，点击"保存"，这样系统就自动把 PPT 文件转成视频格式文件。

(二)PPT 文件转换成 PDF 格式文件

在教学中，有时需要把 PPT 格式的文件转换成 PDF 格式，以便让其他读者在任何电脑上看到的画面文字不变。方法同上，可以使用 Office365(或者 2013 以上的版本)，在 PPT 工具栏，点击"文件"—"另存为"，下拉文件格式框，选择"PDF(＊.pdf)"格式，点击"保存"，这样系统就自动把 PPT 文件转成 PDF 格式文件。

(三)PPT 文件转换成图片格式文件

在教学中，有时需要把 PPT 格式的文件转换成图片格式，以便让其他读者在任何电脑上播放 PPT 的时候看到的画面文字不变。方法同上，可以使用 Office365(或者 2013 以上的版本)，在 PPT 工具栏，点击"文件"—"另存为"，下拉文件格式框，选择"PowerPoint 图片演示文稿(＊.pptx)"格式，点击"保存"，这样系统就自动把 PPT 文件转成图片格式文件。

(四)PPT 文件转换成 H5 格式文件

在教学中，有时需要把 PPT 格式的文件转换成 H5 格式的 PPT 文件，以便让其他读者在手机上浏览 PPT，常用的方法是使用速课网站的"PPT 语音课件"功能将 PPT 格式转换成 H5 格式。操作方法如下。

(1)登录注册速课网：https：//www.91suke.com/(访问日期：2020-01-10)。

(2)在工具栏选择"课件制作"，再选择进入"PPT 语音课件"制作，上传自己的 PPT 文件，系统会自动转成 H5 格式的二维码。

(3)根据系统提示，进行 PPT 播放的管理设置(名称、作者、是否需要授权码)，发布。

(4)将系统提供的二维码放在上课的 PPT 上面，供学生扫描下载 H5 格式的 PPT 即可。

(五)PDF 文件转换成 PPT 格式文件

在教学中常常会遇到，一些专家会议分享的资料 PPT 内容是 PDF 格式，无法在电脑 PPT 中播放，可以使用"smallpdf"网站。这是一个免费的处理 PDF 文件格式的网站，可以加工 PDF 文件，包括文件的转档与压缩、分割与合并、把 PDF 转换成其他格式文件、把其他格式文件转换成 PDF 文件等，功能十分强大。

把 PDF 格式的文件转换成 PPT 格式的文件，操作方法如下。

(1)登录注册，网站 https：//smallpdf.com/(访问日期：2020-01-10)。

(2)选择"PDF to PPT"功能，上传自己的 PDF 文件，网站系统会自动转换成 PPT 格式的文件，下载 PPT 文件即可。

(六)H5 格式文件转换成 PPT 格式文件

在教学中有时需要反过来把 H5 格式的 PPT 转换成 PPT 格式的文件，以便在电脑上播放 PPT，处理的技巧如下。

(1)在手机上面播放 H5 格式的 PPT，播放时，将每一页 PPT 截图(在安卓手机上，如华为、小米手机等，只需要双击屏幕，就可以截屏，并将图片文件保存在相册中)。

(2)把手机里面的所有截图的文件导出到电脑。

(3)打开 MS Office 的 PPT 软件，新建一个文件夹，在 PPT 工具栏中，选择"插入"—"相册"，选择上面存储截图的文件的文件夹，选择所有文件，插入 PPT。

(4)编辑整理已经将所有截图插入 PPT 后的效果，就得到了一个将 H5 格式还原成 PPT 文件格式的 PPT 了。

模块二

与众不同的靓丽演示设计

　　PPT 是世界上使用人群最多的演示软件，有一份国外资料介绍，全世界估计有 5 亿用户每天使用大约 3500 万份 PowerPoint 演示文稿。[①] PPT 伴随人们的学习生活，从幼儿园、小学、中学，直至大学和职业生涯，无处不在。有没有可以替代 PPT 演示文稿的创新设计软件，能够创建一个更强大的、动态的演示文稿软件，能够帮助讲演者激发听众的兴趣。如何筛选一个理想的演示文稿设计软件，可以帮助教师轻松地创建更具吸引力的演讲稿，并能够适应移动互联网时代的变化，支持跨设备的视觉效果展示，而且免费或者低成本符合您的预算。建议读者在寻找优秀演示软件时考虑以下主要因素。

　　(1)操作简单。

　　符合极简教育技术理念，软件的操作应该足够简单，无论他们的技术背景如何，让不是专家的普通大多数用户能够很容易使用。

　　(2)软件库丰富。

　　软件平台可以提供大量的模板、图像和其他媒体素材来帮助用户创建演示文稿。

　　(3)支持多种文件格式。

　　软件不应该只包含标准幻灯片格式，还应该支持其他格式(如图片、音视频、动画等)，还应该支持中文。

　　(4)设备兼容性。

　　考虑到大多数人和组织使用多种设备(电脑、手机、平板等)，所以在创建和显示演示文稿时，要优先选择支持跨设备兼容的软件。

　　(5)可共享性。

　　为了方便协作学习，用户应该能够与其他用户共享演示文稿，并允许同步编辑。

---

　　① 资料来源：10 little-known facts about PowerPoint，https://blog. polleverywhere. com/powerpoint-info-graphic，2019-04-04。

(6)成本考虑。

需要找到免费或者适合你预算的软件，这样你就可以持续地创建演示文稿。

符合上述要求的软件，能够得到普通用户的欢迎，才能够可持续发展。目前，世界上最受用户欢迎的替代 PPT 的演示文稿制作软件有如下几种。[①]

（1）Prezi。（https：//prezi.com/，访问日期：2020-01-13）

Prezi 和 PPT 的不同之处是，它不是像 PPT 一样提供一张张幻灯片顺序播放方式演示，而是给用户提供一个可视化的虚拟画布，可以设计和展示不同对象元素进行交互、旋转、放大、缩小、变换、转动等，具有强烈的视觉冲击力。Prezi 提供了大约 100 个构建演示文稿的模板、图库，支持电脑、苹果手机、苹果平板电脑和安卓设备。Prezi 的框架和缩放功能来展示创意想法之间的关系，这比 PowerPoint 典型的基于要点讲解的幻灯片更加吸引人。

在国内，具有跟 Prezi 相同功能，并支持中文，更符合中国人使用习惯的演示软件是动画演示大师 Focusky。

（2）Vyond。（https：//www.vyond.com/，访问日期：2020-01-13）

Vyond 平台为用户提供了创建强大的动态媒体所需的工具，无论用户技术水平如何，通过移动文本和图像，设置对象属性，可以轻松构建角色驱动的故事或可视化数据，让你的演示更加引人注目。Vyond 提供了三种不同的视频风格，有成千上万的模板、库存角色、道具和更多的选择，并支持多人同时编辑视频，Vyond 不是通过顺序播放幻灯片来传达信息，而是通过创造人物和动画故事来演示你的内容。

在国内，类似 Vyond 设计动画人物动画演示的软件平台是皮影客、优芽网等。

（3）Keynote。

这是苹果系列产品设计演示文稿的平台，功能类似 PPT。

（4）Haiku Deck。（https：//www.haikudeck.com/，访问日期：2020-01-13）

与传统的 PPT 设计理念不同，这是一款基于图像的演示文稿设计平台，主张使用极少的文本、大幅的图片、惊人的视觉效果，是典型的极简主义演示设计制作平台代表。Haiku Deck 为用户提供数以千计的免费模板和超过 4000 万免费创作共用图像库，用户可以很快创建图像美丽的演示文稿（准确说，是演示图稿），通过突出亮眼的照片和图形，迅速吸引你的观众的注意力。

（5）Voicethread。（https：//voicethread.com/，访问日期：2020-01-13）

Voicethread 是一个在线演示和对话交流的应用平台，允许用户围绕数字媒体进行对话。它将传统的幻灯片演示提升到了一个全新的互动水平。用户可以很容

[①] 资料来源：The 9 Best Business Presentation Software Alternatives To PowerPoint，https：//www.vyond.com/resources/the-6-best-business-presentation-software-alternatives-to-powerpoint/，2019-04-05。

易在线创建带有音频或视频支持轨道的演示文稿。Voicethread 使得在录制演示文稿时记录"实时注释"成为可能，最终生成一个流媒体演示，极大地提高了教师和学生的存在感。

下面，根据筛选适合教师使用的极简教育技术的原则，介绍几款可供教师使用的演示文稿设计软件。

一、画布旋转类演示设计 >>>>>>>>

（一）Focusky 动画演示大师

Focusky 动画演示大师用于制作生动有趣的演示文稿，可以替代 PPT 讲课，所有操作是在一个可旋转且能够无限放大和缩小的画布上完成。加入缩放、旋转、平移等动画，丰富每一帧画面专场的特效，为演示文稿的动态效果增添了靓丽的展示效果。Focusky 的操作界面如图 2-14 所示。

图 2-14　Focusky 动画演示大师的工作界面

操作方法：登录 Focusky 动画演示大师（http：//www.focusky.com.cn/download/，访问日期：2020-01-13），注册，下载安装 Focusky 动画演示大师软件，打开软件即可创建自己的演示文稿。

首先添加背景，可以选择系统提供的背景，也可以根据自己的需求上传图片，然后点击界面左上方的加号，为动画增加新场景。

在工具栏或快捷工具栏中为当前场景添加图片、文字、音乐、人物、图标等多种元素，并进行编辑，制作具有不同功能的内容。

在动画模块，可以为画面中的任意物体添加动画效果，不仅动画的动态效果更佳，更重要的是自定义动作路径和交互设计，用更简单的方法实现 PPT 中的复杂效果。

制作完成之后，点击"输出"，有多重输出模式可以选择，要注册登录 Focusky 账户才能够完成输入并保存。

(二)万彩动画大师

同类型其他软件还有万彩动画大师(http：//www. animiz. cn/features/，访问日期：2020-01-13)，现在越来越多的教师学习掌握使用"万彩动画大师"来制作 MG(Motion Graphics，动态图形)动画微课。MG 动画是指随时间流动而改变形态的图形，让图形和图形组合，按一定规律运动形成动画效果。

万彩动画大师是一款极简动画视频制作工具，教师可用来制作趣味课件、微课视频、演讲动画视频等。用户在网上搜索"万彩动画大师"即可进入官网主页，点击"立即免费下载"安装即可使用。万彩动画大师的编辑界面主要分为功能菜单、场景菜单、动画效果面板和工具栏四个主要模块。其中，场景菜单主要用于界面中各个场景页面的制作，以及各个模板的添加；动画效果面板主要应用于各个场景中的动画的制作；工具栏则用于插入图片、音效、视频、Flash 动画等多媒体元素。它的界面简洁，操作简单易上手，短时间内便可学会制作，读者可以尝试体验。

二、手绘动画类演示设计 >>>>>>>>

VideoScribe 是一款制作手绘效果视频的软件，通过简单操作就可以将手写文字、图画、照片、背景音乐、旁白等多媒体对象添加到作品，实现手绘的效果。现在越来越多的课件设计者，广告设计者喜爱使用 VideoScribe 的手绘效果来制作自己的作品。其操作界面如图 2-15 所示。

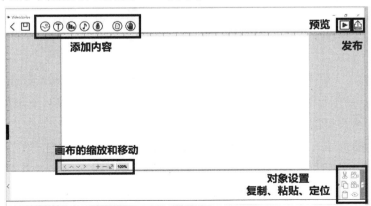

图 2-15　Video Scribe 的操作界面

点击页面中"＋"添加一个新文件，在新建的文件中，页面正中间是可以无限放大缩小的画布。

文件上方是主要的工具栏，从左到右依次是添加图像、添加文本、添加图表、添加音轨、添加画外音、改变背景、更改手势。

在页面中添加图像，可以预览到所有图像，也可以通过搜索关键词精准查找，例如，在搜索"book"得到的图像中选择一个书本的图像添加到画布中，可以对画布进行放大或缩小来调整图像在画布中的占比，也可以通过拖动图像调整图像的位置并进行旋转。

在页面中添加文本，可以选择字体的颜色和字号，添加到画布之后，同样可以调整文本的位置和大小。

制作手绘动画后，可以选择添加背景音乐或自己录制的画外音讲解视频中的内容。VideoScribe 中提供自动播放的手绘动画效果，可以在画布下方选择对象，对选中的内容进行动画播放的设置，主要是调整相应动画的时间，进行剪切和复制等操作，也可以调整镜头位置进行个性化设置。

进行手绘动画的设计之后，可以预览当前画布中的动画视频，通过预览可以发现视频中的问题，及时进行调整。确定完成制作之后，"保存或导出该记录"将保存为 VideoScribe 特有的格式，在线模式，或以图片形式保存的 PDF 格式，"渲染并发布你的视频"将保存为视频格式或转换成 PPT 形式，也可以选择分享自己的视频。

手绘类工具软件还有 Easy Sketch Pro、Explaindio Video Creayor，另外 Focusky 和万彩动画大师中也包含了手绘动画的功能。

三、卡通动画类演示设计 >>>>>>>

（一）优芽网——互动电影

优芽互动电影(http：//www.yoya.com/，访问日期：2020-01-13)，用户注册登录后，可以上传 Word 或 PPT，将其内容直接导入动画场景中，也可以创建空白动画，在空白动画中新建场景，如图 2-16 所示。

互动电影中动画中需要的人物在"角色"菜单中通过新增角色或自定义角色添加，提供不同风格和类别的场景，在场景中选择或上传图片都可以插入到当前画面中直接使用，如图 2-17 所示。

平台提供了很多不同分类的人物，有了人物与场景，就需要让人物动起来才能表演。在人物旁边的设置中选择"动作"，就可以让人物拥有情感、行为和语言，移动场景中的人物，就可以控制人物完成一系列的动作，如图 2-18 所示。

图 2-16　优芽网互动电影工作界面

图 2-17　优芽网的角色设计

图 2-18　人物角色的动作设计

　　如果运用到教学当中作为微课时，在菜单栏的"试题"功能中编辑题目，提供了选择题、判断题、填空题和排序题，想要增加题目的趣味性，可以参考"游戏试题"的模式，只需编辑题目信息进行更改即可。

　　正如电影的拍摄需要道具辅助一样，优芽互动电影也提供经过详细分类的"道具"，选中后就可以一键添加到场景中。除此之外，在"插入"功能中，有文本、图片、视音频、图表等各种类型的基本元素，功能更强大的是插入"按钮""触发器"功能和控制镜头的功能，通过加入按钮和触发器完成制作者与观众的互动，通过控制镜头来模仿拍摄电影，使得效果更加逼真，如图 2-19 所示。

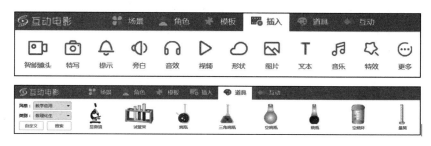

图 2-19　道具和插入功能设计

　　按照脚本逐个场景进行设计制作，最终完成每个场景的内容，构成完整的动画电影。按照需求导出相应的格式，通过付费可以得到 VIP 特权，使用体验更佳，如图 2-20 所示。

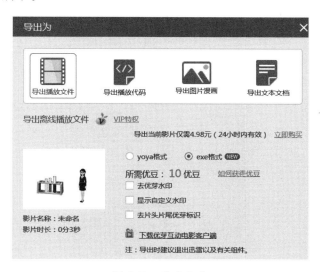

图 2-20　导出作品

　　教学中，可以充分使用优芽互动电影制作动画演示微课的优点，文档剧本导入，一键生成动画；百变人物形象，角色栩栩如生；搭载智能语音，文字自动识别；海量道具配图，丰富演示素材。

（二）皮影客

皮影客（http：//www.pyker.com/，因成文需要，现已无法访问）是一款功能强大的动画演示设计平台，操作方便，提供5万多个原创素材和1万多个表情动作，用户只需按您的需要点菜式地选择，就会自动完成动画制作，轻松制作简单而又形象的动画，操作过程只需选择场景，选择角色，接着选择动作，再简单配音，最后导出动画即可，三分钟搞定动画微课。无需复杂高深的动画制作技能，一切都极简，读者可以自行体验。

四、卡片类演示视频制作 >>>>>>>

卡片类演示的微课，使用的是录音录像设备（手机/平板/DV）加支架和纸笔的方式录制的视频，操作简单方便，没有技术上的难度。

卡片演示的设计制作步骤如下。

第一，准备工作。准备卡片纸、彩笔、手机和手机支架。

第二，使用手机支架将手机固定在桌边，调整支架和手机屏幕，根据手机录制的范围，在桌面上用笔做记号，在录制的过程中，需要演示的卡片和工具不能超出手机录制的范围。

第三，根据准备好卡片内容，并整理好讲解的思路，最好提前进行备课和预演，保证演

图2-21　使用手机（平板）
录制手绘动画微课

示流畅地完成，点击手机录制，保存视频即可，如图2-21所示。

模块三

AR 在教学中的应用

一、AR 简介 >>>>>>>

　　增强现实(Augmented Reality，AR)已被国内外众多研究者证明是提高学习技术的有效技术工具，是近年来备受关注的现代信息技术之一。基于智能移动设备的增强现实技术正在慢慢地融入和改变我们的生活方式，也在教育领域掀起了AR 热潮。教师应如何在教学中应用 AR 协助教学工作呢？让我们先从了解 AR 开始。

(一)什么是 AR、VR 和 MR

　　说到 AR，大家必然会提起的另一个词 VR，甚至是 MR，他们看上去如此相似，也因此经常会被混淆，实际却是大有不同的。我们将这三个概念放在一起解释与比较，以便于理解。

　　AR(Augmented Reality)，增强现实，是一种实时地计算摄影机影像的位置及角度并加上相应图像的技术。在视觉增强现实中，用户使用增强现实设备将真实世界和计算机图形结合在一起，从而获得一个增强现实世界。增强现实技术包括多媒体技术、三维建模、场景融合、实时视频显示与控制、实时跟踪与配准、多传感器融合等新技术。这种技术的目标是在屏幕上把虚拟世界套在现实世界并进行互动。[①]

　　VR(Virtual Reality)，虚拟现实，是利用电脑模拟产生一个三维空间的虚拟世界，提供用户关于视觉等感官的模拟，让用户感觉仿佛身临其境，可以及时且没有限制地观察三维空间内的事物。

　　MR(Mixed Reality)，混合现实，指的是结合现实世界和虚拟世界创造了物

　　[①]　资料来源：百度百科"增强现实"条目，https://baike.baidu.com/item/增强现实技术/1497132?fr＝aladdin，2020-01-10。

理实体和数字对象共存并能实时相互作用的全新可视化环境，是增强现实、增强虚拟和虚拟现实技术的混合。通常可以理解为，混合现实(MR)是一种虚拟现实(VR)与增强现实(AR)的混合品，更接近 AR，是 AR 的一个分支。

以上是对三者的通俗定义，为了进一步方便大家区分与理解它们，从用户体验来讲，AR 就是通过屏幕看到虚拟对象叠加在现实世界上，并可进行互动；而 VR 呈现的是一个完全虚拟的世界，与现实世界分离；MR 是通过设备在现实世界中看到虚拟物体嵌入现实世界，并可与之互动。

VR 因其完全虚拟的特性，是最特殊、容易被区分的一个，而 AR 与 MR 的形式通常非常接近，难以区分。AR 与 MR 的关系是：MR 包含于 AR，很多情况下不会严格地区分它们，但是我们有一个方法可以进行简单地辨别：当你在使用 AR 设备时，会看到虚拟物体透过屏幕叠加在现实世界中，当你移动设备，AR 内容也会跟随设备的移动而移动，并与使用者的相对位置保持一致。AR 代表设备有 Google Glass、手机上的各种 AR 应用程序。而使用 MR 设备时，当虚拟物体投影到现实世界，其效果是真假难辨的，无论使用者如何调整设备角度，甚至大幅度晃动，都不会改变增强内容的空间位置。当一个 MR 对象被嵌入现实，他就像被摆放在家中的家具一样，不会因观察设备而改变他的位置，亦会被现实世界的物体所遮挡；甚至支持多位使用者通过各自的设备围观同样的虚拟场景，并同时与之互动，达到多人共享同一个增强后的三维空间的效果。MR 的代表设备有 Microsoft HoloLens、佳能 MREAL。因此我们可以总结：AR 呈现的虚拟对象始终跟随硬件而移动，而 MR 呈现的虚拟物体的位置是固定在真实世界中的，不随设备移动而移动。

（二）AR 的特点与优势

AR、VR、MR 三种技术各有特色、各具优势，为什么极简教育技术着重推荐 AR 呢？

AR 具有丰富的资源展现形式，可呈现的内容包括三维模型、视频、图像、文字链接等，生动形象，直观全面；并且具有可交互性的特点，学习者的参与感大大提高，促进情景式、体验式学习，告别枯燥的死记硬背。

AR 具有游戏性和沉浸感的特点，能够有效提高学习者的学习兴趣与学习的主动性，易于产生交流体验，获得更好的学习效果。

AR 还具有推广应用上的优势，AR 通过一个手机应用程序就能实现，获得和使用都非常便捷，不需要额外的硬件辅助。2017 年，智能移动端两大巨头苹果、谷歌相继发布其 AR 软件开发工具包 ARkit、ARCore，催生更多优秀的 AR 创作者转战移动端 AR，带来更多优秀的 AR 应用作品。相比之下，VR、MR 需要额外的硬件支持，价格昂贵，不便携带，另外，基于 VR 的学习内容作品的设计开发成本高昂，资源建设的成本昂贵，在基础教育领域的日常使用与普遍推广上比较困难。本书重点介绍基于极简教育技术理念的 AR 在教育中的使用情况。

(三)构建 AR 的主要元素

1. AR 硬件

AR 的硬件载体，主要有三个类型：AR 眼镜、AR 头盔、智能手机。

本书重点介绍基于智能手机移动端的 AR，其轻量级设备、多样性资源、信息的特点，符合极简教育技术的理念，适合日常教学活动使用。

2. AR 识别对象

AR 识别对象通常是识别图的形式，少数应用程序也可以识别场景。

3. AR 内容

AR 内容是核心部分，具有如下三个特点。

(1)真实世界和虚拟世界的信息集成。

(2)实时交互性。

(3)在三维尺度空间中增添定位虚拟物体。

(四)AR 在教学中的应用体验

1. 手机百度——AR 考点解析

"AR 考点解析"是百度教育针对高考抽象知识点推出的新功能，使用手机百度应用程序扫描教科书上的抽象知识点，就能触发立体的知识点解析，语音和动画结合，形象生动。

操作步骤如下。

(1)打开手机应用市场，输入关键词"百度"，下载并安装百度应用程序。

(2)打开百度应用程序，点击百度搜索框里面右侧的小照相机图标，进入拍照界面，如图 2-22 所示。

图 2-22　手机百度应用程序的搜索框

(3)在百度应用程序照相界面，点击最下边第一个"AR"按钮，进入 AR 扫描界面，如图 2-23 所示。

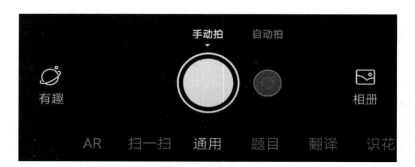

图 2-23 　手机百度的 AR 扫描按钮

(4)用手机扫描下方几个识别图案例，感受 AR 的魅力。

①物理——磁场，如图 2-24 所示。

> 环形电流其实就是只有一匝的通电螺线管，通电螺线管则是许多匝环形电流串联而成的。因此，通电螺线管的磁场也就是这些环形电流磁场的叠加。所以，环形电流的安培定则也可以用来判定通电螺线管的磁场，这时是，拇指所指的方向是螺线管内部的磁场的方向。从外部看，通电螺线管的磁场相当于一个条形磁铁的磁场，所以用安培定则时，拇指所指的方向是它的北极的方向。

甲 环形电流的磁感线分布　乙 环形电流的安培定则　　　通电螺线管的磁场
环形电流的磁场

图 2-24 　AR 课件实例：物理磁场演示

②生物——人体的激素调节，如图 2-25 所示。

扫描后效果：如图 2-26 所示，增强内容浮现在识别图之上，可旋转观察三维模型，通过手指点击触发相信的动画和语音解说。

③AR＋人教版 PEP 教材。

腾讯 QQ 与人教版 PEP 英语教材合作，推出了"首个可 AR 识别课本"。AR技术的运用不仅增强了教材的互动性和趣味性，也大大提高了学生学习的积极性。

使用时只需在手机上打开 QQ，点击右上方的"＋"号，随即在下拉菜单中找到"扫一扫"入口，点击扫一扫下面的 AR 图标，打开手机摄像头，对准每个单元的主图，QQ 就会自动识别图片，出现相应的 AR 教学内容，如图 2-27 所示。学生将看到以课本人物为原型的动画场景，还能够听到原版的英文配音。当书中静止的图片在手机上变成动画，对在电子产品时代下成长的孩子来说，既熟悉又新奇。生动形象的学习场景，可以让学生对课本兴趣更浓、理解更到位。

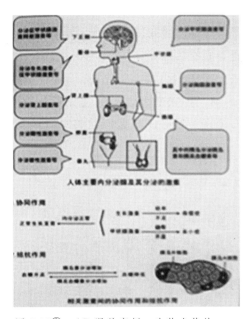

图 2-25① AR 课件实例：生物人体的
激素调节

图 2-26 AR 课件在手机上显示的
立体空间效果

图 2-27 人教版英语课文 AR 效果

---

① 作者注：经测试，原图比较模糊，可用手机百度 App 的 AR 扫描，就可以看到人体的三维动画
AR 和解说。

④一叶红船见百年的 AR 识别图。

为庆祝中国共产党成立 100 周年，百度与新华社联合打造了"一叶红船见百年的 AR 识别图"，为人们带来虚实融合的南湖红船精神新体验。活动期间，打开百度 APP，点击搜索框右侧的照相机图标，选择下方的 AR 拍照功能，对着"一叶红船见百年的 AR 识别图"扫描，如图 2-28，嘉兴南湖红船就会呈现在你的手机屏幕上。手机横屏还可以观看红船乘风破浪，更可以与虚拟导游"小悟"互动，听其讲解红船与中国共产党的历史故事。

图 2-28　识别出的南湖红船图

⑤AR 妙懂课堂—地理。

"AR 妙懂课堂"是由新华文轩出版传媒股份有限公司和四川寰视乾坤科技有限公司联合获得全国地理赛课特等奖的专业名师共同研发的 AR 地理教辅教材。"AR 妙懂课堂—地理"应用程序以极为生动有趣的 AR 和多媒体技术，将抽象、难记的地理知识以立体化的方式呈现出来，让平面知识"活"起来，是一款非常好用的 AR 地理学习软件。

图 2-29　AR 妙懂
课堂—地理

在手机应用商店搜索"AR 妙懂课堂地理"或者"妙懂初中地理"，下载安装即可体验它的强大功能，如图 2-29、图 2-30 所示。

图 2-30 AR 妙懂课堂—地理的游戏化界面

⑥JigSpace("解剖"一切物体)（苹果 iOS 版）。

JigSpace 也是一款有趣的 AR 学习软件，它的理念是："解剖"一切物体。使用者选择相应的"解剖"对象之后，软件会通过 AR 呈现生动形象的 3D 模型，然后通过点击一层一层地"解剖"它，了解内部构造、原理等。

软件提供了许多可"解剖"的对象，涉及物理、生物、地理、医学等诸多领域，如图 2-31 和图 2-32 所示。

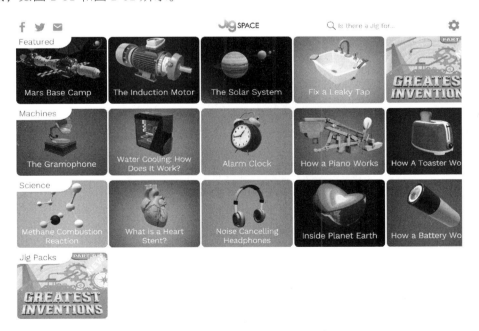

图 2-31 AR 学习软件 JigSpace 的首页

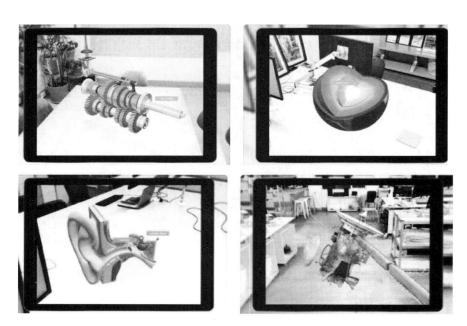

图 2-32 JigSpace 的 AR 演示效果

2. 基于 AR 技术的测量工具 MeasureKit(AR 测量工具)

MeasureKit 是一款功能强大的多功能测量工具，可以测量真实世界，非常实用，如图 2-33 所示。

图 2-33 MeasureKit 测量 AR 工具

MeasureKit 包含 7 个测量 AR 工具。

(1)标尺：测量任何表面上的直线，如桌子或墙壁。

(2)轨迹：通过"绘制"(移动您的设备)在现实世界中测量。

(3)标记针：测量从设备摄像机到空间中固定点的距离。

(4)角度：测角。

(5)人身高度：测量某人的身高。

(6)立方体：可视化多大的东西。

(7)级别：检查某物是水平还是垂直

3. 基于 AR 的小学数学互动教学系统：魔法园丁

魔法园丁 AR＋互动智慧教学系统，是由新世纪小学数学教材编委会与联科集团联合 200 多位一线骨干教师，共同设计制作的小学数学 AR 辅助教学系统。该系统充分运用 AR 技术，将抽象的数学思维赋予具体的动态形象展现在学生眼前，让学生用眼看、用耳听、动手做、用脑想，促进学生对数学概念的深入理解和学习数学的兴趣。学生可以通过魔法园丁的扫描功能，参与数学知识技能的互动学习。系统设计的 AR 资源对应小学数学教材的重难点，不仅适合教师操作讲解，还可以让学生在课堂上直接操作思考。魔法园丁遵循极简设计理念，从查找内容、AR 互动资源操作到资源上传下载、编辑组合，无须任何培训，教师打开即可快速上手应用。

图 2-34　魔法园丁支持小学数学教材 AR 互动

登录魔法园丁官网就可以下载魔法园丁，体验小学数学教学中运用 AR 的效果，魔法园丁目前支持手机安卓版(北师大版小学数学教材 AR)、Windows 版(人教版和北师大版小学数学教材 AR)，如图 2-34 所示。

二、教师如何自己制作 AR 课件　>>>>>>>

(一)使用 QQ-AR 平台实现 AR 作品创意

腾讯 QQ-AR 平台为用户提供了自己创意 AR 作品的极简平台，只需三步，用户就可以生成自己的 AR 作品，如图 2-35 所示。

图 2-35　使用腾讯 QQ-AR 平台制作自己的 AR 作品

创建自己的 AR 作品的操作步骤[①]：

(1)登录注册腾讯 QQ-AR 平台(说明：你需要上传身份证照片，根据国家法律，必须实名制注册)。

(2)在 QQ-AR 开放平台网站首页点击网站导航栏的"任务创建"，即可创建一个新的 QQ-AR 任务。

(3)任务资料填写。

(4)拍照上传你要扫描的图片资料。考虑到 AR 识别的技术要求，对图片的质量要求，上传识别图片及视频前，仔细阅读 QQ-AR 平台《识别图上传要求及图片评分规则》及《AR 视频上传要求》。系统会对上传的识别图片进行自动评分，得分在 60 分以上的图片，方可作为识别图。

(5)将任务提交调试，即在任务发布前，对任务的 AR 效果提前进行内部体验和测试，以保证任务提交审核及正式发布到外网时的 AR 效果是良好的。使用所填写的参与调试 QQ 号码(最多 10 个)登录手机 QQ，打开"扫一扫"进入 QQ-AR，对准该识别图扫一扫，即可体验此任务的 AR 效果。

(6)发布分享 AR 作品。

(二)教师自己制作 AR 课件的极简工具软件

1. 用 HPReveal(Aurasma)制作 AR 作品

HPRevael(原名为 Aurasma)是一款可以直接在手机上制作 AR 内容的移动应用程序。使用时通过手机摄像头识别图片，与服务器端数据库做出精确比对，呈现与图像相对应的媒体资源。制作时可以从设备导入识别图或者直接从摄像头捕获画面作为识别图，还可以添加地理位置信息；AR 内容可由用户导入，或在素材库中搜索(素材库中包含比较丰富的模型、图片、音频等资源)，也可以直接由

现代极简教育技术

————————

①　资料来源：腾讯 QQ-AR 官网。

摄像头摄制画面、录制视频等作为识别内容，形式灵活，操作简便，适用于实时的轻量级创作。读者可以通过官网下载。

案例：使用 HPRevael 制作 AR 笔记

(1)教材分析与教学设计。

教学目标：生物课程，掌握质壁分离现象及其状态的变化规律，分析变化的原因。

AR 教学资源的运用：让学生自己动手做 AR。课后小结，便于日后回顾巩固，增加趣味性，加深学习印象。利用 AR 技术，将纸质课本变成功能强大的增强现实笔记本。

(2)教学资源设计。

资源呈现方式：使用 HPRevael，学生自己动手制作 AR 应用内容。

(3)制作工具：HPRevael。

制作过程：学生完成洋葱表皮的质壁分离现象实验之后，用 HPRevael 将实验结果记录下来，可以是照片形式，也可以是视频画面加口头陈述，做成数字故事作品。

①在手机(或平板电脑上)上打开 HPRevael，进入 HPRevael 制作界面。

②将手机镜头对准显微镜，用照片或视频的形式拍摄下实验结果。下面以照片为例，如图 2-36 所示。在 HPRevael 中也可以很方便地录制视频作为增强现实内容。

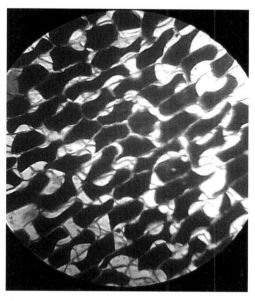

图 2-36　学生透过显微镜观察到的洋葱表皮细胞质壁分离现象

③拍摄识别图。将手机摄像头对准希望成为识别画面的对象，当底部检测标

志停留在绿色区域，表示识别画面合格，可以使用。此处将中学生物课本上的插图作为识别图，如图 2-37 所示。拍摄时调整画面直到底部标识为绿色。

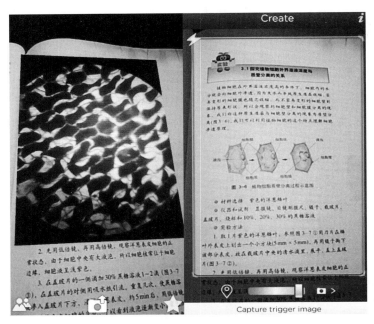

图 2-37　选择中学生物课本上的插图作为 AR 识别图

④点击完成。如果选择发布在个人频道，则只有制作者自己能够查看该作品；选择发布在公共频道，则可以让所有关注者能够查看该作品。学生进行个性化制作时，为避免大量识别图重复，建议选择个人频道发布，仅供个人查看；教师制作面向全体学生的教学资源时，选择公共频道发布。

⑤使用。使用 HPRevael 扫描前搜索并关注教师的账号，再扫描生物课本该页图片，即可看到拍摄的实验结果图像浮现在书页之上。

2. 用 ARVR 云设计制作 AR 作品

"ARVR 云设计"编辑器是电脑端 AR 制作软件，配合移动端的"AR 播放器"使用，目前均为测试版。电脑端制作，手机端查看，编辑界面功能比较齐全。其独特的"交互逻辑"功能使用户可以编辑一些简单的交互操作，且制作方式非常简便，不需要代码与编程基础。ARVR 云设计支持编辑动态模型，大大增强了交互体验，提供的模型资源库较丰富，可以满足一些基本需要，但对于教育等特殊领域，模型资源仍然缺少，需要用户自己上传，读者可以登录 ARVR 云设计的官网，了解 ARVR 云设计有关详情，并在官网的下载中心下载 ARVR 云设计编辑软件和手机端 AR 播放器(安卓/苹果版)。[1]

---

[1]　资料来源：ARVR 云设计官网。

案例：生物课"认识动植物细胞"AR 课件设计

（1）教材分析与教学设计。

教学目标：认识动物细胞和植物细胞；初步了解细胞的结构以及各功能单位；知道动植物细胞的区别并会分辨。

AR 教学资源的作用：新课导入，激发学生学习兴趣，增加趣味性；为深入学习细胞核和细胞器的结构与功能打下基础。

（2）教学资源设计。

资源呈现方式：扫描识别图后出现植物与动物的场景，点击任一目标后出现对应的细胞模型，可自由缩放以便观察。

（3）制作工具：ARVR 云设计。

素材准备：

第一，在模型资源网站上下载需要的模型资源，导入编辑器；在编辑器自带的资源库中下载合适的模型资源。

第二，选择识别图。为增加趣味性，选择生物课教材封面作为识别图，如图 2-38 所示。

图 2-38 选择生物课教材封面作为 AR 识别图

准备相关音频、视频、图文资源。

（4）制作与测试。

视觉化设计：合理编排内容呈现形式与顺序，如图 2-39 所示。

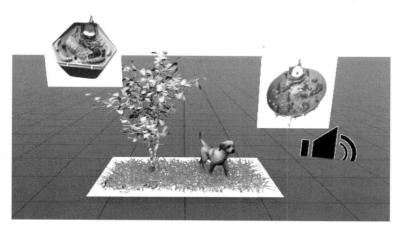

图 2-39 在 ARVR 云设计中进行素材整合与视觉化设计

设置交互逻辑：

第一，扫描识别图后呈现草丛、树木与小狗。

第二，点击树木，则显示植物细胞的结构模型。

第三，点击小狗，则显示动物细胞的结构模型，且发出小狗叫声，如图 2-40 所示。

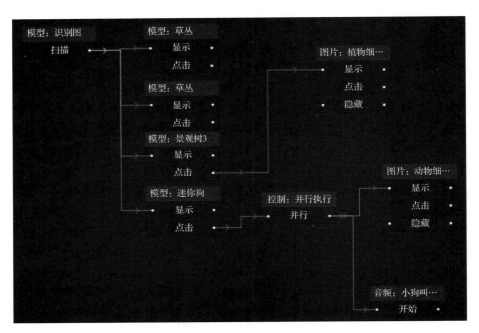

图 2-40　设置交互逻辑顺序

　　添加准备好的讲解音频与 H5 课件链接，有利于加深学习印象和方便获取额外的学习资源。

　　(5)发布与使用。

　　保存时按需求选择脱卡显示或非脱卡显示，此处选择非脱卡。应用默认保存在个人账户中，公开发布需在官方网站按提示进行相应操作。学习者使用时先扫描教师账户的专属二维码，再扫描识别图，即可呈现教师编辑好的增强现实内容。

3. 使用视＋AR 制作 AR 作品

　　视＋AR 内容平台是基于 Easy AR SDK 的 AR 内容在线编辑平台，免费帮助用户在线网页制作 AR 作品，支持用户自己动手导入模型、视频、图片，添加文字、链接等信息，简单拖拽，无须编程就能制作出自己的 AR 作品，配合移动端"视＋"应用程序使用。分享作品时，个人用户拥有专属频道码，在指定搜索框输入号码后通过验证，扫描识别图后获取内容。读者可以登录视＋AR 官网，学习了解有关视＋AR 的详情，并在手机应用市场，搜索关键词"视＋AR"，下载安装视＋AR 软件。[①]

　　(1)教材分析与教学设计。

　　确定教学目标：中学生物课，理解并掌握叶绿体的结构构成与特点。

现代极简教育技术

――――――――――――

　　①　资料来源：视＋AR 官网。

发现叶绿体由内、外双层膜所围绕。

叶绿体基质中有许多生物膜封闭形成的扁平小囊，即类囊体。

这个知识点与光合作用紧密联系，在开发教学资源时需要考虑到教材前后知识点的衔接。

（2）教学资源设计。

资源呈现方式：扫描识别图后获得叶绿体的三维模型，方便学生观察。添加课件链接与讲解音频，有利于加深学习印象和方便获取额外的学习资源。

（3）制作工具。

"视＋"AR 内容平台、3D Builder。

（4）素材准备。

在 3D Builder 中建模。注意格式保存为 obj.＋mtl.＋贴图，贴图需以英文命名如图 2-41 所示。

图 2-41　在 3D Builder 中对叶绿体进行建模

（5）选择识别图。

根据叶绿体的特点，可选择贴近日常生活的绿色植物叶片作为识别图的主要元素，如图 2-42 所示。

图 2-42　选择绿色植物叶片作为 AR 识别图的主要元素

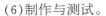

(6)制作与测试。

①设置作品信息与识别图，选择邀请码频道，导入素材。

②根据需要添加文字、链接，以及视频、音频资源。

发布后进行效果测试，修改不满意的部分，迭代更新。

(7)发布与使用。

在正式发布前选择显示方式为"脱卡"或"非脱卡"。"脱卡"表示在摄像头离开识别图后，屏幕中仍然显示增强显示内容；"非脱卡"表示增强现实内容仅在识别图上显示，当摄像头离开识别图后，增强现实内容将消失。

发布成功后，打开"视＋AR"应用程序，点击右上角放大镜标识输入邀请码后，扫描识别图即可获得 AR 内容。

4. 在现实场景中 3D 作画

苹果 World Brush、谷歌 Tilt Brush 提供了另一种趣味 AR 体验，这是两款功能强大的 AR 空间绘图软件，用户可以在软件中用刷子画画。软件会在创建作品的大概 GPS 位置一直保存你的作品，直到你删除它。因此其他人也能够通过自己的设备看到你的作品。类似功能的 AR 绘图软件还有 Epic 游戏公司开发的 GhostPaint。

(三)制作 AR 课件的辅助工具

我们在制作 AR 时常常需要各种模型资源，但是制作平台提供的资源太少，更多的时候需要用户自己上传模型资源。那么去哪里找模型资源呢？这时候我们可用到这些工具：123Dcatch、Qlone。

1. 123Dcatch 建模软件

123Dcatch 是一款简易的手机扫描建模软件，帮助用户轻松地使用照片创建 3D 模型。当你需要建模时，用手机围绕物体拍摄一系列照片即可，操作十分简单，如图 2-43 所示。

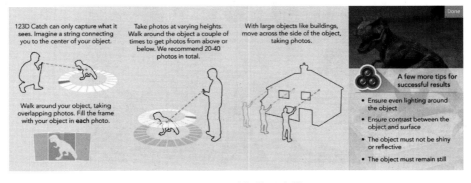

图 2-43　用手机拍照建模

扫描时注意手一定要稳，并且避免在杂乱的背景下扫描物体，因为这会干扰建模的结果。因此，123Dcatch 更适合小型物体的建模。

2. Qlone 建模软件

Qlone 是一款功能强大的扫描建模软件，它的特色是有一个大型 QR 码的纸，如图 2-44 所示。

图 2-44　Qlone 的 QR 码纸

这张纸上的 QR 码形成的"增强现实圆顶"能够包围对象并捕获非常精细的 3D 建模，有效去除环境干扰。建模时只将要扫描的对象放在纸中间，然后围绕建模对象移动手机，就可以很快生成三维模型结构，如图 2-45 所示。

图 2-45　使用 Qlone 建模

扫描多大的物体就可以打印多大的 QR 码，十分灵活。

软件还附带一组简单的修改工具，包括纹理、艺术、雕刻、清理和调整大小，扫描捕获后，使用者能轻松修改和清理对象。

完成后可以便捷地将 Qlone 扫描结果导出成一系列文件格式，包括 STL、OBJ、PLY 和 X3D，或直接用社交平台以及电子邮件、短信进行分享，如图 2-46 所示。

图 2-46　使用 Qlone 建模（续）

　　类似的手机扫描建模软件还有 Trnio、ScandyPro 等，读者可以自行尝试体验。

3. 简易建模工具：3D Builder

　　3D Builder 是微软 Windows 10 系统自带的一款免费极简建模工具，对于初学来说较容易上手，能够满足教学中一些简单的建模需求。读者可以在微软商店（Microsoft Store）输入关键词"3D Builder"，免费下载安装。在 Windows 10 中打开 3D Builder，照着说明操作即可。如图 2-47 所示，使用 3D Builder 构建 3D 模型。

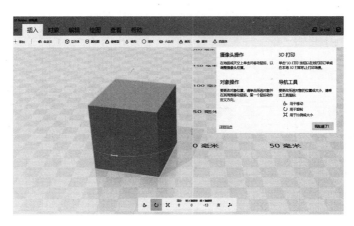

图 2-47　使用 3D Builder 构建 3D 模型

4. 搜索模型资源库

　　在制作 AR 时，选择使用现成的三维模型资源是一个更加方便快捷的方式，下面推荐一些比较常用的模型资源库供读者选择，如表 2-1 所示。

表 2-1　三维模型资源库举例（参考推荐星级）

模型库	特点
★★★Sketchfab	全球最大的免费模型库
★★★Turbosquid	专业模型，应有尽有，不免费
★★★动动三维	国内优秀模型资源，精美，免费
★★Thingiverse	50 万个免费模型，分类齐全
★★Youmagine	数量少于 Thingiverse，质量算高
★★豚刻	国内 3D 分享平台，数量少，质量较高
★Pinshape	知名网站，3D 打印
★Cults3D	简单模型，适合 3D 打印

（1）Sketchfab（www.sketchfab.com，访问日期：2020-01-13）是全球最大的免费模型库，英文界面，在国内可以直接访问。在这里我们可以看到来自世界各地的优秀 3D 设计师所展示的 3D 模型作品，并且有大量的资源提供免费下载，如图 2-48 所示。

化学老师用 Chrome 浏览器打开这个网站，在屏幕空白处点击鼠标右键，选择翻译中文，可看到网站的中文界面，用英文关键词搜索 Molecular（分子模型）或 CH_4（甲烷），可以得到此模型图，并可用鼠标 360°将该图展示给学生。

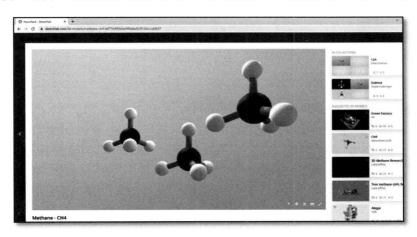

图 2-48　全球最大的免费模型库 Sketchfab 和甲烷分子三维模型

（2）Turbosqid（www.turbosquid.com，访问日期：2020-01-13）是大型 3D 专业模型库，其中的模型资源涉及诸多专业领域，制作非常逼真还原，收费价格不等，可根据需要选择，如图 2-49 所示。

（3）动动三维（www.ddd.online，访问日期：2020-01-13），是国内较优秀的三维模型资源库，包括文化历史、科学技术、自然生物等丰富资源分类。资源数量较多，制作也较精美。大量免费资源，也有收费资源，价格在每个 0.5～5 元

图 2-49 大型 3D 专业模型库 Turbosqid

不等。因为是国内网站，所以访问速度比上述国外网站更快。

5. 使用微软画图 3D 设计混合现实

使用 win10 操作系统自带的画图 3D，（如果你的电脑是 win11 系统，可在微软商店免费下载安装画图 3D 软件），打开工具栏的"3D 形状"，使用"3D 涂鸦"自由绘图和"3D"对象绘制立体几何图形，两者结合可以设计你需要的任意立体图形。"3D 资源库"提供了各类成品的 3D 模型可直接使用。点击工具栏的"混合现实"，立即看到与身边真实环境叠加的 3D 图形混合现实，虚拟 3D 图形还可随着你的手势移动变化，如图 2-50 所示。

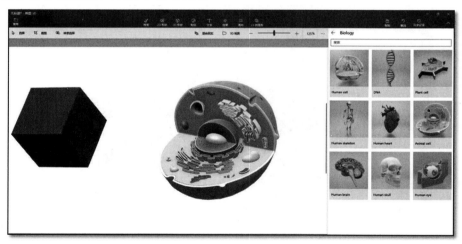

图 2-50 用微软 win10 自带的画图 3D 软件，运用混合现实在课堂演示动物细胞

此外，读者还可以自行尝试使用手机体验 AR，只需要在手机应用市场下载安装"AR 相机"，或者登录"神奇 AR"官网、AR 盒子等，即可感受一下 AR 在生活中运用的体验。

三、教学中应用 AR 的教学策略 >>>>>>>

（一）AR 课件的教学特点

AR 在教学中可以应用于学前教育、中小学教育、高等教育、职业教育和各类员工培训。AR 与 PPT 课件或者传统的多媒体课件相比，更具直观性和情境化，其主要特点如下。

1. 三维直观的教学体验

AR 呈现的教学内容是立体的，直观、形象、生动，促进学习者的理解和直观体验。AR 与课堂上的教材阅读、挂图、黑板板书、PPT 演示等比较，能够带给学生一个不同体验，可以在教学中作为教学手段的补充和丰富。AR 可以直观生动地展示，培养学生的空间思维、想象能力和动手能力，特别适合类似生物中的动植物形态、人体结构，物理中电波、磁场、原子的科学原理展示，数学几何结构，地理地貌，公路铁路的情景等，不仅适合数学、物理、生物、化学等学科教学，也适用在地理、历史、政治等学科。

2. 互动性和参与性

学生使用 AR 课件学习，直接体验对象的三维空间形态，并能够亲自参与到教学活动中，与学习对象互动，获得眼看、耳听、手摸并动手做的体验，促进全脑思维。

3. 游戏化教学

教师利用 AR 技术的三维可视化和互动性可以设计出游戏化教学活动，将游戏化教学原理隐含在学生与 AR 的互动过程中，从而提高学生的学习激情和兴趣。

虽然 AR 具有其独特的优势，可以提升学生的学习效果，但并不是万能的，为了避免盲目使用 AR 技术，根据一线教师的实践，总结在教学活动中适合应用 AR 的场景如下。

(1)抽象概念直观化演示。

(2)几何、空间几何立体演示。

(3)微观世界放大呈现。

(4)空间结构演示。

(5)教学情境构建。

(6)历史场景重现。

【极简教育技术 101】心流理论（Flow Theory）

通常人们认为 AR 在教学中运用的心理学理论基础是心流理论，这是著名心理学家米哈里·契克森米哈(Mihaly Csikszentmihalyi)通过对"最佳体验"的研究提出的，真正让人满意的参与生活的体验状态是处于他称之为"心流"的意识状态。在"心流"状态下，人会体验到自己把精力完全投注在某种活动上而产生的高度的兴奋感、充实感、享受感和幸福感。心流有人翻译为"心流状态"，还有人翻译为"沉浸体验"或者"神驰"。

契克森米哈里描述了"心流"的 6 个特征。

(1)注意力高度集中，完全专注于任务，无暇顾及其他不相关的事情。

(2)清晰的目标和奖励，以及即时的反馈。

(3)时间感觉变换(加速/减速)，时间感扭曲，有时会感觉时间飞快。

(4)活动本身成为内在奖励和目的，个体从事某项活动不是为了功利和报酬，活动本身就是自我享受的终极体验。

(5)行动与意识完全融合，失去自我意识，当个体完全投入某种活动时，完全没有精力去思考和处理其他与任务活动不相关的事，"自我"感消失，身体和心灵合一，进入"无我"状态。

(6)有一种能自主控制这项任务的感觉，能够从容掌控局面，完全控制自己的行为。

当心流体验发生时，个体意志高度集中，抛却一切无关的意念，包括对时间流逝的感知，不知疲倦，精神处于亢奋状态，也忘记了思维和身体机能处于巅峰状态，个体的技能和能力将得到极致的发挥，在此基础上往往能够获得非同寻常的幸福体验以及意想不到的成果收获。[1]

① 张思珍：《增强现实(AR)在中学生物学科中的教学资源开发研究》，硕士学位论文，上海师范大学，2018。

模块四

制作移动时代的课件

一、H5 课件设计的兴起 >>>>>>>

(一)移动互联网时代的课件发展趋势

现在"人人有手机","满街的人都在看手机,没见一个人看电脑",包括人民日报、中央电视台、新华社,几乎所有的主流媒体都进入"全媒体"新时代。未来,随着 5G、大数据、云计算、物联网、人工智能等技术不断发展,移动媒体将进入加速发展新阶段。一个不容置疑的时代变化是:移动互联网已经成为信息传播主渠道。手机移动端的媒体传播最重要的一个方式就是 H5 格式的宣传资料、内容建设、课件设计。因此,教师熟练掌握 H5 课件设计制作的技术,成为新时代的必备教学技能。

(二)H5 课件的设计原理

教师设计制作 H5 课件,要根据移动互联网时代手机阅读和学习的特点,与阅读书籍比较,手机的屏幕小,支持移动学习,具有图文声音视频和 AR 功能,还具有支持朋友圈互动交流和分享学习资源的功能,根据一线教师的实践,这里归纳出 10 条 H5 课件设计原则,供读者参考。

1. 聚焦主题

H5 课件主要用于学习者自学(课前预习、课后复习巩固、翻转课堂等),而不是上课教师讲课的 PPT 演示。设计 H5 课件首先要分析学生、课程等现状,主要解决教学的重点、难点、学生易错点等内容,弄清楚 H5 课件究竟要解决什么教学问题,从而明确主题。

2. 筛选内容

一个 H5 课件集中解决好一个教学知识点,不要放太多的内容,内容多效果反而不好。

3. 适合自学

学生在手机或平板上观看 H5 课件，特点是近距离、小屏幕、个体阅读（不是教师面向全班的集体教学），教师设计 H5 课件要考虑主要是给学生个体在移动终端上面看，整个设计过程都要换位思考，包括画面设计、文字处理、解说的语气等。例如，假如我作为学生来看 H5 课件，我会考虑内容是否清楚，学生是否容易学懂等问题。

4. 控制时间

根据学生注意力持续时间的研究，H5 课件的学习时间最好控制在 10 分钟以内，3～5 分钟为佳。

5. 文字排版

H5 课件不是 Word 文件，由于受到手机屏幕宽度的限制，H5 课件的文字要简练，每行大约 17 个字，刚好是手机屏幕的宽度。近年来，自媒体作者兴起一种手机文字排版方式，每行文字在 3～12 字，像散文诗词排列，我们称之为"手机叙事体"排版。手机叙事体，从形式上看，是根据手机阅读的视觉特点，改变了文字排版，由 A4 纸的画面改成了手机的小画面。如果从更深层次来看，这是时代的变化，是人类的阅读方式从纸媒时代转向移动互联网时代的历史演变。

6. 可视化设计

手机屏幕小，详细的表格文字等无法看清楚，所以要尽量把需要说明的问题和证据采用可视化的图形展示，让读者一目了然。现在全媒体流行的"一图看懂×××"就是一种采用可视化的极简表达方式来说明复杂内容的传播策略。

7. 解说与背景音乐设计

解说配音要清晰、简洁，背景音乐要与内容相匹配，音量适当，要设计让用户自己能够控制声音开关的按钮，用户不需要听解说与背景音乐，可以自行关掉。

8. 互动和参与设计

要充分发挥 H5 课件能够让学习者参与互动，分享思想和智慧的优点，教师可以在设计 H5 课件时，根据学习的需求和教学活动的不同情况，在 H5 课件设置问卷调查、答题比赛、关键词接龙、提交自己的答案到群里分享等活动，并给出明确的活动提示和 H5 课件跳转的按钮。

9. 整体版式设计

整体考虑 H5 课件的版式、结构、文字、图片、色彩等，统一风格。由于各类 H5 课件设计平台提供了很方便使用的多种特技动画技术，如手绘、动漫、飞入、渐隐、旋转、弹跳、闪烁等，丰富的特技可以吸引眼球、引起注意。但是，根据教学实践反馈的效果，这类特技过多运用反而弄巧成拙。建议只在需要的点睛之处巧用特技，不可滥用。

10. 极简教育技术风格设计

简洁是 H5 课件成功的关键之一。教师在设计 H5 课件的时候，首先需要反复修改文稿，把能够删去的文字、图片等尽量清理，注意遵循前面介绍的极简教育技术的"米勒-考恩定律"（4～7 组块），做到文字少而精，图片鲜明醒目，充分运用全媒体时代深受大众欢迎的"金句""微语"表达方式。金句和微语是指在 H5 课件中使用一段感人和启迪思考的话语，语句简短，寓意深刻，反映了作者对问题的深入思考和对表达方式的睿智锤炼。

金句实例：

"我们都在努力奔跑，我们都是追梦人。"

"这些成就是全国各族人民撸起袖子干出来的，是新时代奋斗者挥洒汗水拼出来的。"[①]

微语实例：

"教师设计教案，也在设计着民族的未来。"

"世界上唯一不变的就是变化本身。"

"从前，教孩子读书、写字、计算是基础教育的三大任务；未来，教孩子读网、在线写作、全媒体交流将成为基础教育的新三大任务。"

金句和微语的表达方式体现了极简主义的少即是多，思维极简，表达极简，创意极简，大道至简，很适合移动终端的阅读和学习方式变化，值得提倡。

综上所述，一个好的 H5 课件，应该是学生喜欢看、看得懂、容易理解，能够引起学生学习兴趣，解决教学重点难点，启发高级思维，适合自主学习的课件。

二、常用 H5 课件设计平台 >>>>>>>

（一）易企秀

1. 易企秀简介

易企秀是国内优秀的智能内容创意营销平台，为用户提供 H5 作品的极简创作平台，读者可以零基础快速制作自己的 H5 课件，免费、极简、海量模板，上亿的优秀作品范例，一站式服务。

---

① 引自央视新闻微信公众号 2018 年 12 月 31 日发表的《金句！习近平：我们都在努力奔跑，我们都是追梦人》。

2. 易企秀注册

读者可以登录易企秀官网进行注册，登录完成之后，在"我的场景"中开始创建新的 H5 作品。易企秀平台上有许多用户上传的案例模板，通过购买模板进行修改或者新建空白文件，都可以制作 H5 课件。

3. 使用易企秀制作 H5 课件

选择"创建一个空白场景"，在编辑页面制作 H5 文件。页面主要分为四个区域，上方的工具区、左侧的模板区、中间的展示区、右侧的页面管理区，如图 2-51 所示。

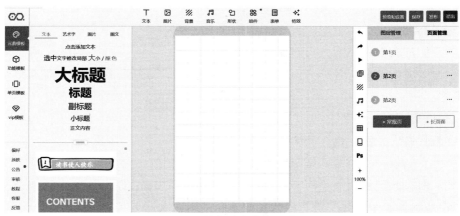

图 2-51　易企秀的编辑工作区

（1）使用模板。

在编辑页面左侧的模板区的"单页模板"中选择"图文"模板，单击后可以在中间的预览区看到该页面效果，将页面中的文本内容和图片重新编辑后，就可以快速完成一页图文混排的 H5 页面的制作，如图 2-52 所示。

图 2-52　选择图文模板，快速制作 H5 课件

在模板区的"单页模板"中选择"表单"模板，单击后可以在中间的预览区看到该页面效果，选中页面中的图表，在预览区右侧会出现"组件设置"，通过"编辑表单数据"就可以对图表中的数据进行编辑，包括数据、文字、颜色、图表类型等都可以进行修改，如图 2-53 所示。点击预览区上方二具栏中的"表单"，可以对表单进行调节，如图 2-54 所示。

图 2-53　表单的组件设置

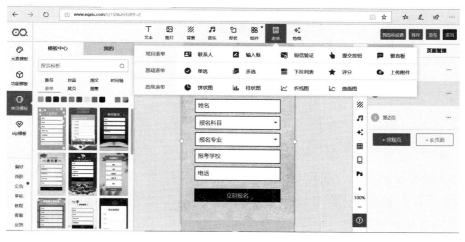

图 2-54　表单的调节和设置

（2）空白创建。

页面上方的工具区中，文本、图片、背景、音乐和形状，与 PPT 中的编辑方法一样，需要注意的区别是图片和背景的选择要考虑到 H5 页面竖版排版的特点，选择长宽比例合适的图片。

工具区的"组件"和"表单"是 H5 页面中的特色，通过设置可以一键添加相应的元素，根据不同的场景需求，在页面中进行编辑。

（3）页面管理。

在右侧的页面管理区，通过添加常规页增加页面数量。选中某一页拖动可以上下调整页面的排列顺序，在"图层管理"中可以管理当前页面中的所有图层，如图 2-55 所示。

图 2-55　易企秀的页面管理

（4）发布作品。

制作完成后选择发布，可以左侧预览 H5 作品，也可以选择再次编辑或者通过二维码与网址分享。在"我的场景"中可以看到自己所有的 H5 作品，并且可以在每一个作品封面下查看 H5 作品的浏览次数。

（5）效果统计。

注册用户登录后，在"我的场景"栏目下面可以管理自己制作的全部 H5 作品。把鼠标指向某一个作品，会看到"详情"图标，点击"详情"图标，进入该作品，上方有"效果统计"，可以选定时间段，看到浏览该 H5 作品的统计分析报告，包括某段时间内浏览 H5 作品的人数、访问者的地区分布统计等详细情况分析。

向读者推荐易企秀的理由：在目前国内众多的 H5 课件设计制作平台中，易企秀的功能强大，操作简便，资源库丰富，服务系统完善，可以基本满足教学中设计制作各类课件的需求，能够帮助教师轻松做出具有吸引力的 H5 课件。下面是笔者教学中试用易企秀制作的课件，图 2-56 是《你知道吗》和图 2-57 是《你没有听过的创新思维》一书撰写的序言，供读者参考。

图 2-56 《你知道吗》H5 课件
二维码，用易企秀制作

图 2-57 《你没有听过的创新思维课》
序言 H5 二维码，用易企秀制作

(二)优芽网

前文中介绍了优芽网制作动画的方法，制作的微课和视频能够以二维码的方式进行分享。

(三)美篇

美篇有手机微信小程序版、应用程序版和电脑网页版三种版本。小程序美篇打开即用，十分简便，但编辑管理视频的功能较弱。电脑版需要使用微信登录，手机版需要使用手机号码验证登录。下面以电脑版美篇为例。

美篇的排版与微信公众号的文章排版相似，功能比较基础，操作极简，通过上传图片和添加文字完成基本操作。页面左侧是功能区，右侧是编辑区，在左侧功能区选择添加图片、添加文本或添加视频，在右侧窗口对图片、视频或者文本内容进行编辑。

图片和文本的排版有两种方式，一种是添加图片，为图片添加文字说明，另一种是按照顺序分别添加图片与文本。

在图片与文本编辑完成后，可以为文章添加背景音乐，美篇平台提供了多种风格和不同类型的音乐，不足之处是只能使用已有的音乐，不能上传本地音频。编辑完成之后，在右下方选择平台提供的风格，就可以为文章一键添加背景。

最后一步就是保存并分享，在左侧功能区，可以看到已经完成的作品目录，选择分享之后需要设置分享的权限，确认分享之后就可以得到二维码和网址链接，在微信中分享给他人。

(四)初页

初页有软件版和网页版两种，操作简便，风格潮流清新，其标语是音乐照片情感故事记录/表达工具，是学校师生制作 H5 作品的极简工具。

【极简教育技术 101】什么是 H5 格式？

H5 是坊间对 HTML5.0 版的简称。首先，需要了解什么是 HTML？这是人们为了对网页状态进行描述而设计的一种标记语言，是国际上公认的超文本标记语言（Hyper Text Markup Language）的缩写。需要指出的是，HTML 不是一种编程语言，而是一种标记语言（Markup Language），标记语言使用一套标记标签（Markup Tag）来描述网页，超文本标记语言可以描述包含文本，以及图像、多媒体、链接等非文字内容，告诉浏览器文档应该放在什么位置，文档的结构是什么。例如：＜head＞标签中放网页的头文件，＜title＞标签中放整个网页文档的标题，＜body＞标签中放文档的内容等。Web 浏览器在阅读 html 文档时，根据标记语言的描述，将文本、图像和其他材料等元素解释和组合成可见的 Web 页面。

HTML 的第一个版本发布时间是 1993 年。当时，国际互联网工程任务组（The Internet Engineering Task Force，IETF，该组织成立于 1985 年年底，是一个在互联网技术工程领域中做出贡献的专家自发参与和管理的国际民间机构，是全球互联网最具权威的技术标准化组织，现在绝大多数国际互联网技术标准大都出自 IETF）确认了 HTML 规范。后来，IETF 创建了一个 HTML 工作组，并于1995 年完成了"HTML2.0"，这是第一个由 IETF 颁布的 HTML 规范。HTML经过从 1.0 版到 5.0 版的改进和发展，HTML5.0 最早发布于 2007 年，到 2017年已经发展到 HTML5.3 版。

HTML5 是 HTML 标准的第五个也是当前的主要版本，是专门针对移动互联网时代富媒体的发展而设计的。它通过标记符号来标记要显示的网页中的各个部分。网页文件本身是一种文本文件，通过在文本文件中添加标记符，可以告诉浏览器如何显示其中的内容（如文字如何处理、画面如何安排、图片如何显示等）。HTML5 拥有丰富的新语义、图形以及描述多媒体元素，简化了 Web 应用程序的搭建，支持跨平台浏览，被设计为能够在不同类型的硬件（电脑、平板电脑、手机、电视机等）之上运行，更简洁易用，更清晰，更好地支持音频和视频，有更好的互动性。将教学 PPT 通过转码成为 H5 格式，从而实现跨平台浏览阅读（安卓手机、苹果手机、苹果平板电脑、电脑、网页等多种方式浏览），将是未来教学资源发展的大趋势。

模块五

如何使用制作教学课件的相关工具

一、视频编辑 >>>>>>>>

（一）PPT 内部的视频编辑

在 PPT 内插入视频，菜单栏会出现"播放"工具，选择"剪裁视频"，对插入的视频进行剪裁。在剪辑视频的窗口中，拖动中间的时间轴，或者调整"开始时间/结束时间"，对插入的视频进行剪裁，如图 2-58 所示。

图 2-58　PPT 的视频剪裁功能

(二)视频编辑软件的使用

教师准备教学资源的时候，需要加工处理视频的软件，下面介绍常用的三款视频编辑软件：票圈视频、剪映、Camtasia Studio(喀秋莎)。

1. 票圈视频：快速制作高水平视频课件的智能视频制作软件

"票圈视频"视频编辑软件有网页版、公众号版(票圈极速版)、小程序版、APP 版。该软件的最大特点是：用户无需具备剪辑基础，无需准备素材，只要将视频的文字稿输入，即可生成视频；它可以智能识别、搜索互联网视频和图片资源，一键添加 AI 智能配音。"票圈视频"将视频制作技术发展到极简之至，是教师快速制作微课、短视频的利器。其中，较为推荐使用网页版和手机 APP 版制作短视频，快捷、便利。

2. 剪映：在手机和电脑上编辑视频文件

剪映是目前最受大家欢迎的视频编辑制作工具之一，支持手机和电脑编辑视频，如果你只用手机也可以轻松完成视频剪辑工作。

(1)手机端制作短视频。在手机应用市场免费下载安装剪映 APP，打开就可以进行摄像创作和视频编辑，包括音视频裁剪编辑、字幕添加、各类特效、丰富的资源库、"创作课堂"提供了极其丰富的视频创作和编辑技术的教程。点击屏幕右下角的"视频剪辑"，可以看到"开始创作＋"按钮在屏幕的正上方，其下方是一些功能模块，下面将具体介绍重要功能模块。

一键成片：如果你只想快速做一个视频记录短片，可以点选"一键成片"。素材导入后，剪映会为你提供多种剪辑模板，选好心仪的风格后，直接导出即可成片。

图文成片：只需要导入一段文稿，系统将会自动为文字匹配合适的图片、表情包，并生成一条包含 AI 朗读、字幕和音乐的视频，智能生成后，用户还可以再进行调节。

拍摄：剪映的拍摄功能相当于一款手机自带的美颜相机，可以选择不同的效果进行拍照或录像，随时轻松积累优质视频素材。

录屏：可以轻松录制手机桌面、教学、会议等各类视频，支持音画同步，同步录入实时画外音，从录屏到剪辑一站式解决。还可以对录制视频的比例、分辨率等进行设置。

创作脚本：如果用户不知道怎么拍，不知道怎么写文案，剪映的创作脚本功能将为你的创作提供灵感，激发创意，这里精选了若干优质内容的视频，作为范例提供给用户学习参考，可以直接采用。

提词器：类似专业电视台演播厅的提词器功能，让你面对录制长篇视频，再也不用担心忘词。点击"提词器"，输入要读的文稿，再点击"去拍摄"，可以对文稿呈现的滚动速度、字体大小、颜色等进行设置，然后，你可以看着文稿提示，轻松完成拍摄任务。

剪同款：剪同款为用户提供了丰富多彩的视频模板，可以直接套用这些视频模板，选好模板后点击"剪同款"，上传对应的照片或者视频素材，一键将模板替换成你的视频大片。

使用剪映制作视频的具体过程是：点击"开始创作＋"进入视频编辑界面，可对视频进行编辑，包括：剪辑、音频、文字、贴纸、画中画、特效等，都会为视频添加不同的效果。其中最常用的编辑功能如下。

剪辑：点击"剪辑"按钮后进入编辑界面，可以对视频进行"变速""删除""智能抠像""蒙版""变声"等操作。

编辑关键帧：导入视频后，点击下方的剪辑，视频轨道上方就会出现"菱形"标志，添加关键帧的按钮，添加第一个关键帧，移动时间轴，继续点击"菱形"标志，再打上第二个、第三个关键帧，然后可以调整画面大小、方向等。最后在播放视频的时候，在几个关键帧之间的视频就会匀速变化，实现放大或移动的过程。

编辑音频：点击"音频"按钮后进入音乐编辑界面，可看到"音乐""音效""提取音乐"等功能。创作者可以根据自己的需求，给视频搭配合适的背景音乐。使用剪辑中的"音频分离"，可以去除视频的同期录音，另外配音。

编辑文字：点击"文字"按钮后进入文本编辑界面，可以看到"新建文本""识别字幕""添加贴纸"等功能。如果你的视频原本就有配音或音乐，点击"识别字幕""识别歌词"就可以为视频自动识别语音并转成文字添加字幕。如果视频中没有配音，那么就可以选择"新建文本"为视频添加字幕，添加完成后，还可以选择"文本朗读"，为字幕添加对应的配音。

画中画：在视频画面中嵌入其他素材（图片、视频、贴纸等），让视频更丰富。配合"剪辑"功能的"智能抠图"，可以将教师形象与PPT合成，常用于教师编辑制作人像出镜的在线课程。

特效：点击"特效"按钮，有"画面特效"和"人物特效"两种功能。"画面特效"可以让视频画面效果更有创意，"人物特效"可以对人物的身体、面部、手部和装饰添加各种特效，还可以替换虚拟的头像，制作虚实结合的虚拟化身。

虚拟化身：导入真人讲课教学的视频后，选中人物，点击"特效""人物特效""形象"，选择你想要的虚拟化身形象，把特效功能条拉满时间轴，还可以调节头像的大小，预览虚拟化身效果。另一种方法是，导入真人讲课教学的视频，选中人物，点击"抖音玩法""魔法变身"，选择你的虚拟化身头像。

（2）电脑版制作短视频，可以从剪映官网下载。界面清晰、布局合理，适合复杂操作和更专业的剪辑场景，为教师提供了更强大的创作空间。

3. Camtasia Studio（喀秋莎）

Camtasia Studio 是一款集录制屏幕和剪辑视频功能于一体的软件。打开软件后，界面分为菜单栏、视频预览窗口、工具区、编辑区四个主要部分。

（1）录制屏幕功能。

菜单栏中的"录制屏幕"按钮，点击后在电脑桌面上出现录制窗口，开始录制后，电脑屏幕上的所有内容和操作过程都能录制下来。

（2）剪辑视频功能。

菜单栏中的"导入媒体"按钮，可以导入视频、音频和图片等素材，导入后在"剪辑箱"中可以看到所有添加的素材。将视频等素材拖动到下方的轨道中，每个素材会占据不同的轨道，完成后就可以在预览窗口看到添加的素材，同时在轨道中对素材进行编辑。

轨道上方的时间轴显示的单位到毫秒，在轨道中添加素材之后，指针对应的时间位置就是当前预览窗口显示的内容。需要注意的是，指针分为三个小的滑块，其中灰色滑块定位时间轴上当前的播放时间点、绿色滑块定位时间轴上准备进行编辑的开始时间、红色滑块定位时间轴上准备进行编辑的结束时间，绿色和红色滑块间的区域即为选中的区域，可以进行剪切、分割等操作。

在定位时间时，有时需要选择精准的毫秒级时间点，有时需要选择时间跨度较大的时间段，可以通过剪辑区的"放大镜"功能进行放大或缩小，将时间轴的时间刻度放大或缩小，便于进行选择。

通过添加"标注"进行美化加工，如影视后期的编辑，使用自定义的标注，时间定位在需要添加标注的画面处，在预览区调整标注的位置和大小，设置标注出现的效果，实现标注功能。

（3）视音频导出。

视音频编辑完成后导出，选择 MP4 格式，其中 480p、720p、1080p 的清晰度依次增加。

目前教师使用的视频编辑软件中，Camtasia Studio 是大家公认的最强大、操作使用最方便的工具，基本满足教学中对视频处理的各种需求。因此，Camtasia Studio 也是目前在学校教学中最为普及的一款视频编辑软件，读者只要在微信文章搜索，或者任何一种搜索引擎的视频搜索中输入关键词"Camtasia Studio"，立刻可以看到众多视频教程教你如何使用。推荐 B 站上的"[艺动]Camtasia 微课制作系统课程"，主讲人是河南师范大学的高义栋副教授，他专门从事教育技术教学，视频编辑技术十分熟练。

（三）视频处理的更多技巧

1. 使用"格式工厂"软件转换视频格式

教师在准备教学资源的时候，经常需要转换视频、音频的格式，分离视频中的音频，或者压缩视频文件以便于传输等。教师可以使用"格式工厂"这一免费的多媒体格式转换软件。

2. 使用 Video Compressor 压缩大视频文件

在微软商店下载、安装免费视频压缩软件 Video Compressor，可以离线在本地压缩视频文件，用户可以根据自己的需要，调节压缩质量，视频分辨率，视频比特率，音频比特率等。

3. 在微信传送视频大文件

在微信群传送视频资料的时候，常常会遇到"无法发送大于 25M 的视频"，碰到这种情况可以用以下的办法。

打开资源管理器，找到想要发送的视频文件，然后右击，选重命名，将视频文件的扩展名修改为".m4v"。扩展名修改完成后，即可正常发送。如果 Windows 用户在文件中无法修改文件的后缀名，可能系统默认隐藏后缀名，需要开启隐藏后缀名：选择文件夹上方的"查看"选项，勾选"文件扩展名"，这样就可以看到原来被隐藏的视频文件后缀名".mp4"，选中这个视频文件，点击鼠标右键，选择"重命名"，修改成".m4v"，即可在微信传送了。将视频文件更改为".m4v"后，视频文件不受损失，同时不受微信的传送大小限制，也可以正常播放。

二、图片转换成文字 >>>>>>>

教师常常需要用手机拍照纸上或屏幕上的文字，并将其转成文本文件，下面介绍用手机的微信小程序和电脑端处理图文识别的方法。

(一)小程序：微软 AI 识图

教师常常需要用手机拍照纸上或屏幕上的文字，并将其转成文本文件，下面介绍用手机的微信小程序和电脑端处理图文识别的方法。

微软 AI 识图，是利用人工智能图像识别技术，支持识别图片中的文字和翻译图片中的文字。有四个主要功能：传图识字，支持识别和翻译图片中的文字，并能导出 Word 文件；表格还原，支持将含表格的图片还原，可以复制表格中的文字，并能够在导出后再次编辑；智能创作，支持上传包含人像的图片，通过选择设计样式，可以导出为图片或 PPT；智能剪裁，支持自动剪裁并摆正图片，并能够导出为长图或 PPT。

(二)小程序：传图识字

传图识字，支持上传图片和实时拍摄图片，能够将印刷体或者手写体图片转换成文字。

(三)在线图文识别

EasyScreenOCR 是一款免费在线智能 OCR 图片文字识别服务的网站，支持中文、英文、日文等 11 个语种，电脑登录其官网，无需注册，上传拍照文字的图片，选定识别语种，即可快速进行图文识别。

三、图片编辑 >>>>>>>

(一)美图秀秀

美图秀秀拥有强大的图片美化功能，其中图片一键添加滤镜效果和图片拼接功能，能够满足大部分对于图片修饰的需求，并且在联网状态下实时更新。

上传一张动物的图片，添加特效、边框、场景、文字等效果，从而实现图片的美化处理。美图秀秀的手机版应用程序同样支持图片的美化与编辑，并且能够使用手机相机，完成实时美颜功能。

(二)图片放大不失真的技术(PhotoZoom)

在电脑端下载 PhotoZoom 软件，打开需要处理的图片，在左侧功能区调整图片的分辨率和预设调整图片的方式，实现像素的改变，从而使图片在放大到一定程度的时候不出现失真。

(三)抠除图片上的特定背景

教师在制作 PPT 或者编辑图片作品的时候，如果自己拍摄的图片或者在网络上搜索下载的图片上面有不需要的背景需要抠出，最简单的方法是将图片复制粘贴到 PPT 或者 word 上面，选择工具栏上面的"图片格式"中的"删除背景"，用"标记要保留的区域"和"要删除的区域"对画面调整，最后点击确定。但是我们会发现，对象和背景对比显著的图片的抠图效果比较理想，而对象和背景对比不明显的图片的抠图效果不理想。所以可以试一试智能抠图的另一种方法：登录快速智能抠图网站(https：//www.remove.bg/zh，访问日期：2022-03-11)，上传图片后就可以快速自动识别图片上面的对象(例如：风景照片上面的人像、静物图片上面的苹果)，抠除背景，完成后点击"下载"，即可获得去除背景的对象图片。

(四)消除图片上你不需要的文字和对象

在百度上搜索并下载安装 Inpaint 软件，打开需要处理的图片，使用 Inpaint 魔棒工具将你不需要的对象涂红，例如，图片上面的广告文字、你拍照对象后面的无关的过路人，风景画上空横过的电线等，然后点击"处理图像"，会发现被涂红的对象都消失了，而图片上面的风景完整无损。

四、表情包编辑 >>>>>>>

小程序：神奇表情包制作器

打开微信—发现—小程序，输入关键词：神奇表情包制作器，即可打开小程序"神奇表情包制作器"。可以添加 9 张以内的图片进行编辑，支持对图片剪辑和添加文字，设置图片切换，最后下载保存即可得到动态表情包。

五、音乐文件编辑 >>>>>>>

（一）Audacity

Audacity 是目前大家公认的处理音乐文件的极简工具，打开 Audacity 网址：https：//www. audacityteam. org/（访问日期：2020-01-14），下载电脑版的 Audacity 软件并安装。打开 Audacity，导入一个音乐文件，就可以看到该音乐文件的波形图，从而将音频文件可视化编辑，方便操作。

在音轨中选中某一段音频，可以进行剪切、复制等编辑。为了精准地操作到每一秒，可以放大音轨进行操作。

添加音乐后，自动生成左右两道音轨，可以同时对两道音轨进行编辑，也可以对单独某一道音轨进行编辑。在效果工具栏中有多重音频效果可供选择。

（二）歌曲中的人声与伴奏的分离

歌曲人声分离网站 vocal remover（https：//vocalremover. org/ch/，访问日期：2022-03-11)可以运用人工智能算法分析并快速分离歌曲的人声和伴奏。登陆网站后，在左下角可以选择中文界面，上传歌曲后可以自动快速分离人声和伴奏音乐，你可以自由下载分离后的人声或伴奏音乐，使用这款工具可以快速制作各类音乐伴奏和诵读教学的课件。

六、人工智能配音 >>>>>>>

（一）小程序：配音神器 pro

打开微信—发现—小程序，输入关键词：配音神器 pro，即可打开配音神器

pro 小程序, 输入文本, 就可以将文本转换为标准播音员朗诵的音频, 选择不同播音员的声音类型和语速, 可以一键导出配音。在个人主页中可以看到所有配音的历史记录, 并通过微信分享给他人。

(二)讯飞配音应用程序

"讯飞配音"是科大讯飞开发的人工智能配音应用程序, 用户输入文字, 就可以通过语音合成技术让文字转化成标准播音员朗诵的声音, 功能十分强大。

操作方法:

(1)打开手机应用市场, 输入关键词: 讯飞配音, 即可免费下载这款应用软件。

(2)打开"讯飞配音"应用程序, 进入主页面, 选择合成配音或真人配音。

(3)输入文字, 即转成标准播音员的语音朗读。

(4)用户可以选择不同的主播人, 或调节语速, 添加背景音乐等。

读者还可以自行在应用市场下载"英语趣配音""少儿趣配音""文字转语音合成飞蚂蚁""配音专业助手"等应用程序, 体验人工智能语音合成技术已经进入实用阶段, 同时, 思考如何把语音识别和语音合成等人工智能技术运用到自己的课堂教学中。

(三)小程序: 微软听听文档为 PPT 或者图片配音

教学中常常需要将上课的 PPT 课件配上讲课解说语音, 发送给学生作为课后复习的资料, 可以使用手机上的小程序"微软听听文档"。

第1步。整理 PPT, 在 PPT 备注栏中输入需要配音朗读的文字(可以使用语音输入直接把说的话变成字), 根据教学的实际情况, 文字可以充实 PPT 画面上的内容, 让 PPT 更具体, 更生动。

第2步。在"微软听听文档"的网址上传 PPT(https: //aka. ms/tingting, 访问日期: 2022-03-11), "微软听听文档"处理好 PPT 后, 会生成二维码。

第3步。打开手机微信, 搜索小程序"微软听听文档", 打开后进入, 在其首页上有丰富的学习资料供大家深入学习 PPT 的使用技巧。点击下面的"+", 进入创建的页面, 选择云盘文档, 可以打开已经上传的 PPT, 或者直接使用手机微信扫描 PPT 上传到"微软听听文档"后生成的二维码, 进入"微软听听文档"的配音编辑界面。

第4步。在"微软听听文档"的编辑界面选择"AI读稿", 选择你喜欢的主播声音, 逐页完成配音后, 即可发布。

七、英语教学视频和文本翻译 >>>>>>>

(一)网易见外

网易见外(https：//sight. netease. com/，访问日期：2020-01-14)是一款能够实现实时语音转写、一键听翻视频、自动切轴压制、即时双语字幕功能的平台，正确率高达 95％，使用网易邮箱的账号登录即可使用。

对于上传的视频，要求是不超过 2G 大小的 MP4 格式文件；对于上传的音频文件，要求是不超过 500M 的 MP3(或 WAV、AAC)格式的文件；对于上传的字幕，要求是不超过 2M 的 SRT 格式的文件；对于会议同传，要求创建一个会议，或者输入会议邀请码加入一个会议，将会议语音的实时转换成文字并完成翻译和字幕投屏。网易见外目前的翻译仅支持中英文互译，尚不支持其他语言类型。

(二)翻译狗

翻译狗(http：//www. fanyigou. net/，访问日期：2020-01-14)平台支持直接上传文件进行整体翻译，支持 70 多种语言的翻译，上传文件后需要选择行业，目的是针对相应领域的专业词汇，使得翻译的结果更贴近需求。翻译狗需要通过购买积分，用积分兑换更多翻译的费用。

(三)有道翻译官

有道翻译官是一款手机应用程序，支持 100 多种语言，无论是学习、工作，还是生活或者出国等情况，都可以通过拍照翻译和语音翻译进行实时翻译，随时随地使用。

有道翻译官的离线功能可以在没有网络的环境下使用，避免了没有网络或者信号不好对于翻译的影响，用户只需提前下载好有关语种的离线包即可。

(四)教学中常用的翻译方法

随着对外交流的发展、线上线下混合式教学的常态化，师生在教学活动中会需要对 word 文件、PDF 文件、PPT 文件、网络上的教学资源、线上教学的屏幕上的文本等进行翻译，常用的翻译方法有以下几种。

网页翻译：把需要翻译的网址复制到谷歌浏览器 Chrome，用鼠标右键点击屏幕上任意位置，选择"翻成中文"，稍加等待，即可浏览自动翻译的中文界面。

Word 文档翻译：使用微软 Office365，打开工具栏，选择"审阅""翻译""翻译文档"，即可把整篇文章翻译成中文。

PDF 文档翻译：使用微软 Office365，打开 PDF 文档，另存为".docx"格式的文档，然后按照"(2)"的步骤将整篇文档翻译成中文。（word 和 PDF 文件也可以使用 WPS 软件翻译）

PPT 文档翻译：使用微软 Office365，打开 PPT 文档，打开工具栏，选择"审阅""翻译"，屏幕右侧出现翻译工作框，选择需要翻译的源语言和目标语言（PPT 提供了世界上主要的几十种语种），用鼠标选择 PPT 画面上面需要翻译的文字，在翻译工作框中同步呈现需要翻译的源语言和目标语言的文字，用户可以手动校对修改翻译的文字，确认后，翻译好的文字会自动替换 PPT 上面对应的位置，字符大小保持原文字体式样。用户可以轻松快速地完成 PPT 的翻译工作。

图片文字翻译：教师需要对纸张上面的文字拍照，讲课屏幕上的文字拍照、或者线上教学的屏幕截图等图片上面的文字进行翻译，可以参考前面介绍的"图片转成文字"，先将图片上面的文字识别转成文本，再用上面的方法翻译。

模块六

教学课件的虚拟化身和场景设计

一、虚拟化身：教育微宇宙的入场卷 >>>>>>>

随着三维动画、5G 网络、大数据、云计算、VR、AR、MR、区块链、数字孪生、人工智能等为代表的新技术的发展，亿万师生转向使用线上线下混合式教学模式，虚实融合的元宇宙成为下一代信息技术发展的热点。

2022 年 1 月 21 日，清华大学新闻与传播学院新媒体研究中心发布《元宇宙发展研究报告》2.0 版，其中为"元宇宙"做了定义：元宇宙是整合多种新技术产生的下一代互联网应用和社会形态，它基于扩展现实技术和数字孪生现实时空拓展性，基于 AI 和物联网现实虚拟人、自然人和机器人的人机融生性，基于区块链、Web3.0、数字藏品/NFT 等实现经济增值性，在社交系统、生产系统、经济系统上虚实共生，每个用户可进行世界编辑、内容生产和字数资产自所有。

目前根据上述定义，在学校教学中运用元宇宙相关的技术，势必会遇到巨大困难。原因在于，一是，技术难度大。该类技术需要的巨量算力需求无法做到，内容资源开发成本高昂，终端设备价格太高，沉浸式体验的虚拟智能头盔设备笨重，长时间佩戴会引起生理上的不适感。二是，相关环境建设难度大。元宇宙作为与真实社会平行的虚拟社会，其社会关系、心理和文化适应、伦理法制等方面的建立，需要很长的时间。

那么，普通学校的一线教师能否另辟蹊径，根据现代极简教育技术倡导的"大道至简、实干为要"的精神，坚持应用驱动，立足现实可能，采用成熟且简单、易用的工具进行虚拟世界的课程资源开发，利用智能手机、平板电脑等终端设备，体验元宇宙的新型教学模式，为教育、教学服务呢？教师能否用有限的资源，研究虚拟身份、虚拟场景对教育教学产生的影响，研究虚拟课堂与实体课堂到底有哪些异同，研究虚实不同的教学场景对学生发展的利弊，研究如何组织线上线下混合式教学，研究采取何种教学策略来促进学生的全面发展呢？

这种遵循极简主义，采用极简技术路线、面向私有域、有限、责任、为教育教学服务的"元宇宙"场景，我们称之为"教育微宇宙"（Educational Micro－Universe，EMU）。

教育微宇宙定义提出的"面向私有域、有限"，是指教育微宇宙的社群空间定位在只服务于有限的教育系统范围内，有明确的教育教学目标，做有限的事；"责任"是指教育微宇宙必须受社会伦理道德约束，把虚拟数字化的"平行世界"管控在法制的笼子里，服务于"立德树人"的教育根本目标。

从后疫情时代学校教育发展趋势来看，线上线下混合式教学将是未来教育发展的大趋势，教师可以尝试在线上教学中利用极简技术，从设计虚拟动画课件、制作 3D 模型、虚拟化身和虚拟背景入手，拓展到虚实融合的教学场景设计和教育微宇宙课程资源开发，从而逐步探索对应的教学策略和新型教学模式。

二、教学课件的虚拟化身设计 >>>>>>>

从学习掌握最基础的虚拟化身和虚拟背景入手，这是后续学习进入教育微宇宙的入口。

1. 用手机设计虚拟化身形象

（1）使用"崽崽 ZEPETO"APP 设计虚拟化身形象。该软件是一款 3D 虚拟形象社交元宇宙 APP，安卓手机在应用市场免费下载安装，搜索的关键词为"崽崽 ZEPETO"。注册登录后，进入其界面即可选择虚拟化身形象的样式并给其命名。点击"角色"，可以对自己的虚拟化身形象进行外观设计和修改，确定后，你的虚拟化身形象就设计好了。

（2）使用剪映 APP 设计虚拟化身形象。手机安装剪映 APP，导入视频后，选中视频中的人物，依次点击"特效""人物特效""形象"，选择虚拟化身形象的样式，把特效功能条拉满时间轴，虚拟化身形象就呈现好了。

2. 用电脑设计虚拟化身和场景

（1）可用 Facerig 软件在电脑端设计虚拟化身形象。Facerig 是一款虚拟化身形象的设计软件，能够智能化跟踪你的眼动和说话口型，让你的虚拟化身与真人表情或动作同步。Facerig 可从其官方网站（https：//www.facerigcn.com，访问日期：2022-03-10）安装。

（2）用智影在线设计制作虚拟化身和场景。

智影是腾讯计算机系统有限公司开发的一款集素材搜集、视频剪辑、后期包装、渲染导出和发布于一体的免费在线视频多功能的编辑平台，充分利用人工智能辅助视频制作，其中的数字人播报功能，让用户设计制作虚拟主播极为便捷。

登录智影官网即可使用（https：//zenvideo.qq.com，访问日期：2022-03-

10），建议使用谷歌浏览器，以免卡顿。注册后会看到智影的全部工具：文本配音、字幕识别、视频剪辑、文章转视频、数字人播报、智能去水印、智能横转竖、数据视频、图片压缩。操作极简，帮助用户提高工作效率。下面介绍几个特色功能。

数字人播报功能。该功能最受老师们喜爱，可制作虚拟化身和场景。打开智影主界面，点击进入"数字人播报"。在数字人右边的方框中输入需要表达的文字内容，点击右上角"生成视频"，即可制作好虚拟数字人播报短视频。还可以根据需要，选择不同数字人的形象、服饰、出现在屏幕上的位置，更换场景，添加自己的 logo 等。生成的视频文件保存在"我的素材"中，可以下载或者转发到其他社交平台。目前还无法实现多人同屏和动态背景的替换，你可以用绿色背景制作后，再到剪映或 Camtasia Studio 平台去抠图合成。目前还暂时不能生成自己形象的数字人。

文本配音功能。点击进入"文本配音"，在工具栏点击"导入文本"，文章内容就会出现在页面。再选择配音，可以全篇使用一种声音。也可以选择系统提供的十多种智能主播的不同音色。根据需要，先选定文本，然后点击你所需要的声音。你还可以根据需要选择"插入停顿""局部变速""词组连读""多音字"等功能。只要先选定具体位置或者内容即可操作。最后，点击生成音频素材，处理好的音频文件就保存在"我的素材"中。

文章转视频功能。点击进入"文章转视频"，降网址或文档链接复制到操作区域，瞬间可生成一段视频，生成好的视频可以进行迭代修改，替换相关图片和内容，生成新的视频，免费下载。目前只支持娱乐新闻的链接，使用其他内容链接无法正常生成。

智能横转竖功能。上传素材后点击确定，自动完成画面的横屏或竖屏转换，自适应调整画面大小，无损画质。方便、极简、特别实用。

数据转视频功能。上传数据，支持 Excel 格式的数据，可生成饼形图、直方图、折线图、雷达图等 30 余种统计图表，可对数据进行在线编辑处理，调整图形的颜色、样式等，选择输出图片还是视频，即可导出。

图片压缩功能。上传图片（支持多种图片格式），确定好图片的尺寸和清晰度，即可压缩。

3. 设计虚拟身份证

设计虚拟化身的形象后，我们还可以设计"虚拟身份编号"，将个体的真实身份与虚拟身份一一对应，便于管理，这也可以说是师生进入教育微宇宙的入场卷。教师可以鼓励学生发现更富想象力的呈现方式，如：虚拟登山证，太空飞船票等。读者可以自创适合本校的"虚拟身份"的管理方式，只要能够实现个体的真实身份与虚拟身份一一对应即可。

下面介绍"王子极简移动微课团队"组织的"冬奥微宇宙"寒假冬令营项目式活动，供读者参考。这是来自全国各地的中小学教师志愿者组织的庆祝举办北京冬奥会、冬残奥会的主题式学习活动，这次活动尝试运用教育微宇宙的方式设计单元学习资源，参与学习的教师学习虚拟化身形象、虚拟场景和虚拟身份的设计制作，结合学科教学，围绕北京冬奥会开发教学资源。在参加"冬奥微宇宙"寒假冬令营项目前，必须实名制作虚拟身身份。

第1步：读者可以扫描下方二维码进入"冬奥微宇宙"寒假冬令营的公约栏目。参与者需要阅读活动公约，明确个人的责任和义务，承诺必须遵守的行为规范，才能够进入注册页面。

图 2-59　扫码进入"冬奥微宇宙"寒假冬令营项目的公约栏目

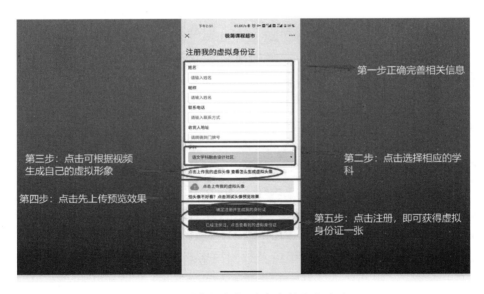

图 2-60　"虚拟身份"的实名制注册页面

第2步：正确填写相关信息，选择相对应的学科，上传自己的虚拟化身形象。

第3步：点击底部生成身份证。如图 2-61 所示。

现代极简教育技术

图 2-61 "冬奥微宇宙"寒假冬令营的虚拟身份证明

读者可以扫描图 2-62 的二维码，浏览参与了"冬奥微宇宙"寒假冬令营的教师们设计并制作的单元教学作品。

图 2-62 "冬奥微宇宙"寒假冬令营的单元教学设计

三、线上教学平台的虚拟场景设计 >>>>>>>>

目前，教师在线教学运用较多的平台是腾讯会议、钉钉、飞书视频会议等，现在越来越多的在线教学平台给用户提供虚拟背景、虚拟化身等功能。下面以腾讯会议和飞书视频为例，介绍在线教学和在线会议中的虚拟化身和场景的设计。

(一)腾讯会议的虚拟场景设计

打开腾讯会议界面，点击左下角的"视频"开关旁的小三角，就可以选定使用 Facerig、YY、外接摄像头等，你就可以在直播讲座和在线会议中使用虚拟化身。

多人参加的腾讯会议，点击右上方的虚拟场景选项，就可以选择各色场景，参会者的虚拟头像会自动出现在虚拟场景中。

(二)飞书视频会议的虚拟场景设计

飞书是一款免费支持团队在线学习、工作、会议、教学的模块化管理系统。使用方法如下。

第1步：免费下载安装飞书，注册后登录，进入虚拟形象设置。

第2步：打开飞书，点击左侧的"视频会议"，选择"新会议"，进入会议后点击星号图标，进行虚拟化身形象和虚拟背景的设置，如图2-63所示。

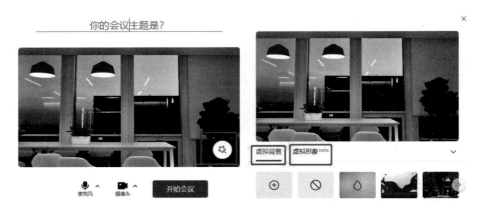

图 2-63　飞书视频会议的虚拟形象和虚拟背景的设置

第3步：系统自动生成你设置的虚拟场景和虚拟形象，还可根据用户的喜好调整，如图2-64。

图 2-64　飞书视频会议的虚拟形象和虚拟背景效果

练习题 >>>>>>>

1. 思考题：如何适应移动时代手机(平板电脑)作为学习阅读终端对教学的需求？

2. 设计题：

(1)查找学习有关金句的微信文章，根据极简教育技术设计的基本原理，把自己制作的 PPT 进行修改，删去繁杂内容，设计金句页面。

(2)在网上收集教育数字故事，欣赏并分析别人设计制作的数字故事，然后自选题目，尝试自己设计制作一个数字故事作品。

3. 实验题：根据本书介绍的方法，尝试设计制作一个教学 AR 课件，并在课堂教学中使用。

4. 操作题：使用易企秀软件，制作一个教学课件，生成二维码，发送给学生参阅，听听学生的反馈，总结自己制作 H5 课件的经验并与学习伙伴分享交流。

5. 讨论题：

(1)小组同学交流分享自己使用 PPT 和其他演示类软件，如 AR、H5 制作等的经验。

(2)如何才能够设计制作出与众不同的 PPT、数字故事、H5 等作品？

教与学的建议 >>>>>>>

1. 第二部分主要介绍提高课堂教学效果的极简教育技术。这部分的教与学，强调做中学，动手操作体验，可以通过教师引导、学习者自学、动手尝试、小组讨论、全班交流的方式学习。

2. 采用世界咖啡教学法，进行头脑风暴讨论活动，研究本教材上面介绍的新技术在教学中的应用，探讨更多的自己喜欢的技术和教学技巧。结合不同学科的具体教学内容和教学特点，鼓励学习者深入研究如何把本部分介绍的技术用在自己的学科教学活动中。

3. 鼓励学生同伴互教，可以根据参加学习的人员情况，重新分组，让熟悉新技术使用方法的人员帮助其他不熟悉新技术的人员，共同进步。

4. 需要为全班提供一个互相交流、展示作品的学习空间。

简单是终极的复杂。

Simplicity is the ultimate sophistication.

——达·芬奇(Leonardo di ser Piero da Vinci，1452—1519)

第三部分学习目标

通过第三部分的学习，学习者应达到下列目标。

1. 掌握手机投屏教学方法，能够熟练地在工作中使用二维码组织教学。

2. 能够熟练地使用 UMU(优幕)课程管理系统组织互动的课堂教学。

3. 了解掌握促进课堂互动的新技术，熟悉雨课堂、微助教等应用程序的使用。

4. 能够充分运用小程序组织课堂内外的教学活动，知道如何获取适合不同教学情境的小程序用于改进教学效果。

5. 能够灵活地使用"小打卡"小程序组织项目式教学(Project-Based Learning)，开展主题活动。

6. 了解并能够运用社会化学习和知识建构等学习理论，熟练掌握小组合作学习等教学策略，充分利用微信朋友圈开展社会化学习。

第三部分

让课堂教学异彩纷呈的技术

模块一

促进课堂互动教学的极简技术

脑科学和教育心理学都证明，教师长时间的单向灌输式讲授会让学生大脑疲劳，但当教师采用启发式、互动式教学时，学生的思维活动就能活跃起来。教师上课的时候可以尝试运用多样方法灵活地组织互动教学，下面介绍课堂互动教学中常用的极简教育技术。

一、上课使用手机投屏的几种方法 >>>>>>>

教师利用手机投屏上课，不仅携带方便，还可以灵活展示课堂现场照片，朋友圈里面的丰富活动，培训手机各类应用程序和小程序的使用方法，手机上课可以展示 PPT 课件、多媒体作品，演示应用程序软件，展示学生活动和学生作品等，加强课堂的互动性，丰富课堂教学活动。现在越来越多的中小学和幼儿园老师，学会了利用手机上课，成为现代化课堂教学新常态。例如，教师在课堂上将学生的绘画作品用手机拍照展示在大屏幕上，每个人都可以对其进行赏析；用手机录像，在教室大屏幕上展示学生的绘画过程。这对学生是一种鼓励与赞赏，其他同学也可以观摩学习同学们的创作过程。

1. 手机通过电脑 Win10 投屏方法

微软 Win10 设计了支持手机(平板电脑)投屏功能，在上课和会议上使用非常方便。具体的操作方法如下。

方法一：如下。

(1)点击屏幕左下角的图标打开软件列表，这是按照字母顺序排列的，在"L"下面找到"连接"按钮，你可以选中"连接"，点击鼠标右键，将"连接"功能设置到"开始"屏幕，便于今后方便打开。

(2)点击"连接"按钮，Win10 就启动了支持手机投屏的功能，在屏幕中央显示本台电脑的名称。

(3)拿出手机，从顶部向下划屏，点击安卓手机(如华为、小米、OPPO、VI-

VO 等)的"多屏互动"或者"无线投屏"的功能键,手机会搜索并显示电脑名称,点击电脑名称,手机就可以同步投放在电脑屏幕上。

方法二:如下。

(1)同时按"Win"键和"P"键,在电脑屏幕一侧会呈现电脑的投影选项,选中最下面的"连接到无线显示器",点击"投影到电脑",Win10 就启动了支持手机投屏的功能,并在屏幕中央显示本台电脑的名称。

(2)拿出手机,从顶部向下划屏,可以看到手机的"多屏互动"功能键,点击"多屏互动",手机会搜索并显示电脑名称,点击电脑名称,手机就可以同步投放在电脑屏幕上。

如何退出手机投屏:如果教师需要在手机通过 Win10 连接投屏演示的时候,退出手机投屏,(例如,教师退出手机投屏,让班级的其他同学用手机投屏来展示自己小组的作业),可以拿出手机,从顶部向下划屏,看到手机的"多屏互动"功能键,点击"多屏互动",手机会显示投屏电脑名的名称和"断开连接",点击"断开连接"即可退出手机投屏。这时屏幕上会在屏幕中央显示本台电脑的名称,然后将鼠标指向屏幕右上角,点击关闭窗口按钮就关闭了本台电脑名称显示画面,进入正常的电脑工作状态。

上述两种方法目前支持安卓手机。

2. 使用软件和同屏器投屏方法

手机同屏有四类方法,如图 3-1 所示。一种方法是手机通过电脑投屏,另一种方法是不用电脑,需要配置转接头或者同屏器投屏。这里面又有两类不同的方式:有线方式,使用手机数据线,连接手机和电脑或者同屏器投屏,有线方式的优点是数据通过有线连接,稳定,不需要 Wi-Fi;不足点是手机无法在课堂自由走动,例如,拍摄学生学习活动投屏不方便。另一种方式是无线连接方式,手机通过 Wi-Fi 传递数据,优点是手机可以在课堂自由活动,拍摄课堂学生的活动投屏,但是需要挑选能够保证信号稳定的同屏器和投屏软件。

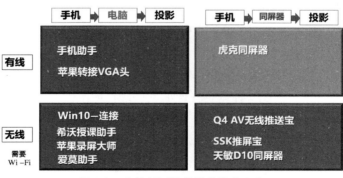

图 3-1　手机(平板)投屏的四种方法

(1)安卓手机投屏方法。

方法一：课前在电脑上安装"手机助手"软件，通过数据线连接手机与电脑进行投屏。

优势：没有 Wi-Fi 也可使用。

不足：需要数据线连接手机与电脑，教师在使用手机时不方便在教室移动使用。

方法二：在手机上安装"爱莫助手"应用程序，电脑登录"爱莫助手"官网 http://web. airmore. cn(访问日期：2020-01-14)。

打开手机中的"爱莫助手"应用程序，扫描电脑屏幕上的二维码，点击"镜像"，手机与电脑实现同屏。

优势：教师在使用手机的时候，可以在教室里面走动，对学生的作品或表演进行拍照投影，全班同学观看投影。

必要条件：教室需要 Wi-Fi，手机与电脑连接同一 Wi-Fi。

方法三：在希沃官网(http://e. seewo. com/，访问日期：2020-01-14)下载电脑端"希沃授课助手"软件，手机端下载"希沃授课助手"应用程序，打开手机"希沃授课助手"应用程序扫描电脑端的二维码实现手机与电脑同屏。

优势：教师在使用手机的时候，可以在教室里面走动，对学生的作品或者活动表演进行拍照投影，全班同学观看投影。

必要条件：教室需要 Wi-Fi，手机与电脑连接同一 Wi-Fi。

方法四：在电脑端的微软商店下载安装免费软件"投屏宝"，并在安卓或苹果手机的平台下载并安装此软件。然后，在电脑端和手机端同时打开"投屏宝"，用手机端扫描电脑端的二维码，即可投屏。

(2)苹果手机投屏方法。

方法一：在京东网购苹果手机转接 VGA/HDMI 的双接口转换器，即插即用，无须驱动软件，投屏效果清晰。优点是操作极简，有线连接，信号稳定；不足是手机无法在课堂移动，只能够站在讲台上讲课。

方法二：在官网 http://pro. itools. cn/(访问日期：2020-01-14)，下载电脑端 iTools 软件，打开 AirPlayer 应用程序，苹果手机页面上滑点击"屏幕镜像"，实现手机与电脑同屏。

优势：教师在使用手机的时候，可以在教室里面随便走动，对学生的活动和作品进行拍照投影，全班同学观看投影。

必要条件：教室需要 Wi-Fi，手机与电脑连接同一 Wi-Fi。

(3)不用电脑，手机直接投屏的方法。

方法一：准备"虎克同屏器"、手机遥控器，手机上下载"EZCast"应用程序。

第一步，连接同屏器与投影器 VGA/HDMI 接口。

第二步，连接同屏器与手机充电的数据线。

第三步，打开手机上的"EZCast"应用程序，点击右上角的"W"图标，打开选择框；选择 USB 网络共享，点击"Connect"连接；打开"USB 共享网络"的开关，连接手机和屏幕；不关闭软件，回到主页面，打开要演示的 PPT。

第四步，打开蓝牙与遥控器配对，控制手机 PPT 翻页等功能。

优势：不需要带电脑，直接使用手机上课，不需要 Wi-Fi 等条件。

基本条件：需要添置同屏器和手机遥控助手。

方法二：准备 SSK 推屏宝，根据手机机型切换信号源，手机连接 SSK 的无线 Wi-Fi 进行同屏操作。详细操作打开链接观看"SSK 推屏宝同屏操作教程"视频（https：//v. qq. com/x/page/e0389jpidqo. html，访问日期：2020-01-14）。

优势：不需要带电脑，直接使用手机上课，不需要 Wi-Fi 等条件。

(4)课堂常用手机投屏的教学方法。

教师使用手机投屏教学，与传统的黑板教学和电脑投屏相比，具有移动互联网时代的新特点，不仅仅改变了屏幕上呈现的内容和方式，而且极大地变革了课堂教学的互动方式，甚至有网友评论说，教师灵活掌握手机投屏教学方法，就有了组织课堂互动的金课神器。

①使用 PPT 移动教学。

备课时，教师首先在手机上面的应用市场(苹果手机 App Store)输入关键词：Microsoft(会自动显示 Word，PowerPoint，Excel)，免费下载安装正版的 PowerPoint 移动手机版软件，打开即可使用。

教师可以在手机上使用 PowerPoint 编辑修改自己上课的 PPT 课件，手机版的 PowerPoint 与电脑版的操作方法相同，而且更加简便。上课时打开 PPT 课件即可投屏演示。

为了方便演讲操作 PPT 翻页，教师可以在京东网购一个"vanture 手机蓝牙遥控器"，使用小巧的手机蓝牙遥控器翻页。

②使用 H5 课件投屏教学。

教师展示讲课内容，还可以不用 PPT，采用图片加文字和旁白解说的极简方式，例如：使用手机上安装的 Pixir 软件直接拍照，加上文字呈现教学内容；使用小程序美篇快速制作图文并茂的演示文稿；使用速课网提供的速绘微课，可以很方便地在手机上操作，把图片、文字和批注、解说融为一体，快速简便地开展教学活动。

③丰富课堂互动教学。

教师使用手机展示教学 PPT 课件，根据课堂环境和教学活动的不同情况，可以随时切换到手机微信群，组织学生进行讨论、交流，分享自己的观点，发送作品，上传照片到群里展示等，学生可以及时反馈自己的问题和作业等，大大增强课堂上的互动性，极简、方便、灵活。

教师都可以充分发挥手机上安装的应用程序的现场演示操作功能，例如，数学教师在手机应用市场免费下载安装优秀的应用程序(数学软件 GeoGebra)，在课堂上可以很方便地从 PPT 讲稿切换到 GeoGebra，现场展示各类函数曲线的变化，可以随时把演示的几何、代数、函数变化等画面分享给朋友群里的学生交流。

AR 课件的演示，生物、地理等学科的教师，可以在教学中根据科学原理分析教学进展，随时把手机投屏画面切换到 AR 课件的三维变换演示。(关于教师如何准备 AR 课件的内容，参见本书第二部分模块三)

课堂上的问卷调查，互动讨论等活动在手机端展开。

教师使用二维码，把手机上面的二维码投屏，学生可以使用自己的移动终端(手机/平板)扫码，即可进入丰富多彩的教学活动。(关于教学中的二维码使用策略，参见下面模块二)

手机拍照投屏。有人发现，教师在课堂上使用手机同屏最多的用处是拍照上传投屏，例如，幼儿园教师在课堂上组织儿童绘画、做手工、做游戏等，可以同时手机投屏展示儿童的作品，以及活动和现场表现，还可以同时转发到微信群与家长分享。职教的教师使用手机同屏拍照，随时将课堂上学生实习的操作投屏，并组织全体同学互评，等等。

大学课堂上，教师使用手机同屏上课，综合运用手机上的应用程序改变课堂教学模式，如 UMU、雨课堂、学习通等，有利于建设大学金课的互动教学。

二、让你的课堂有点酷 >>>>>>>

让课堂有点酷，不仅是老师们的愿望，更是所有学子的期待。如何才能够让每一堂课有点酷，并且更加精彩呢?

"课堂有点酷"(http://www.ketang.cool/，访问日期：2022-03-10)上有一组辅助教师组织互动课堂的极简工具，包括纸条范、快枪、击鼓传花、倒计时等工具。这些工具适合大、中、小学面对面课堂教学和在线教学使用，也适合其他类型人员的培训。

"纸条范"适合学生和听众利用智能手机和移动终端递"电子纸条"，让课堂和培训中的对话直接有深度；"快抢"适合帮助教师，把随堂测验快速转化为一种沉浸式游戏，以抢答来活跃课堂氛围，并开展形成性评价；"击鼓传花"以一种游戏化方式，快速创建班级、让学习者扫码签到、以及随机选择学习者参与；是教师互动教学和参与式教学的极简利器；"倒计时"在以学习者为中心的课堂教学和培训活动中，帮助教师和学生自主和小组合作/协作学习活动紧凑高效；"3—2—1"以极为简便的方式，为教师和学生开展反思和总结的思维导向，提供了一种可以直接应用的框架，使得反思和总结可以具体操作；"思享汇"帮助教师快速设计三个步骤的参与式教学活动："自己想一想""讨论和共享"和"展示与汇报"。

这6款工具中，纸条范和快抢适用于学习者有移动终端应用场景；3—2—1、思享汇、击鼓传花、倒计时这四款适合学生使用，无论他们手里是否有终端，均可使用。"课堂有点酷"后续还会继续设计、开发更多的极简教育技术工具，本平台由教师设计和开发，也是为教师设计和开发的，初心是帮助教师和培训师打造高品质课堂教学。

三、课堂动态演示的技巧 >>>>>>>

除了手机投屏演示外，教师在课堂上一般使用电脑放映 PPT 演示教学内容，如果在教学中需要动态变化演示效果，如放大或缩小画面、截图、录屏、写屏幕批注、在屏幕添加贴纸等，可以采用以下 Win10 系统自带的极简功能。

使用 Win10，或者 Win11 以上的操作系统，只需要按住 windows 键（即键盘左下方带微软标识的"Win 键"），同时按下一下列出的键，就可以实现多种功能。

按住 Win 键，同时按加号按键，放大屏幕显示。

按住 Win 键，同时按减号按键，缩小屏幕显示。

按住 Win 键，同时按 Esc 键，回到原始状态。

按住 Win 键，同时按"Shift"和"S"，可打开截图栏，光标拖动到要捕获的区域，截图区域将保存到剪贴板。

按住 Win 键，同时按 G，启动捕获工具支持录屏，点击捕获工具框中的录屏按钮，开始录屏，捕获状态自动显示录屏时间。第二次同时按"Win"和"G"，停止录屏。

按住 Win 键，同时按"ALT"和"R"，直接打开录屏功能，主要对游戏进行录屏。

按住 Win 键，同时按 P，打开投影选择：选中复制，电脑屏幕就复制显示到投影器；

选中扩展，可以用两台显示器显示电脑屏幕。

按住 Win 键，同时按 H，打开在线语音听写功能，支持说话听写。

按住 Win 键，同时按 K，连接手机投屏，拿出你的华为手机，从上往下划屏，点击"无线投屏"。

按住 Win 键，同时按句号按键，可以打开表情符号面板，添加由文字和符号组成的表情符号。

模块二

二维码在教学中的灵活运用

一、什么是二维码 >>>>>>>

二维码是从一维码(又称条形码)的基础上发展起来。条形码(barcode)是一种可视化的、机器可读的数据表示,通过改变平行线的宽度和间距来表示数据,在一个维度上,也就是只有 x 轴上存储数据,存储阿拉伯数字 0～9 的数据,而其 y 轴方向没有记载数据。图 3-2 是北京师范大学出版社出版的《全新思维》图书的国际标准书号的条形码实例。

图 3-2 条码举例

条形码由诺曼·约瑟夫·伍德兰(Norman Joseph Woodland)和伯纳德·西尔弗(Bernard Silver)发明。1948 年,美国宾夕法尼亚州费城德雷塞尔理工学院(Drexel Institute of Technology)的研究生西尔弗无意中听到了当地食品连锁店的经理想研究一个在结账时自动读取产品信息的系统。于是和他的朋友伍德兰一起开始研究,他们的创新灵感来自莫尔斯电码,在沙滩上的沙子上面设计出了第一个条形码。1949 年 10 月 20 日,伍德兰和西尔弗为"分类装置和方法"申请了专利，1952 年在美国获得专利。[①]

二维码又称 QR 码（Quick Response code，QR code）意为快速响应识别代码，这是某种特定的几何图形按照一定规律在平面（x，y 轴方向）分布的黑白相间的图形记录数据符号信息的一种码制。20 世纪 80 年代末，二维码技术的研究在国外开始受到重视。二维码有多种码制，常见的有 PDF417、QR Code、Code 49、Code 16K、Code One 等。国际标准技术委员会和国际电工委员会成立了条码自动识别技术委员会（ISO/IEC/JTC1/SC31），已制定了 QR Code 的国际标准（ISO/IEC 18004：2000《信息技术自动识别和数据采集技术·条码符号·QR 码》）。二维码系统是日本电装公司（Denso Wave）腾弘原（Masahiro Hara）于 1994 年发明，最初目的是为日本汽车工业设计一种矩阵条形码，在制造过程中通过扫描快速跟踪车辆。2000 年 12 月，基于日本 QR Code 编码制定的《快速响应矩阵码》被批准为国家标准（国标 GB/T 18284—2000）。近年来随着微信扫一扫和支付宝扫码付款功能的普及，二维码的使用迅速在全社会普及开来。

二维码的长度、宽度均记载着数据。一维码只能在一个方向（一般是水平方向）上表达信息，而二维码在水平和垂直方向都可以存储信息。一维码只能由数字和字母组成，而二维码能存储汉字、数字和图片等信息，因此二维码的应用领域要广得多。二维码有一维码没有的"定位点"和"容错机制"，如图 3-3 所示。

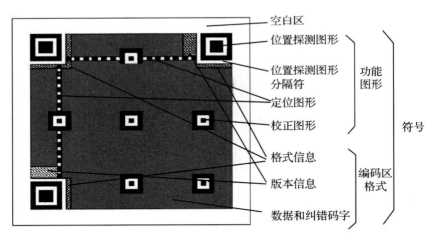

空白区
位置探测图形
位置探测图形分隔符
定位图形
校正图形
格式信息
版本信息
数据和纠错码字
功能图形
编码区格式
符号

图 3-3 二维码结构

1. 位置探测

左上角、右上角和左下角的三个非常明显的方块是用来确定二维码的尺寸和标记二维码的位置的。三个探测方块靠近内部的方向都有一个"L"形的位置探测图形分隔符，由宽度为 1 的白色方块构成，作用是将位置探测图形与内容分

---

① 资料来源：维基百科"条形码"条目。

隔开。

2. 定位图形

二维码图像中，三个位置探测方块之间有一横一纵两条宽度为 1 的细带将三个方块连接起来，它是黑白相间的，一横一纵两个方向的两条定位带起到了类似坐标系一样的作用，将二维码图像里的每一个小像素块定位。

3. 校正图形

将二维码图像的四个顶点和四条边的四个中点以及图像的中心点划分为九个区域，位置探测图形占据了左上角、右上角和左下角的三个顶点，除去这三个点，其余的 6 个点被校正图形占据。校正图形是一个三层的黑白相间的方块，从里到外分别是黑、白、黑。校正图形的作用是判断二维码是否存在破损、污损以及其他识别困难。

4. 数据编码区

编码区包括格式信息、版本信息、纠错码和数据。格式信息方块有三个，在每个位置探测方块周围都有一个，用来存放纠错水平等信息。版本信息方块用来存放二维码的版本信息，一共有两个，在右上角和左下角的两个位置探测方块周围各一个，二者内容一样，防止只有一个版本信息的情况下，若遇到损坏，无法解析版本信息。在 QR 码中，信息用边长为 1 的黑色和白色小方块表示。黑色小方块表示二进制中的"1"，白色小方块表示二进制中的"0"。纠错码是在二维码存储信息编码后对可能出现无法识别的情况所做的预备补救措施，可以通过纠错码还原丢失的信息。[①]

二维码的识别特点：识读速度快速便捷，占用空间小，可靠性高，存储的数据量大，信息容量大，保密性强，空间利用率高，支持汉字和图形信息，有一定的容错性，开发成本低。在中国，随着智能手机日渐普及，人手一部手机相当于人人手中都有二维码扫描仪，菜市场扫码付款，公交地铁扫码识别，二维码与人们的日常经济生活紧密相关，已经深入社会的各个领域，成为人们须臾不可或缺的信息工具。

二、教师如何设计制作二维码 >>>>>>>

随着智能手机和平板电脑在学校教育中日渐普及，二维码在教育教学活动中的运用也越来越广泛，从会议通知、家校沟通、校园文化建设、课程教材设计、课堂讲义散发、布置作业、考试评价、教学游戏，到教学设备管理、图书资料检索，二维码无处不用、无处不在，以至于教师们将学校的很多教学活动都重新取

---

① 娄明：《基于 Android 的信息系统二维码技术的应用研究》，硕士学位论文，中国地质大学，2018。

名为：码书、码课、码班、码会、码树(指校园里面的植物上面挂一个二维码小牌，扫描小牌上面的二维码，立即展现这个植物的生物分类学介绍)，等等。现在，教师掌握二维码在教育教学中的设计制作和灵活运用的方法，已经成为现代教师的基本教学技能之一。下面介绍教师日常教学最常用的二维码教学技能。

(一)把网页内容转成二维码

教师如何灵活运用互联网上面的海量信息在课堂上作为教学资源呢？例如，网上的国家大政方针文件、感人的励志故事、最新的科技动态等，可以把网页信息转成二维码，放在 PPT 中，上课的时候，同学们可以对 PPT 上面的二维码扫码，收藏丰富的教学资料进行学习。把网页转成二维码的方法如下。

第一，使用火狐浏览器，找到教学需要的网页内容，点击地址栏右侧的二维码小图标，屏幕上会出现这一页网址的二维码。例如，要给学生介绍二维码的原理，教师可以上网查找资料，百度百科网页上面关于二维码的介绍，可供上课作为教学资源，通过点击地址栏右侧的二维码小图标，就把该页网址生成二维码，如图 3-4 所示，读者用手机扫描这个二维码，立即可以浏览学习关于二维码的详细介绍。

图 3-4　点击火狐浏览器地址栏右侧的二维码小图标，该网址生成二维码

第二，使用截图软件对二维码截图。截图的极简方法：以微软 Win10 为例，按电脑键盘上的 Windows 键，屏幕上会出现按字母顺序排列的软件栏目，找到 Windows"附件"栏，打开，找到"截图工具"图标，鼠标指向"截图工具"图标，点击鼠标右键，把这个图标设置成"固定到开始屏幕"，以后就直接从 Win10 的开始屏幕打开。打开"截图工具"图标，就可以用来操作屏幕截图。

第三，把二维码截图放到 PPT 对应的画面上，注明该二维码的用途，这样，上课时，学生扫描二维码即可获得上述网页的全部内容。

(二)把 PPT 转成二维码

教师上课准备把 PPT 讲稿转成二维码发送给学生，可以采用下面介绍的几种极简方法。

方法一：速课网。

使用速课网的 PPT 转 H5 格式的课件，具体操作方法参见本书第二部分模块一，PPT 文件转换成 H5 格式文件。

方法二：PP 匠。

使用 PP 匠平台将 PPT 转成 H5 格式的课件，注册登录 PP 匠网站(http：//www.ppj.io/，访问日期：2020-01-14)，上传 PPT，PP 匠网站会自动将 PPT 转码成 H5 格式的课件，并生成二维码，学生可以扫码浏览 PPT 课件。

方法三：存放云盘。

读者可以自行选择喜欢的云盘，如腾讯微云、百度网盘等，注册后，即可上传自己的 PPT 作品(可以设置密码管理)，然后，利用火狐浏览器的网址二维码生成方法，将云盘存放 PPT 的网址转成二维码，学生扫码即可登录云盘下载 PPT 资料。

方法四：使用 APP 平台。

现在很多优秀的课程管理系统平台，都支持用户上传 PPT 课件供学生下载使用。如 UMU、雨课堂、超星学习通等。读者可以选择适合自己教学使用的平台，上传 PPT，然后生成二维码，供学生扫码浏览 PPT。

(三)把 Word 文件转成二维码

教学中有时需要把 Word 文件转成二维码发送给学生，可以采用下面介绍的几种极简方法。

方法一：使用草料二维码平台。

草料二维码支持多种格式的文件转成二维码，包括文字、网址链接、图片、名片、音视频等，还支持生成活码(活码是指二维码图案不变，内容可随时更改，存储无限内容，指向任意网址，扫描效果可跟踪)，简单的二维码美化(如添加 logo，添加背景、前景，换样式，调码眼，保存成模板，可重复使用)，二维码使用情况统计分析等。草料二维码现在有网络版、手机小程序版、手机应用程序版等，可供用户免费使用。只需要登录草料二维码官网(https：//cli.im/，访问日期：2020-01-14)，注册，就可以复制上传 Word 文件，生成二维码。

方法二：使用问卷星平台。

问卷星是一款可供用户免费使用的创建问卷调查、在线考试、360 度评估等的平台。登录问卷星网址(https：//www.wjx.cn/，访问日期：2020-01-14)并注册，就可以设计各类调查统计问卷，并实施问卷调查活动，进行问卷分析统计等业务。如果用户只想使用问卷星把自己的 Word 文件转成二维码，可以将 Word 文件内容设计制作成问卷的序言，或者问卷的一个问题内容，然后，使用问卷星的二维码生成功能，即可把 Word 文件变成二维码使用。

方法三：使用 App 平台。

与上面介绍的 PPT 转二维码一样操作，现在很多优秀的课程管理系统平台，都支持用户上传 Word 讲义供学生下载使用，如 UMU、雨课堂、超星学习通等。读者可以选择适合自己教学使用的平台，上传 Word，然后生成二维码，供学生扫码阅读。

(四)把图片、音视频转成二维码

方法一：把视频传到优酷网、爱奇艺、腾讯视频等网络空间，再将视频的播放网址转化为二维码，这类方法的缺点是这些商业视频网站的广告太长，用户不能够自主停止广告，会干扰教学。

方法二：用户可以自行选择喜欢的云盘，如腾讯微云、百度网盘等，注册后，即可上传图片。音频视频文件，(可以设置密码管理)，然后，利用火狐浏览器的网址二维码生成方法，将云盘的存放网址转成二维码供学生扫码下载资料。

方法三：可以选择适合自己教学使用的平台，能够支持用户上传图片、音频视频文件的课程管理系统，如 UMU、超星学习通等。上传供教学使用的图片、音频视频文件，然后生成二维码，供学生扫码下载。

(五)其他生成二维码的方式

现在很多软件平台都提供了二维码功能，教师在教学中可以灵活运用二维码组织教学活动。例如，微信的群分享功能，面对面建群功能，UMU 的互动交流功能等，都可以生成二维码，让学生扫码进入学习活动。

三、二维码在教学中的运用策略 >>>>>>>

一线教师在教学中创造了很多活用二维码的策略，下面列出一些供读者参考。

(一)用二维码传递教学信息资料

教学中使用二维码传递信息的实例：各类通知、发放讲义、PPT 资料、微课等做成二维码供学生扫码下载学习。学校的各类活动场所的管理文件，实验室各类设备的说明书，元素周期律的每一个元素做成二维码，扫码即可观看相关微课。网站和微信公众号上面大量的时政资讯，热点社会话题，社会主义核心价值观、励志教育故事等，可以通过二维码将线上信息传送到学生移动终端学习。将各类生物标本附上二维码，扫码即可展示该生物的生物学分类和详细介绍。将上课的 PPT 上传至百度网盘，学生扫码即可下载，省去了记录、输入网址的麻烦。创建学校的二维码墙，墙上面张贴的每个二维码都是一个学生的数字故事，学生的作品展示等。

（二）用二维码传递组织测评活动

使用问卷星等应用程序组织问卷调查、作业布置、批改作业和测评统计、使用 UMU 开展现场问答等。在学案或者练习题的最后附上详细答案的二维码，既节省了印刷的纸张，又方便学生查阅，增强了拓展和延伸性。

（三）用二维码收集学生信息

会议报到注册、学生点名、统计学生情况、发放会议资料等。

（四）用二维码组织游戏教学

识字卡片的背面印上二维码，可供学生核对答案。利用二维码可以拓展地理知识、天文知识、社会人文知识等。

（五）更多方法

注意观察我们生活中运用二维码的情景，例如，菜市场扫码付款，公交车扫码上车，各类身份认证扫码，各类名片、培训手册扫码，街头广告上面附带二维码传递更多信息等，都可以迁移到教学活动设计中。

使用课程管理系统辅助教学

　　教师要充分运用极简教育技术打造金课，首先要转变教育观念，以学生为中心，丰富课堂教学策略，努力建设四全课堂（全程课堂、全息课堂、全员课堂、全效课堂）。现在越来越多的应用程序不断涌现，能够帮助师生课堂互动，教学管理，高效教学。根据一线教师的反馈，大家比较喜欢使用的技术工具有希沃、101 教育 PPT、UMU、超星学习通、雨课堂、微助教、之江汇教育广场等。教师可以根据自己教学的实际需要，选择使用合适的教育软件辅助教学。下面介绍几款免费的教育软件平台供读者自主学习体验。

一、优幕（UMU）　>>>>>>>

（一）UMU 概述

　　UMU 是北京优幕科技有限责任公司开发的面向全球教育现代化的学习支持平台，面向移动互联网时代重新定义教与学的方式，借助互联网的力量让学习随时随地发生。UMU 帮助师生知识分享与传播，连接教室的大小屏幕和每个人的移动手机端，学生可以深度思考、充分表达，更好地融入学习过程，从而获得更好的学习资源。UMU 还可以将现有的视频、课件转化为在线互动课程，也可以制作微课、进行直播等，让每个人都能融入、分享、收获。UMU 面向中国一线教师开展的教育计划，力求用科技的力量创新教育信息化，让广大师生受益。中国教师在 UMU 平台注册申请，通过身份验证即可免费升级使用。加入 UMU 教育发展计划，都可以免费获得使用 UMU 辅助教学的支持。

（二）UMU 的主要教学功能

　　UMU 主要针对移动互联网时代的各类教育培训提供极简教育技术支持，包括以下主要教学功能。

1. 课堂投屏

教师使用手机将学生的作业、作品、讨论结果、现场活动等拍照，大屏幕上立刻呈现。

2. 微课制作

使用 UMU 应用程序可以很轻松地制作专业微课，10 分钟 9 图一小节，一个课程小节数量不限，同时生成二维码课程。

3. 课堂互动

教师用手机随时发起现场提问、讨论，大屏幕同步展示互动结果，实时汇总现场讨论的关键词文字云。

4. 考试测评

在线考试，限时回答，分数立刻展示，大屏幕还可以展示排行榜及每题结果，还可以针对考试情况自动生成微课进行讲解。

5. 视频课程

UMU 支持视频上传、视频播放，无广告，速度快。

6. 直播教学

手机生成直播视频课程，无须学员安装插件或者应用程序，打开就能学习。

(三)UMU 的使用方法

1. 电脑端 UMU 学习平台

(1)网页搜索"UMU 学习平台"，进入网页(https：//www.umu.cn/，访问日期：2020-01-14)，点击"注册"，根据步骤提示完成相应操作。

(2)注册登录后，进入首页，在基本功能处点击"创建课程"。如图 3-5 所示，假设我们需要创建一门"微课的设计与制作 1.0"课程，具体的操作方法如下。

图 3-5 在 UMU 平台创建课程

(3)进入我的课程，点击右上角的"创建课程"，填写基本的课程信息，如图 3-6 所示。

(4)进入创建的"微课的设计与制作 1.0"的课程中，点击右上角的"添加课程小节"。你需要事先做好备课准备，梳理清楚你的课程组成的各部分内容，然后再上网在 UMU 中制作课程，如图 3-7 所示。

图 3-6 填写课程的基本信息

图 3-7 添加课程小节

(5)添加课程小节后，会出现如图 3-8 所示教学活动功能的添加，可以添加课程内容、互动环节等，根据课程设计的需要，选择合适的添加选项。

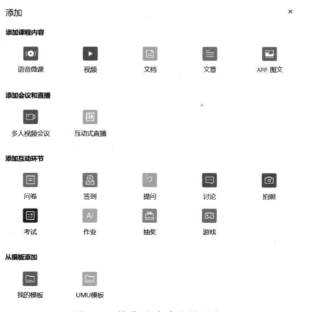

图 3-8 教学活动功能的添加

(6)"添加问卷"操作，设置问卷的类型与选项，如图 3-9 所示。如果问题比较多可以点击"批量添加问题"。

图 3-9　添加问卷

(7)"添加签到"操作，点击签到设置，可以设置"二维码防作弊模式"，防止代签到现象，如图 3-10 所示。

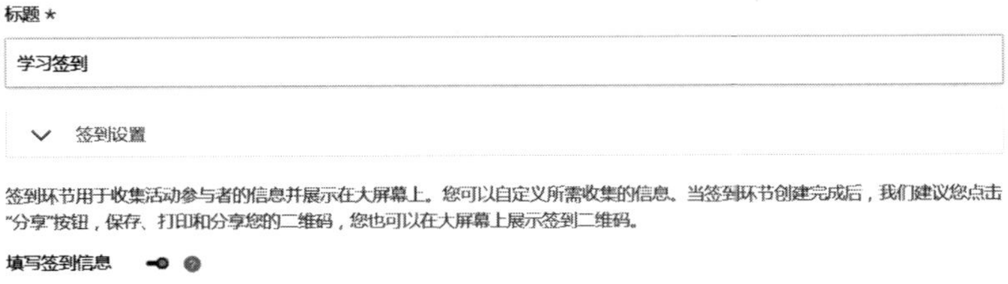

图 3-10　添加签到

(8)"添加提问"操作，点击提问设置，设置学习者对问题的权限，如图 3-11 所示。

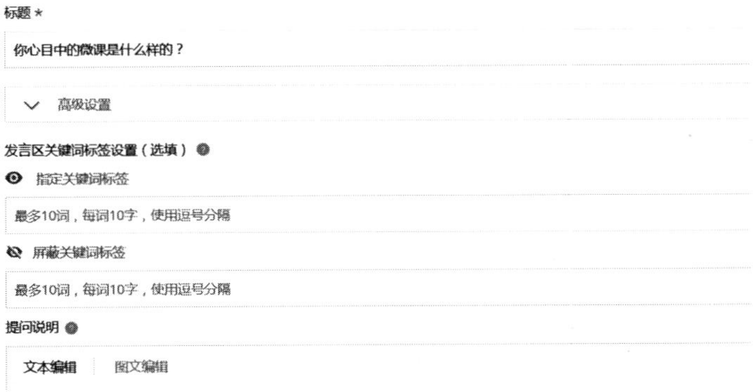

图 3-11　添加提问

(9)回到我的课程，可以看见之前添加的三个互动环节，如图 3-12 所示。如果你需要把某一小节活动内容发送给学生分享，就点击"分享"，出现相应环节的二维码与链接，下载二维码进行分享；如若是在现场，则可以点击"大屏幕"查看学习者给出的回答，进行讨论与分享，如图 3-13 所示。

图 3-12　已经添加的三个互动环节

图 3-13　把教学活动内容分享发送给学生的设置

2. 手机移动端 UMU 学习平台的使用

(1)在安卓手机上的应用商店，或苹果手机的 App Store 搜索关键词"UMU"，下载并安装。

(2)登录账号或点击新用户注册，进入首页，点击右上角的"＋"创建课程，填写课程名称，并根据需要进行其他的一些设置，设置完成点击右上角的下一步，如图 3-14 所示。

图 3-14　在手机上创建 UMU 课程

（3）点击最下面的"添加课程环节"，出现添加内容、添加环节等；与电脑端同样的操作，根据课程设计需要添加内容与互动环节。

（4）添加好需要的互动环节后，回到基本页面，点击最底下的"课程"可以看见所创建的课程与自己参与的课程，点击"微课的设计与制作 2.0"，看到所添加的两个互动环节，点击"学习群"，可以在群里进行互动、留言等，如图 3-15所示。

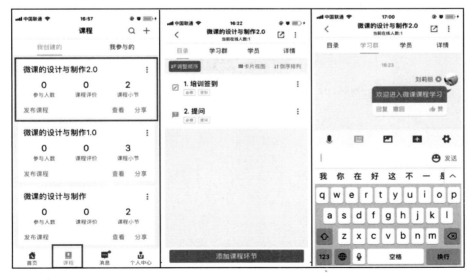

图 3-15　手机端设计的课程、小节和学习群

（5）如果在课程中需要增加互动环节，点击工具栏的"＋"出现可以添加的环节，添加的互动环节直接在学习群里出现，学习者点击即可进行参与，如图 3-16 所示。

图 3-16　添加互动环节

读者要进一步学习了解 UMU 的教学功能，可登录 UMU 官网或者用手机扫码深入学习，如图 3-17 所示。

图 3-17　深入学习 UMU 的使用

二、雨课堂 >>>>>>>>

（一）雨课堂概述

雨课堂是学堂在线与清华大学在线教育办公室共同研发的智慧教学工具，是提升课堂教学体验，让师生互动更多、教学更为便捷的一个教学工具。它将支持课堂师生互动的强大功能嵌入 PowerPoint 工具栏中，教师使用微信扫描登录就可以将带有慕课视频、习题、语音的课前预习课件推送到学生手机，师生沟通及时反馈；课堂上实时答题、弹幕互动，学生可以根据自身理解对不懂的 PPT 内容进行标记，教师能看到学生对知识的掌握情况。雨课堂教学能实时、客观、全面的反映当前的教学状态、课程的进展、学生的状态，进而有效解决一线教师的教学需求。

(二)雨课堂的使用方法与教学组织策略

在雨课堂官网下载安装应用程序(https：//www.yuketang.cn/，访问日期：2020-01-14)安装后，雨课堂会自动嵌入 PPT 的工具栏中，如图 3-18 所示。主要分为三大功能块，一是课堂教学，掌控课堂进度；二是插入题目，可以设置课堂随练；三是资源制作，可以创建试题，检验学生学习情况。

图 3-18　雨课堂键入 PPT 的工具栏

打开已经准备好的教学 PPT，使用微信扫一扫登录手机端，这样，教师上课可以利用手机来翻页并控制学生手机的屏幕；点击"开启雨课堂授课"，弹出对话框，点击"开启雨课堂"，如图 3-19 和图 3-20 所示。

图 3-19　课堂教学中使用雨课堂

图 3-20　课堂教学中开启使用雨课堂

雨课堂呈现二维码，教师使用手机微信扫描二维码，点击进入课堂控制课堂进度；学生使用手机微信扫描二维码，进入课堂，认真听课，如图 3-21 所示。

图 3-21　扫码进入课堂教学活动

教师点击"开始上课"，教师的手机开始掌控课件，使用手机翻页。

如若在此页 PPT 需要向学生发送试卷考查知识点，则点击试卷，点击确认发布(注：试卷的制作是在准备 PPT 时事先做好的)，如图 3-22 所示。

课程结束，点击"结束"，"结束本次授课"，会提示电脑端同步结束授课，点击"结束"。

结束课程后，教师可以进入手机端的管理后台页面，可以把上课的课件发布给学生，也可以发布试卷、公告。

注：在上传课件之前，是先点击"上传试题/手机课件"，之后方可在手机上查看课件或试题。

点击已发布的试卷"PPT 插件的学习"，可以查看学生的完成情况，进行数据统计。

提示：PPT 中加入雨课堂插件后，会使打开速度变慢，如若长时间不使用雨课堂，可以关闭插件，方法是点击"文件—选项—加载项—转到"，点击需要关闭的插件即可，不需要卸载。

图 3-22　手机发送试卷

三、微助教 >>>>>>>

（一）微助教概述

微助教是华中师范大学心理学教师和华中科技大学专业团队设计开发的一款基于微信的教学工具，这是从教师角度研发的促进课堂教学互动和有效管理的应用程序，操作简便、方便实用，支持课堂签到、课堂测试统计、课堂讨论、互动答题等多种互动教学活动，以游戏化思维鼓励学生积极参与课堂互动，以便捷操作支持教师积极开展课堂教学实践与创新，提高教学效率。通过微助教，学生可以用手机在课堂中签到、答题和讨论、课堂研讨、虚拟论坛发言，平时作业和小测验等都可以记录下来，并为教师提供结果分析和数据可视化，教师可对学生学习全过程进行持续观察，进行发展性评价。

（二）微助教的使用与教学

登录微助教官网（http：//portal.teachermate.com.cn/，访问日期：2020-01-14），打开手机微信扫描即可登录。

点击"添加课堂"，填写课堂名称，例如，我们准备一堂课的主题是"数字故事的设计与创作"，点击"保存"；出现新建的课程，注意左下角的编号，是学生进入课堂的"钥匙"，如图 3-23 所示。

图 3-23　使用微助教添加课堂

点击已经添加的课程，进入教师常用的教学活动设计选项，如图 3-24 所示。

图 3-24　微助教的常用教学活动设计

点击左上角的"课件"，添加课程相关文件。

可以设置学生查看、下载课件的权限，如图 3-25 所示。

图 3-25　设置学生查看和下载的权限

教师打开微信，点击"我的课堂"，可以看到新建的课程"数字故事的设计与制作"。

点击新建的课程，进入教师操作页面，点击"签到"—"开启签到"，学生就可以输入编号进行签到；点击"答题"—"开启"，学生就可以开始答题；点击"课件"—"开启"，学生就可以同步看到教师的课件。

学生打开微信，搜索关注"微助教服务号"公众号。

点击"加入课堂"，输入教师提供的课堂编号 BJ909，加入"数字故事的设计与制作"课堂，参加课堂互动学习，如图 3-26 所示。

点击"签到"，即可签到成功；点击"答题"，完成"数字故事的设计与创作的"题目。

点击"讨论"，选择课堂"数字故事的设计与创作"，点击"确认"，回到初始页面，在对话框中输入自己的观点即可。

图 3-26　学生手机加入课堂活动

点击"课件"—"数字故事的设计与创作"，学生可以查看老师发送的 PPT 进行学习。

【极简教育技术 101】什么是课程管理系统和学习管理系统？

计算机在教育领域的应用始于 20 世纪 50 年代，1958 年，IBM 公司设计出在学校用计算机教小学算术的教学程序，标志着人类历史上计算机辅助教学时代的开始。教育中应用计算机管理教学，经历了课件、内容管理、课程管理系统、学习管理系统、慕课、下一代学习管理系统等发展阶段。

课件(Courseware)是指根据教学大纲的要求，经过教学目标确定，教学内容和任务分析，教学活动结构及界面设计等环节，而加以制作的用于课程教学的计算机软件。例如，教师用来讲授课程内容的 PPT 课件。

内容管理系统(Content Management System，CMS)是教师或者教育机构用于管理教学课程和相关内容的计算机系统，用来创作、编辑、修改、审批、提交、发布教学内容，例如，管理与教学活动相关的课件、文件、表格、图片、数据库中的数据、视频等资料。

课程管理系统(Course Management System，CMS)是指具有组织、呈现、管理和评价课程内容与教学活动，辅助教师和学生开展教与学活动的课程管理功能的计算机系统。例如，世界上著名的 Moodle，Blackboard 等，为师生提供课程内容、在线交流、测验、注册管理等在线管理模块支持在线教育的工具。[1]

学习管理系统(Learning Management System，LMS)与课程管理系统含义相同，是从学习者的视角来认识在线课程管理。学习管理系统的概念源于企业在线 e-Learning 领域，是指用于管理、记录、跟踪、报告和交付培训计划、发布课程，组

---

[1]　黎加厚、赵怡：《课程管理系统(CMS)及其选择》，载《现代教育技术》，2008(9)。

织在线学习活动的计算机软件系统。LMS具有管理在线教学、学习等功能，用于呈现在线学习资源，跟踪和管理学习进程，支持师生和生生之间的协作交互。本书模块三介绍的UMU就是一款适合一线教师使用的学习管理系统和课程管理系统。

慕课，即"大规模开放在线课程"(Massive Open Online Course，MOOC)，这是移动互联网时代课程管理系统和学习管理系统的新发展。慕课率先在美国高等教育兴起，任何想学习的人都可以在线学习大学课程，不受时空限制，这类课程管理系统支持大规模(上万学生)、开放(任何人都可以参与学习)、在线课程管理，包括注册、登录、学生管理、课程管理、测验考试、学籍管理、学习社区，以及师生互动交流等功能。目前，国际上著名的慕课有Coursera，edX，Udacity，国内代表性的慕课有爱课程、学堂在线、华东师大慕课联盟等。

下一代学习管理系统(Next-Generation LMS，NGLMS)，2017年新媒体联盟发布的《地平线报告》(高等教育版)提出下一代学习管理系统将作为未来2～3年获得普遍应用的中期技术。下一代学习管理系统是指支持个性化，满足通用设计标准，并在形成性学习评估中发挥更大作用的灵活学习空间。下一代学习管理系统是基于目前的学习管理系统的发展和革新，它们都支持学生的在线学习，但存在根本区别：第一，目前的学习管理系统侧重学习内容或者学习活动的设计和管理，在某种程度上是传统课堂的在线复制，对学习本身较少关注；下一代学习管理系统更关注学习本身，围绕学生学习而不是以教师或课程为中心进行设计；第二，学习管理系统的学习环境由教师或管理员搭建，而下一代学习管理系统允许学生自主搭建个性化学习环境，自定学习步调；第三，教育机构通常需要重新开发或者升级自身的学习管理系统以应对新技术新理论的发展；而下一代学习管理系统仅需要依据标准开发新的组件，即可实现与原系统无缝连接。[①]

据英国教育技术专家简·哈特(Jane Hart)教授领导的学习与绩效技术中心(Centre for Learning & Performance Technologies)采用专家推荐方式评估的排序统计，截至2018年年底，受到全球用户好评的课程管理系统有：[②]

1. 教育课程管理系统

(1)Moodle。

(2)Canvas。

(3)Blackboard。

(4)Desire2Learn(D2L)。

(5)Schoology。

① 徐振国、张冠文、石林，等：《下一代学习管理系统：内涵、核心要素及其发展》，载《电化教育研究》，2017(10)。

② 资料来源：https://www.toptools4learning.com/moodle，2019-05-19。

2. 学习管理系统

(1)Google Classroom。

(2)Mahara。

(3)PebblePad。

(4)Edmodo。

(5)Degreed。

(6)Axonify。

(7)Totara。

(8)Curatr。

(9)me：time。

3. 国内一线教师常用的课程管理系统

(1)UMU(优幕)。

(2)超星学习通。

(3)速课。

(4)学堂在线。

(5)网易云课堂。

(6)爱课程。

(7)腾讯课堂。

(8)跟谁学。

模块四

小程序丰富教学

> ∧
> ∨
> ∨
> ∨
> ∨
> ∨

一、极简技术的典范：微信小程序 >>>>>>>

（一）什么是微信小程序

微信小程序于 2017 年 1 月 9 日正式上线。对于什么是微信小程序，微信创始人张小龙解释说："小程序是一种不用下载安装就可以使用的应用，用户只需扫一扫或搜一搜就可以使用，实现了应用'触手可及'的梦想，也体现了'用完即走'的理念，不需要担心应用缓存的问题。"简单来说，小程序就是一个不需要下载和安装的应用软件，用户只需在微信搜索小程序，或者通过扫描小程序二维码就能使用它。小程序的目标是"轻量级服务"，它是连接人与人、手机与应用软件、人与物、线上与线下、现实与虚拟空间的接口，是目前深受教师欢迎的极简教育技术之一。

（二）微信小程序的特点

微信小程序无论对于用户还是开发者来说都有很大的优势。

1. 对于用户而言

微信小程序无须下载，用完就走，用户省流量省安装，面对一些不是经常使用但又刚需的应用，小程序可很快帮助用户体验；小程序不占手机内存，大大节省手机内存空间，使用起来很流畅，不卡顿，延长手机使用时间；小程序的使用不需要多余的跳转，一步到位，它追求打开就用，操作极简；虽然小程序最大不超过 5M，但使用体验堪比原生应用程序，与微信无缝打通，不需要注册登录等烦琐操作，更没有应用程序默认的开启广告，也不会主动给用户发送提示消息，迫使用户接受繁多无用信息。小程序界面和操作流程统一，用户使用起来非常简单；附近的小程序可以让用户不管到哪里都可以了解周围有什么商家，方便生活，提高生活效率。小程序为教学工作增添了一个新约利器，让教师"一看就懂，一学就会，打开就用，一用就灵"，真正解决教学中的实际问题。

2. 对于开发者而言

小程序的开发成本低、耗时短、相对简单、漏洞少、流畅程度高。开发一个小程序，只需一名设计人员、一名前端开发人员，还有一名服务器端开发人员即可，相对应用程序来说大大减少了人力与资源的需求和成本，而且完成一个小程序的开发大概一周时间就可以做到。这样小程序开发者可以将更多的财力、人力、精力放在如何运营好产品，做好内容本身上，获取更多的用户，得到更多的口碑与利益，树立自己的品牌。

（三）微信小程序的发展现状

小程序是基于微信 10 亿用户平台的，小程序刚推出的两年的时间里，已有 150 万的开发者加入小程序的开发应用中，有 100 万的小程序上线，最高日活量达到 2 亿。目前，在中国有 2300 多家公司专门从事小程序开发，小程序注册开发者超过 150 万。小程序的开发越来越成熟，应用越来越广泛。

现在小程序的打开方式已有十余种。

(1)小程序二维码。线上线下通用小程序的二维码扫描，直接快捷。

(2)搜一搜小程序。在搜索栏键入关键词直接搜索，立即使用。

(3)分享好友和微信群。用户自由分享给好友或微信聊天群，增加互动与交流话题。

(4)附近的小程序。在小程序搜索框的下方有五公里范围内的商家小程序推荐。

(5)与公众号关联。关联公众号，有阅读有服务就有小程序的入口。

(6)客服消息发送。公众号后台，信息发布直接嵌入小程序链接。

(7)小程序浏览历史。只要之前浏览过的小程序都会保存在小程序搜索下方，以便下次使用。

(8)置顶小程序。常用的小程序可以置顶，快捷进入。

(9)公众号菜单跳转小程序。公众号菜单跳转直接打开小程序。

(10)小程序相互跳转。小程序关联另一个小程序，直接跳转打开。

(11)微信消息页面下拉。下拉消息页面在搜索栏上方会出现最近常用的小程序。

小程序使用极其方便的特征，服务面广泛，大多数免费为用户提供服务，越来越多的用户喜爱使用这种极简技术。

二、适合教学使用的微信小程序 >>>>>>>

　　小程序使用方法：打开手机微信，点击微信主界面下方的"发现"—"小程序"，在上方搜索框里面输入小程序名称，即可打开使用。只要用户使用过一次，以后就会自动罗列在小程序列表中。用户还可以把常用的小程序置顶或者"添加到我的小程序"，今后使用更加直观方便。

　　使用苹果平板电脑的用户，需要把微信更新到最新版（6.7.3 以上），在微信的"发现"中，就会看到"小程序"出现在平板电脑上。

　　微信小程序易用实用，几分钟就可以学会使用一个小程序，用户只要知道某个小程序的名称，就可以在小程序搜索框中立即打开使用。

(一)教学实用小程序推荐

1."群里有事"小程序

　　使用"群里有事"小程序可以在微信群里发布通知、活动、投票等，简单实用。

　　(1)打开手机微信，在发现页面点击小程序，在搜索框中输入关键词"群里有事"，即出现"群里有事"的小程序，点击进入该小程序页面，如图 3-27 所示。

图 3-27　在手机微信里面打开使用小程序

　　(2)点击最底端的"＋发布"，点击"发布通知"，如图 3-28 所示。

　　(3)输入通知的标题"作业"，输入通知的内容"完成语文 13 课的背诵，生词抄写"，点击"确定"，可以看到通知的样式，如图 3-29 所示，点击"发布到群里"，完成通知。

图 3-28 发布通知

图 3-29 通知式样

(4)如若需要修改，点击该通知，在右下角点击"编辑通知"即可进行修改；在通知页面下端还可以看到发布的通知的查看人数，可以确定哪些家长查看了通知，哪些家长没有查看通知。

2.“分组宝”小程序

在课堂上展开小组协作学习活动必定会涉及分组，分组有很多策略，使用手机上的小程序“分组宝”是基于微信群的一种新型分组策略，十分有趣，而且省时省力效率高。

（1）打开微信，点击微信右下角的发现图标，找到小程序图标，输入关键词“分组宝”，点击进入分组宝小程序页面。

（2）点击“用户授权”开始创建分组，点击右下角“＋”创建分组，填写分组标题“活动分组”，分组的总人数为 36，分 6 组，幸运数字可以设置指定每组的临时召集人组长，点击“创建”，分组活动就创建好了，如图 3-30 所示。

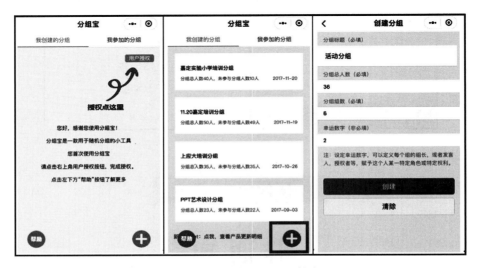

图 3-30　使用小程序“分组宝”创建小组

（3）显示分组明细，可以查看分组情况，如若创建分组的人也参与分组则点击“一键分组”，成功分配到第 2 组，如图 3-31 所示。

（4）点击“分享”，可分享到班级活动群中，群里全班的学生各自点击分组宝的分组信息，就随机进入被分配的小组中，点击“一键分组”即可参与分组；回到该小程序首页，即可查看或左滑删除分组。

（5）小组内成员可以互动交流，共同研究创建小组名称，确定小组学习公约，开展小组研修活动等事宜。

3.“小打卡”小程序

大家都说坚持 21 天就可以养成一个好习惯，教师可以利用“小打卡”小程序发布主题，让学生坚持打卡，逐步养成良好的学习习惯。小打卡特别适合组织团队主

图 3-31　分组宝显示
分组情况

题活动，开展群体智慧学习研究，群体成员相互督促帮助，互相分享思维成果等。目前很多班级团队活动，教师专业发展的混合式培训班作为热捧的极简教育技术平台。

在中小学和大学教育中，教师可以利用小打卡给学生布置主题作业，让班级同学通过小打卡上交作业，同伴之间互相点评鼓励，进行翻创式学习，教师可以检查点评作业，保存学习的历史记录，成为学生数字画像的电子档案袋。

(1)打开微信，点击微信右下角的"发现"图标，找到"小程序"图标，输入关键词"小打卡"，点击进入"小打卡"小程序页面。

(2)点击左上的"＋新建打卡圈"，输入该圈子的名称，如"每天阅读一小时"，添加相应的标签，点击"创建"，填写标题"阅读第一天"，选择文字形式添加内容"上传阅读的视频，撰写读后感"，点击"发布主题"，如图 3-32 所示。

图 3-32 建立小打卡的活动主题

(3)点击创建的打卡主题可以看到第 1 天的详细信息，可以直接分享到微信群或分享给微信好友；点击"新建打卡主题"创建第 2 天的打卡主题，持续创建打卡主题，持续打卡，如图 3-33 所示。

(4)点击"管理后台"可以查看打卡的人数，如若完成任务与未完成任务有奖罚，则可以设置"契约金"，设置坚持打卡的天数和坚持下来后可以得到的奖金数，增加趣味性与挑战性。

(5)点击"设置"，可以设置每天打卡的消息提醒时间，点击"邀请好友"生成主题打卡的二维码，可以保存分享到朋友圈、微信群等，如图 3-34 所示。回到首页可以看到创建的"每天阅读一小时"打卡主题。

图 3-33　创建打卡主题和持续打卡

图 3-34　小打卡的设置

关于小打卡的更多功能和培训教程，读者可以登录小打卡官网深入学习(https：//www.sharedaka.com/，访问日期：2020-05-13)。扫描图 3-35 的二维码可以进入小打卡使用方法问答学习。

4."微软 AI 识图"小程序

有时候阅读一本书，看见优美的段落或者励志的语句会动笔摘抄下来，但很费时间；有时候教师备课希望把教材或

图 3-35　小打卡使用
方法问答

现代极简教育技术

教参上面的文字放到 PPT 上面使用，需要打字录入；参加各类培训班和会议，想把会场主席台屏幕上的 PPT 文字记录到笔记本上，建议读者尝试使用"微软 AI 识图"小程序，只需要用手机拍下 PPT 或者书本上的文字照片，即可把拍照的图片上面的文字识别成文本文件。

(1)打开微信，点击微信右下角的"发现"图标，找到"小程序"图标，输入关键词"微软 AI 识图"，点击进入"微软 AI 识图"小程序页面。

(2)直接拍照(或者点击"相册")，对着屏幕上面的文字拍照，或者选择要识别的文字图片，点击右下角的"下一步"上传图片，点击"开始扫描"，即可识别出图片中的文字。

(3)点击下边栏目的"复制"就把文字复制到手机缓存中，再转到手机的笔记软件，即可把刚才识别出的文字粘贴到自己的笔记中。

(4)"微软 AI 识图"小程序同时还提供了编辑文字、翻译、导出 Word 文件等功能供用户选择使用。

类似"微软 AI 识图"小程序的其他小程序还有传匛识字、拍图识字、识字君、传图识字全能王等，功能都很强大，读者可以自行体验。

5."班级成绩管理"小程序

教师每一天的工作中，布置学生作业、批改作业、考试测评、批改作业和试卷、学生的考试成绩分析、与家长沟通学生考试情况等，工作量很大。许多老师反映"班级成绩管理"小程序对他们的日常教学工作帮助很大。

班级成绩管理小程序由教评网开发，用于帮助教师进行学习自动统计、智能分析班级成绩，助力家校沟通的小程序。班级成绩管理小程序免下载、免安装。教师只需要在教评网上传学生成绩的 Excel 成绩表，即可自动统计、多维度分析、多形式呈现，包括学生的分数区间、走势对比等精准分析，并且方便分享给家长仅查看自家孩子的成绩，即时反馈这阶段孩子的学习情况，促进家校沟通及时了解学生学习情况。

"班级成绩管理"小程序使用方法简介。

(1)在微信发现页面点击"小程序"，输入关键词"班级成绩管理"，点击进入班级成绩管理小程序，如图 3-36 所示。

(2)点击"管理"—"创建新班级"，选择教学的学段与年级，输入班级，点击"新增班级"，点击新增的班级 3 班添加考试成绩，如图 3-37 所示。

(3)点击"＋考试记录"，输入考试名称"期中考试"，得到授权码"67npg4"，在网页输入网址 www.jiaoping.com，(访问日期：2020-01-15)上传成绩，如图 3-38 所示。

图 3-36　进入小程序"班级成绩管理"

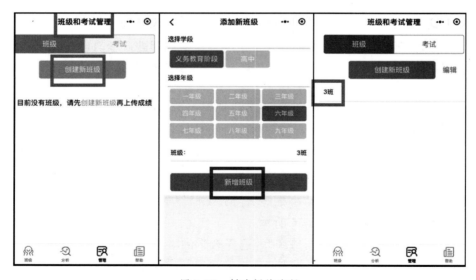

图 3-37　创建新的班级

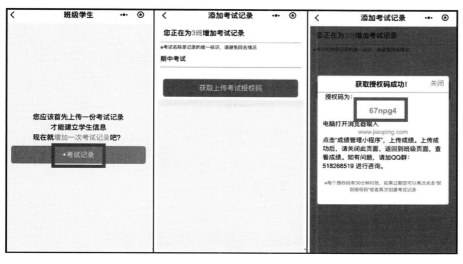

图 3-38　考试成绩的管理

(4)点击右侧的"成绩管理小程序"，输入授权码"67npg4"，点击"提交"，如图 3-39 所示。

图 3-39　提交学生成绩

(5)选择考试的时间 4 月 11 日，并可以下载考试成绩统计表模板，直接把学科分数复制进去相应的学科即可，如图 3-40 所示。

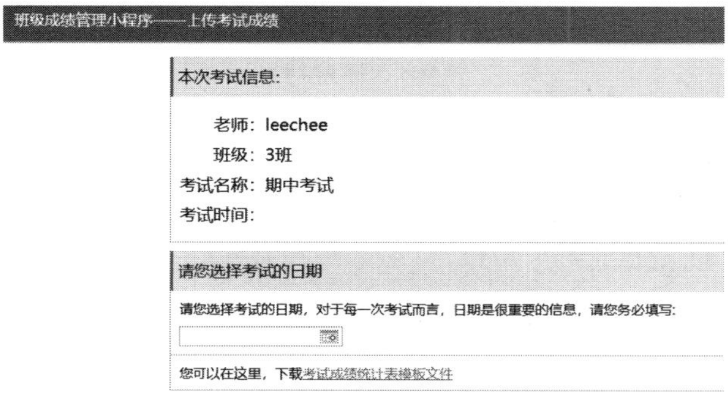

班级成绩管理小程序——上传考试成绩

本次考试信息：

老师：leechee

班级：3班

考试名称：期中考试

考试时间：

请您选择考试的日期

请您选择考试的日期，对于每一次考试而言，日期是很重要的信息，请您务必填写：

您可以在这里，下载考试成绩统计表模板文件

图 3-40　考试管理

(6)点击"浏览文件"，选择学生成绩统计的表格，点击"上传文件"即成绩上传成功，如图 3-41 所示。

图 3-41　学生成绩上传

(7)回到手机微信班级成绩管理小程序，点击"成功上传"，点击"班级"，选择英语，即可以看到期中考试英语的成绩曲线，上传的成绩越多，折线图越明显，越能反映班级英语阶段性的成绩变化实际情况。

(8)点击"班级二维码"，保存二维码发送到家长群，家长识别二维码输入自家孩子姓名查看期中考试成绩；点击"查看学生排名"，出现学生的排名情况；或是点击"群分享"一键将成绩分享到家长群；点击"评语"，教师对学生这次的考试进行点评，家长可以看到教师的评语，及时得知孩子在学校的表现；点击学生名字，可以查看学生的历次考试成绩曲线图，如图 3-42 所示。

图 3-42　学生成绩查询

(9)点击"分析"，选择班级 3 班、英语、期中考试，即可以看到期中考试的统计分析，点击"优秀率"查看 90 分以上的优秀学生，如图 3-43 所示。

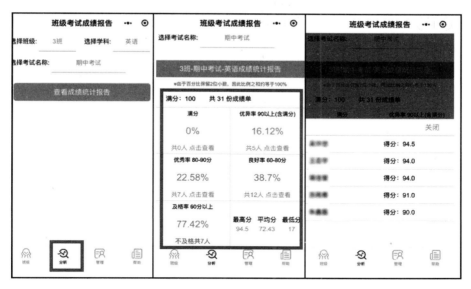

图 3-43　学生成绩分析统计

三、教师常用教学小程序汇集 >>>>>>>

现在涌现出的上百款教育类小程序覆盖了各学科教学、考试、班级管理、作业布置等，可供教师辅助教学与办公，丰富教学策略，提高教学和工作效率。下面汇集了适合各学科教学使用的小程序，供读者参考使用。使用方法：打开手机微信小程序搜索框，输入小程序名称，就可以使用体验。

这里需要给读者说明，随着时间的变化，图书上介绍的小程序和 APP 软件可能会随着时间动态变化，有的升级迭代，有的失效，有的从免费变成收费，或者广告太多不适合教学使用，也有的从收费变成免费开放，还有的软件开发公司倒闭了，又有新的软件涌现出来，需要读者在使用的时候亲自测试。

表 3-1　按照学科分类的小程序推荐

学科	小程序名称及功能简介
语文	**汉字转换拼音**：适合小学语文老师或家长，输入中文可立即转换为拼音（带声调），转换结果支持复制，方便老师制作练习或课件。 **一把刀词典合集**：综合类词典小程序，包含中文字典、成语词典、英汉及汉英词典，查询结果也比较详细，可作为师生学习工具电子书。

学科	小程序名称及功能简介
语文	**诗词文言文**：快速精准查询中国古典文献（不占手机空间，快速查询）。囊括了中华历代诗词、名句、古诗词朗诵，文言文，古文典籍，如《论语》、《中庸》、《大学》、《孟子》、《礼记》、《史记》等，涵盖中华古典文化精髓，号称全网最全古文典籍，令人叹为观止，这是学校开展中华文化教育教学的宝贵资源。 **小学诗词 365**：快速获取小学有关的古代诗词，包括必背诗词等。 **西窗烛**：提供中国古代诗词、文学作品等，还提供了丰富多彩的学习分类方式，如选集、主题、写景、节日、节气、时令、词牌、中小学多版本课本等，供读者从不同的视角学习中华古代文献知识。 **万有诗词查询**：提供 80 多万首诗，可以输入文字进行查询，用于组织有关诗词的教学活动。 **成语猜猜看**：学习成语的活动平台，提供了成语题库，猜猜成语游戏，成语接龙等活动。 **小猿古诗文助手**：检索古诗词，给出赏析和解释，有考点推荐，帮助学生学习理解古诗词。 **诗词荣耀**：答题比赛，寓教于乐，以我国传统经典古诗词为基础的题目设置，在用户答题的过程中传播我国传统文化，丰富学生古典诗词相关知识。 **为你诵读**：提供丰富的权威朗诵示范，可以作为学习诵读的宝贵资源。 **新华字典**：手机上的新华字典，让学习无处不在。 **更多体验**：读者可以尝试打开微信的小程序搜索，使用"诗词"、"文学"、"阅读"、"作文"等关键词进行搜索，发现更多的小程序。
数学	**公式大全**：汇总初高中的数算、物理公式大全。 **小学数学口算练习助手**：适合小学数学训练口算。 **新世纪小学数学**：北师大版小学数学教材免费为师生提供的教学辅导资源。 **小学数学点读人教版**：配合人教版小学数学教材的点读机。 **数学电子书**：汇集了多版本的小学数学电子书。 **公式大全**：汇集了初中高中的数学、物理的公式。 **MathDrawer**：手机上的函数图像绘制软件。更多发现：读者可以尝试使用"小学数学"、"初中数学"、"高中数学"等关键词，自行搜索发现更多的小程序，进行测试和体验。
英语	**每日英语故事**：每天阅读一篇英语文章，提升英语的阅读理解能力。 **每日英语电台**：这是 China Daily 和微软亚洲研究院联合推出的英语阅读和听力训练的小程序，内容十分丰富。 **扇贝每日英语**：提供每日一句英语名人名言、电影台词、热门歌词等，可供英语爱好者每天碎片化学习，长期坚持能够促进英语听说能力提升。 **英语语法手册**：提供基础的英语语法知识。 **天天练口语——英语日语韩语**：提供英语，日语和韩语的口语练习对话，提供丰富的英语精选听力训练。 **英语自然拼读——少儿小学家长助手**：帮助学生学习英语的自然拼读，包括幼儿，小学段的单词拼读，听力训练等。 **点读英语 ABC**：小学英语点读，矫正学生英语发音。 **讯飞翻译**：支持语音翻译和文本翻译，中文对译英语、日语、俄语、韩语。

学科	小程序名称及功能简介
	懒虫背单词：专业英语学习软件，包括高中英语，四六级，考研，托福，雅思，SAT，GRE，GMAT，行业英语等，科学记忆学习词汇，查词提供例句，满足背单词的需求。 **网易有道词典**：提供中英日韩法德葡俄多语种的翻译。更多发现：读者可以尝试使用"小学英语"、"英语"、"翻译"等关键词，搜索发现更多的实用小程序，帮助你的学习生活。
思品 时政	**人民日报**：人民日报的小程序。 **人民日报 FM**：利用人工智能语音合成，每天自动语音播报时政新闻。 **新华答题**：时政类学习，设有"好友竞赛"、"全网排位赛"。新鲜出炉的时事政治考题测评活动。 **新华社微阅读**：主流媒体及时报道最新时政新闻。 **环球网精选**：依托《环球时报》，立足全球视野，动态报道最新的国际国内时政新闻信息。
艺术	**吉他社**：提供丰富的吉他谱和演奏视频供用户学习。 **我要写歌＋**：供用户体验创作歌曲，只需要输入四句歌词，然后自选不同的伴奏，情绪等，即可制作歌曲。 **音乐站**：这是 QQ 音乐支持的小程序，为用户提供丰富的音乐。 **钢琴优课**：免费的儿童学习钢琴的辅导课程，涵盖目前儿童钢琴教学的各种教材版本，配合教师讲解和示范弹奏的微视频。 **简笔画 365 搜索工具**：使用关键词搜索动物和人物简笔画资源。 **简笔画画板**：供儿童涂鸦、画画的平台。 **AI 神奇艺术画画绘图**：提供人工智能辅助的神奇画笔，你画我猜等功能，可以激发学生绘画的想象力。
编程	**Python 入门指南**：零基础自学 Python 的入门教程。 **少儿编程入门课**：面向 7—16 岁儿童学习编程的入门课程。
儿童	**儿童睡前故事大全在线听**：适合孩子的故事多多。 **儿童英语单词卡**：图文并茂的儿童英语卡片。 **宝宝儿歌**：丰富多彩的儿童故事，童谣，儿歌，动画，英语等适合学龄前儿童学习。 **儿歌多多**：提供丰富的儿歌、动画、故事等。 **红鼻鹿思维训练**：分为 3—4 岁，4—5 岁，5—6 岁，幼升初阶段的活动训练，适合幼儿园教师教学使用。 **简笔画大全动物简笔画**：提供丰富的动物简笔画，可用于学前教育备课参考。 **幼儿简笔画**：各种动物简笔画，可用于学前教育。简笔画小画板：丰富的简笔画范例，可供儿童学习参考。

学科	小程序名称及功能简介
班级管理	**小打卡**：团队建设，围绕主题展开交流，支持文字，图片，语音。 **班级成绩管理**：可即时统计学生成绩，智能分析学情数据，还可邀请科任老师或校领导协同管理班级，还有电子评语等班务管理功能。成绩管理教师端和家长端都可导出成绩报告，多维度分析展示学生的学习能力，帮助教师和家长更全面了解学生情况；教师端导出的报告包含分数段统计等数据，辅助老师做教学质量分析，教师端可导出评语，尤其适合期末工作。 **小小签到**：签到打卡记录平台。 **分组宝**：组织微信群里面的学员随机自动分组。 **班级小管家**：家校沟通的小程序。教师可以通过班级小书童发布作业和通知，家长确认作业或通知，并进行反馈的小程序。班级群小管家分为教师身份和家长身份，教师身份可以对班级进行管理，同时发布作业和通知等，可以在发布通知的过程中选择家长是否反馈；家长则根据提示，对教师布置的作业进行反馈。班级群小管家还具有班级相册、通讯录、课程表等功能。
综合（各学科）	**中国国家地理畅读**：《中国国家地理》杂志的移动读物。 **国家哲学社会科学文献中心**：免费提供国内期刊文献阅读。 **小猿搜题**：学生只需将题目拍照上传搜索，即可出现答案解析，帮助解决学生不会的作业。 **地理经纬位置查询**：打开立即可以查询用户所在地点的地理位置，经纬度。 **视听地理**：转为地理学科的小程序，提供丰富的地理知识和地理学习素材。 **历史朝代**：快速查询中国历史朝代信息。 **物理万题斩**：提供初高中物理习题分析。 **化学小测**：提供初高中化学知识学习和测验。 **化学元素周期表**：强大的元素周期表，介绍元素的化学性质等。 **化学 e+**：包括化学元素查询，化学计算，化学实验室管理等。 **初中化学汇总**：人教版初中化学总复习资料。 **识花君**：一款利用人工智能识别花草的小程序，包括 3000 多种常见花草，拍照上传，立刻识别。 **初中生物大全**：学习初中生物的资源汇集。 **BMI 指数**：免费计算你的身体健康指数 BMI 值。
办公	**腾讯文档**：支持随时随地移动办公和协作办公，可创建和编辑 word 和 Excel 文件，支持多人协作，云端同步，浏览权限可控，可邀请单人或群组加入文档协作，适用于多人协作学习编辑和信息收集。 **石墨文档**：支持多人实时办公，协作写作，云端存储的办公系统。 **MindLine 思维导图**：极简的制作思维导图的工具。 **种子时间**：一款极简的时间管理工具。 **番茄闹钟**：根据"番茄工作法"设计的时间管理小程序。 **美历时光**：帮助学生管理课程和时间管理的工具。 **忆加**：可以建立多个档案管理，支持协作学习。 **没有我找不到的文献**：辅助科研搜索文献资料，转发你的邮箱，搜索文献时需要文献 DOI 号。

现代极简教育技术

学科	小程序名称及功能简介
	群里有事：在微信群发送通知，组织活动。 **腾讯投票**：提供单选，多选投票和投票统计。 **快投票**：支持文字投票、图片投票、快速提问、定日子和去哪儿等五种投票方式和新颖的投票模板。 **手持弹幕**：将手机变成文字显示的屏幕。 **图片文字识别**：拍照文字图片转文本。 **识字全能王**：拍照识字，包括印刷体、手写体、表格图片，还支持图片翻译。 **草料二维码**：这是草料二维码官网的小程序，可以在手机上做二维码，如果用户需要有关二维码统计分析功能，可以到草料二维码的官网处理。 **智能文档助手**：能够永久收藏微信公众号、简书、知乎专栏等平台的文章，还可以一键导出成 pdf 和 word 格式文件发送到你的邮箱。 **随机抽**：随机的抽签、抽奖模拟器，用过一次后没网络也能使用。 **小萝卜报名**：支持群里考勤、打卡、点名，积分，协同工作。 **微软 Office 文档**：支持手机上处理 word、Excel、PPT 等文件。 **印象笔记**：支持印象笔记的 APP 版和电脑版，同步笔记。 **百度网盘**：支持用户云端存储资料。
人工 智能	**配音神器 pro**：输入文字，即可输出标准配音。 **微软 AI 识图**：微软公司在国内推出首款人工智能小程序，可将你拍照或上传的图片转为 PPT 或 PDF，还支持传图识字、翻译，表格还原以及长图拼合的功能。拍照识别印刷体文字，表格等。 **传图识字**：支持印刷体和手写体的文字识别。 **讯飞快读**：可以拍文读字、收听订阅号文章、粘贴/输入文字进行朗读，可以用于制作配音、收听网页文章、听书等。 **配音神奇 Pro**：免费将文字转成语音。 **录音转文字助手**：免费将一段语音生成文字，也可以实时将语音生成文字，帮助用户实现语音实施转换文字。支持文件识别。 **AI 自动抠图**：可以便捷地操作人像抠图，自动与任意背景图片合成，利用人工智能实现一键 P 图，将两张图片加工整合，照片更换背景，图片的缩放，旋转，设计不同的效果。 **百度 AI 体验中心**：提供图像技术(包括通用文字识别，身份证识别，手写识别，火车票识别，身份证识别等多种识别功能)，人脸识别，情绪识别，手势识别，人体识别，语音识别，语音合成，自然语言基础技术等。 **讯飞 AI 体验栈**：介绍人工智能的智能语音、计算机视觉、自然语言处理等技术的应用，如语音听写。方言识别、语音合成、手写文字识别 OCR、名片识别、人脸对比文本翻译等新技术的体验活动。 **多媒体 AI 平台**：快速搭建有关图片，视频，文本，语义等智能应用，如图片智能裁剪，通用 OCR 文字识别，语音识别图片等。 **更多发现**：读者可以尝试使用"AI"、"智能"、"智慧"等关键词，自行搜索发现更多的基于人工智能技术的小程序，进行测试和体验。

学科	小程序名称及功能简介
微课制作	**美篇**：支持文字，图片，背景音乐，视频制作 H5 格式手机微课。 **乐秀视频剪辑**：视频剪辑加工工具，手机视频编辑。 **小影**：照片加工处理。 **录音转文字助手**：支持将一段语音生成文字，也可以实时将一款语音转成文字。快剪辑：手机上做视频。 **微软听听文档**：智能辅助将 PPT 或图片配音，智能化制作微课。
生活便捷	**形色识花**：扫描植物，辨识植物种类。 **快递 100**：查快递，寄快递，上快递 100，微信上就能查询。 **换算**：国内外计量单位快速换算。
其他	**朝夕微课**：支持丰富的微课听课和教学活动。 **微课推荐**：介绍丰富的微课程资源。 **PPT 资源库**：推介 PPT 资源。 **花瓣 lite**：动图搜索，表情包，配图工具。 **有道乐读**：面向儿童的阅读园地，培养阅读思维。 **蜗牛睡眠**：提供 42 中大自然声音，助眠音乐以及睡前故事，适合用于基于脑科学教学活动的放松活动。 **小睡眠**：提供丰富多彩的辅助脑波音乐，促进大脑休息，可供基于脑的教学策略选用。 **朝夕日历 Pro**：时间管理类小程序，为你提示重要的节日日期，同时你也可以在里面添加你的行程，输入开始时间与结束时间以及日历分类即可，到时提醒。

【极简教育技术 101】如何在电脑上使用微信小程序

微信小程序最初是专门为手机上的微信拓展功能设计开发的，无需安装软件，打开就用，用完就走，不占内存空间，操作极简。现在，越来越多的功能强度大的小程序受到用户的欢迎，如果小程序的功能需要在电脑上使用，你可以登录微信官网，下载安装微信 PC 版，打开后选择左下方的"小程序"图标，搜索你需要使用的小程序，这样就可以在电脑上使用微信小程序了。

表 3-2　小程序辅助教学设计举例

教学设计	教学活动	教学策略	微信小程序
资料收集	备课	收集教学参考资料和新创意	PPT 资源库、凤凰新闻 lite、花瓣 lite、音乐站、图片文字识别、道客阅读没有我找不到的文献
课程框架	搭建课程框架	脚手架	思维导图 lite
教学过程	课程引入	提问	群里有事
	讲授新课	视频	朝夕微课
		讨论	学习效率计时器(时间倒计时)
	动手实践	小组协作	忆加(线上)
		记录	印象笔记微清单
	课间活动	基于脑科学的教学活动	小睡眠
	展示交流	互评	抓阄做选择
	评价与反思	去粗取精	有爱清单
教学总结	总结	知识内化与提升	课堂观察 KetangX
课后练习	布置作业	知识巩固与强化	小打卡

【极简教育技术101】帮助教师获得更多极简教育技术资讯的微信资源

读者可以在微信公众号搜索中，找到一些热心介绍教育应用程序的公众号，它们每天都会推荐一些新的适合教师在教育教学中使用的应用程序和小程序。

(1)课堂漫话。

(2)高效率工具搜罗。

(3)青春博长。

(4)学为师范。

(5)手机教授。

(6)知晓程序。

(7)信息化教学创新。

(8)数字学习工具。

读者可以在微信文章搜索中，输入关键词：教育 APP 金榜，可以看到中国教育报等媒体评选推荐的公认的优秀教育 APP 资源。

模块五

信息时代的社会化学习环境

一、社会化学习与知识建构　>>>>>>>>

(一)什么是社会化学习

信息技术迅速发展的时代，通过新媒体，人们可以相互交流，共同形成集体智慧，这种新的教学方式即为社会化学习(Social Learning)。

社会化学习理论(Social Learning Theory)是由著名的新行为主义心理学家阿尔伯特·班杜拉(Albert Bandura)于 20 世纪 60 年代创立的。社会化学习理论指出，人的学习是一个群体社会化交互活动，这种社会化的学习活动包括观察学习、交互决定和自我调节三个部分，强调学习者在社会化环境中的观察学习，重视环境影响和自我调节的相互作用，学习是在群体之间的互动交流中间逐步形成认知和智慧的。社会化学习理论如图 3-44 所示。

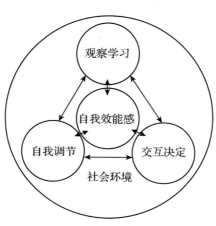

图 3-44　班杜拉社会化学习理论

1. 观察学习

人的学习是在社会环境中，通过观察和模仿他人的行为表现来获取知识技能和态度价值观的。

2. 交互决定

学习活动是在个体与社会环境、他人的行为表现之间相互作用、互为影响，逐步导致学习主体的认知和行为发生变化的。强调在社会化学习过程中行为、认知和环境三者的交互作用。

3. 自我调节

学习者会通过自我观察、自我评价和自我体验反应对自己的行为和认知进行自我调节。在学习活动中，学习者本身的内在驱动力、认知结构和价值观主导自我调节作用，从而影响学习者主体的社会行为。

4. 自我效能感

学习者通过对当时所处的环境和自身条件等因素的判断，对自己能否在一定水平上完成某一活动所具有的能力判断，对能否获得结果的把握预期。学习者对效能感预期越高，就越倾向做出更大努力，越能够坚持；效能感预期越低，就会受到负面情绪影响而放弃。[1]

班杜拉提出的社会化学习理论在世界教育发展中产生了广泛的影响，对指导一线教学中促进学生主动学习、榜样学习、激励教育、培养学生的自我效能感等，有着重要的指导意义。

中国古代著名教育家思想家孔子(公元前 551 年—前 479 年)十分重视社会化学习对人的发展的作用。子曰："三人行，必有我师焉；择其善者而从之，其不善者而改之。"(《论语·述而》)。意思是：多个人一起走路，观察别人的言行举止，必定有值得我学习的地方，看到别人的优点去学习；看到别人缺点，如果自己有的话，要注意改正；如果没有，就要加以防备。从孔子的这一段论述，可以归纳出社会化学习的基本要素和模型："三人行，必有我师焉"，这里的"三"在古代泛指多，很多的意思。"行"指人们在一起从事共同的活动，也就是说，社会化学习的前提，是有多人，在一个共同的社会环境里面，从事共同的事情，或者说，有共同关心的话题。"必有我师焉"，这里的"师"，不是指老师，而是说人人皆可以为师，人们可以互相观察，他人可以成为自己观察学习的榜样。在这里，不同的人存在各自的特点和差异，如果都是相同的无差异，就谈不上学习什么。"择其善者而从之，其不善者而改之"包含了自己首先要判断什么是"善"和"不善"

---

① 参考资料：百度百科班杜拉社会学习理论，https：//baike.baidu.com/item/%E7%8F%AD%E6%9D%9C%E6%8B%89%E7%A4%BE%E4%BC%9A%E5%AD%A6%E4%B9%A0%E7%90%86%E8%AE%BA/3533205，2020-01-18。

的价值观，然后学习优点，改正缺点。类似于班杜拉提出的交互决定和自我调节。孔子的关于社会化学习的思想，主要考虑的是人群，社会环境，人们共同的活动和主题，人们之间的互动和相互影响，自我判断和调节五个要素。我们用可视化方法描绘，一图读懂孔子的社会化学习思想，如图 3-45 所示，包括以下六个要素。

(1)在共同的社会环境中，有共同的空间。

(2)多个人在一起，共同构成社会群体。

(3)这些人在一起有共同的活动(项目、主题、任务、共同的话题等)。

(4)每个人观察他人的榜样。

(5)个体做出自我价值判断(分析判断善或不善)。

(6)自我调节，行动。(择其善者而从之，其不善者而改之)

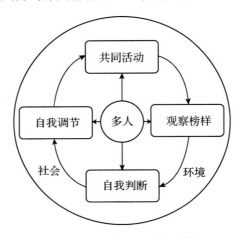

图 3-45　孔子的社会化学习模型图

上面的分析可以看到，从孔子到班杜拉的社会化学习理论，都是从个体自身如何在社会化环境中相互影响和自我学习来思考的。

进入 21 世纪后，面对社会信息化的巨大变化，人类获取知识的方式发生了重大变化，建构主义学习理论开始流行，新知识观兴起，教育更加关注群体知识建构和集体智慧发展，关注信息化时代社会化学习的结构性变化。与班杜拉和孔子关于社会化学习的理论相比，由于移动互联网时代新技术的普及和全媒体人们交流传播方式的革命性变化，社会化学习的组成要素也发生了重大的变化。

(1)社会化学习的时空无限扩展。

(2)信息传播和交互决定的速率加快，互动的物理时空缩小至 0。

(3)学习者可观察可模仿的资源无限扩展。

(4)海量信息和复杂化的社会变化让学习者主体的自我判断和调节更加重要，

同时也更加困难。

（5）更加强调合作学习而不是个别探究，注重群体社会化学习和群体知识建构。

（二）什么叫知识建构

20 世纪 70 年代，加拿大多伦多大学的卡尔·爱德华·布莱特（Carl Edward Bereiter）和玛琳·斯卡达玛利亚（Marlene Scardamalia）两位教授提出知识建构理论（Knowledge Building，KB）。知识建构理论认为，学习的发生不仅仅是学习者个体的认知活动，而且必须是社会化的群体认知活动，是群体认知（团体知识，共同的认知，共有的观点、知识、智慧、价值观等）的发生、形成、发展和不断完善的过程，这个过程不是个人知识的简单相加，也不是个人知识的简单平均，而是在参与社会化的群体交往活动中，学习者个体之间通过互动交流、展示、分享、讨论、质疑、协商、修正等共同学习活动，逐步形成共识，共同融合发展提高的结果。知识建构理论特别强调集体智慧的形成过程，关注知识建构的互动生成，主张充分运用新技术支持群体的认知活动。

知识建构理论在现代社会的各个领域都得到了广泛的应用，人们注意到，当今最成功的研究团队、企业、医院和学校课堂都有一个共同特点：他们知道如何将个人想法转化为集体知识和综合实力，这种学习型组织被称为"知识建构社区"，在知识建构社区发生的学习活动的特点如下。

（1）每个成员都在为越来越多的信息做出贡献；

（2）重新定义学习，学习就是创造新知识，成为每个成员最重要的工作；

（3）团体中的共享知识带来创新和绩效增长。

在群体社会化学习的知识建构过程中，信息技术能够支持在传统面对面的学习活动中所无法实现的许多功能。

（1）提供团体交流的空间，能够拓展学习的时空，给学习者提供交流、分享的平台，展示想法，记录思维发展轨迹，把每个人的内隐思维活动可视化，更便于分享学习。

（2）搜索他人的想法，文献、作品等学习资源。

（3）制作、展示学习作品和保存作品的数字化档案袋。

（4）学习者进行互动、评价，聚合思维，整合想法，形成集体智慧的过程记录和集体智慧画像。

20 世纪 80 年代，加拿大约克大学和多伦多大学安大略教育研究所为了帮助和支持知识建设社区的协作学习活动，开发了"知识论坛"教育软件（Computer Supported Intentional Learning Environments，CSILE），即计算机支持的有意学习环境。CSILE 被认为是第一个为社会化协作学习而设计的网络系统，这是一个支持群体知识构建过程而设计的在线群组工作空间，学习者个人和团体都可以在平台上展示自己的想法，共享信息，可视化呈现，发起合作调查，共同建立新想法，并自动记录和回顾学习历程，追踪群体知识形成过程等。①

知识论坛支持学生多人在线分享认知活动过程，提交自己的想法，并可视化展示学习者团队成员动态交互活动轨迹，用户可以选择不同的视角来记录知识建构，如图 3-46 所示。

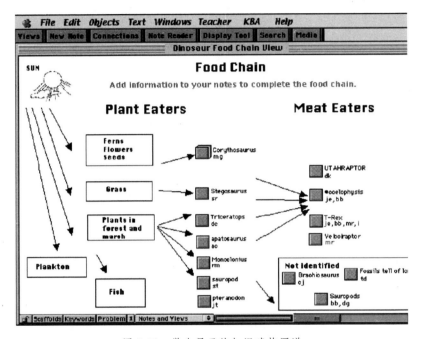

图 3-46　学生展示的知识建构图谱

在国内，北京、成都、南京等地的师范大学和部分中小学也引进了进行社会化学习的实验研究。如图 3-47 所示，知识论坛上的学生学习活动。②

(三)社会化知识建构的教学策略

移动互联网时代的社会化学习，在班杜拉和孔子的社会化学习的基础上，在个体学习的基础上，知识建构理论更加关注新技术支持下的群体知识建构和集体智慧的形成。2002 年，斯卡达玛利亚提出了促进学习者知识建构教学设计的 12 条原则，对教师开展社会化知识建构学习活动有重要的参考价值。在中国，北京的数课云平台微信公众号系统介绍了知识建构理论，并积极在中小学开展基于知识建构理论的教改实验活动。

---

① 资料来源：知识论坛，http：//www.knowledgeforum.com/，2019-05-01。
② 引自数课云平台微信公众号 2016 年 9 月 4 日发表的《知识论坛对知识建构的支持作用》。

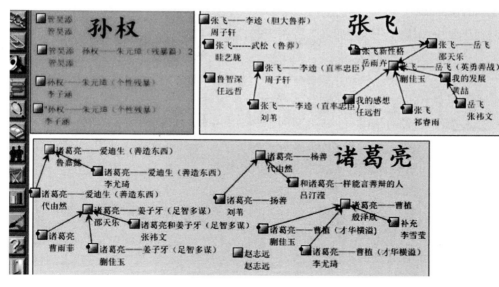

图 3-47　知识论坛上的学生学习活动

信息化环境下群体的社会化知识建构需要具备以下五个条件，群体的社会化学习和集体智慧才可能发生。教师在教学设计和组织社会化知识建构的项目活动时，可以参照这些条件来完成，如图 3-48 所示。

图 3-48　社会化知识建构

1. 共同的空间

需要创建一个能够让学习者聚集在一起互相学习的空间，包括面对面的实体空间，如课堂、培训班场地、小组讨论地点等；还需要创建一个虚拟在线的交流和展示每一个人的思想和作品的空间，如支持移动互联网学习环境的微信群、QQ 群，支持多人群体共同创作的平台系统，各种课程管理系统的学习空间等。

2. 共同的主题

大街上的路人，尽管很多人挤在一起，处于共同的空间，但是没有一个共同关心的话题，学习就不会发生。组织社会化学习的社群要有一个共同的主题，如一项任务、一个项目、一个主题活动、一个讨论的话题等，这是产生社会化学习的基本条件和出发点。

3. 独立思考的氛围

如果人们的思维同质化，都是一样的想法，没有差异化，就没有交流和互动发生，也就没有任何学习可言。只有鼓励大家独立思考，充分发表和交流每一个人的批判性思维和独立见解，才会产生新的创意和差异化学习的条件。这样，学习者个体可以根据班杜拉和孔子的社会化学习理论的自我判断和自我调节的思维方法，主动向他人学习，不断提高。

4. 集中群体智慧的机制

如果一个群体的每一个人都有自己的独立思维，而没有聚合成集体的认识，那就变成了一盘散沙，整体的智慧没有形成。所以，一个善于学习的群体，或者称为"学习型组织"，必定有一套聚合众人智慧的集中机制，让个体的智慧转化成集体的智慧和整体的行动，这就是我们常说的"民主集中制"。这种集中大家智慧的策略和机制，可以是隐性的文化认同，潜移默化方式；也可以是显性的组织纪律和制度的约束；还可以是个人魅力，大家信任智慧领袖的判断并认同优秀代表人物的智慧。

5. 信息技术支持

现代社会化学习需要技术的支持和信息化环境。在古代，社会化学习只能够发生在人们面对面的实体现场。现在，移动互联网技术将社会化学习拓展到全球化空间。全媒体时代让每一个人都有麦克风，任何时间、任何地点的任何人都可以互动交流，极大地丰富和拓宽了社会化学习的物理时空和参与的人群，同时极大地提高了交流的速率和效率，让学习的发生加速，知识和智慧的产生和传播加速，社会化学习进入知识和智慧"爆炸"的时代。

(四)社会建造主义的 4P 教学原则

信息时代促进社会化知识建构和集体智慧发展的另一个实验，是来自美国麻省理工学院媒体实验室研究团队提出的建造主义学习理论和 4P 教学原则。

建造主义的提出者是美国麻省理工学院的西蒙·佩珀特教授(Semour Papert)，他是人工智能和建造主义运动的先驱之一。他与沃利·福伊尔齐格(Wally Feurzeig)和辛西娅·所罗门(Cynthia Solomon)共同发明了 Logo 编程语言。基于自身童年时代的动手操作学习感受和设计 Logo 编程语言的体验，佩珀特提出了建造主义理论。他指出："建造主义单词'Constructionism'中的'n'与建构主义单词'Constructivism'中的'v'相对——共享建构主义对学习内涵的解释,即无论在何种环境下,学习都是'建立知识结构'。建造主义的学习特别适合发生在学习者有意识地参与建造公共实体的情境下,无论这个实体是沙滩上的沙堡还是宇宙理论。"[1]

社会建造主义从群体社会关系之间的相互理解和影响来看建造活动,认为建造是一种社会过程,建造源自学习者群体不断的对话和互动,注重建造过程中的人与人之间的互动和交流。[2]

建造主义主张学习者要通过动手建造实体来理解一切。

(1)主张通过制造来学习(Learning-by-Making)或通过设计来学习(Learning-by-Design),即通过设计或制作物品来建构知识。

(2)学生制作物品在知识建构中起着核心作用,建造物品是"用来思考的对象"(Objects-to-think-with),包括现实世界和数字世界中的各种物品(如诗歌、沙堡、程序、机器、人、游戏等),学生可以在与建造物品的互动、反馈中思考自己的思考和学习自己的学习。

(3)社会互动,主张师生在参与设计、讨论、制作物品的互动中建构知识。

(4)技术中介的学习环境是建造主义学习方式的重要资产,特别重视创建微世界和计算性丰富的材料——微世界(如 Logo、Scratch、乐高玩具套件等),基于计算机的交互式学习环境。

(5)学习过程的两种建构,第一种是皮亚杰的内在心理建构;第二种是佩珀特强调的建造外在实体,它是实现内部理解性建构的途径。

(6)倾向于具体思维的学习风格,认为具体思维可以与抽象思维达到同等的高级程度。[3]

麻省理工学院媒体实验室的终身幼儿园小组设计开发了 Scratch 编程语言和在线社区的方式,受到建造主义的启发,提出从"项目、热情、同伴、玩耍"四维度,来指导 Scratch 软件设计和 Scratch 在线社区的管理。2018 年,主持设计开发 Scratch 的米切尔·雷斯尼克教授(Mitchel Resnick)出版《终身幼儿园》一书,在书中总结了开展培养学生创造性教育的 4P 原则。雷斯尼克指出:要在一个社会化群体学习活动中促进学生创造力的发展,教师需要根据 4P 原则来设计和组织教学活动,如图 3-49 所示。

(1)项目(Projects)。

学习者在积极参与有意义的项目时,激发学习兴趣,不断产生新想法,并动

---

① 王旭卿:《佩珀特建造主义探究——通过建造理解一切》,载《现代教育技术杂志》,2019(1)。
② 崔占鹏:《基于社会建造主义的在线学习活动设计:以〈应用 Mcodle 开展教学〉开放课程为例》,硕士学位论文,陕西师范大学,2014。
③ 王旭卿:《佩珀特建造主义探究——通过建造理解一切》,载《现代教育技术杂志》,2019(1)。

手设计作品、反复提炼。

(2)同伴(Peers)。

学习作为一种社会活动促进知识建构,学生在与他人互动合作中,分享想法,共同进行创造性学习。

(3)热情(Passion)。

热情、兴趣、激情、酷爱等心理状态,是学生主动沉浸学习,长时间坚持工作和不断完善项目的动力,学生在这样的过程中学到更多。

(4)玩耍(Play)。

大脑处于游戏玩耍的状态是培养创新思维的基础,学习中包含有趣的试验,让学生在玩耍中体验新事物、修补材料、测试极限、承担风险、反复尝试。[1]

图 3-49　群体创造性学习的 4P 原则[2]

二、用技术支持社会化知识建构 >>>>>>>

教学中选择支持社会化协作知识建构的工具软件,需要考虑如下方面。

(1)能够支持群体互动,多人共同创作,展示自己的想法和成果。

(2)满足移动互联网时代不同终端的信息共享,能够跨平台,云端同步信息,支持不同的操作系统。

(3)操作极简,无学习障碍,使用方便。

(4)具有较强的管理功能,用户可以自定义权限,信息安全。

(5)对一线教师和普通用户免费,能够让每一位师生有良好的体验。

(6)面向未来,能够逐步提供人工智能的支持(如支持语音输入、图像识别、智能助手等)。

---

① 蓝天:《融合 4P 原则的初中 Scratch 教学设计与实践研究——以上海某中学国际部 6 年级 Scratch 教学为例》,硕士学位论文,上海师范大学,2018。

② [美]米切尔·雷斯尼克:《终身幼儿园》,赵昱鲲、王婉译,34 页,浙江,浙江教育出版社,2018。

下面介绍社会化知识建构教学活动中的几个软件实例，供读者参考。

(一)使用思维导图辅助可视化知识结构

XMind 是一款实用的思维导图软件，简单易用、美观、功能强大，拥有高效的可视化思维模式，具备可扩展、跨平台、稳定性的性能，帮助学习者提高学习效率，促进有效沟通及协作。

(1)在网页输入关键词"思维导图"，搜索下载，并在电脑上安装软件。

(2)打开软件，点击"新建空白图"，创建主题思维导图。

(3)双击主题框输入关键词"微课设计与制作"，右击鼠标"插入""子主题"。

(4)给子主题"什么是微课程"添加子主题(分支)"10 mins 以内"；右击鼠标插入子主题或选中子主题框按键盘的"Enter"键添加同级主题，如图 3-50 所示。

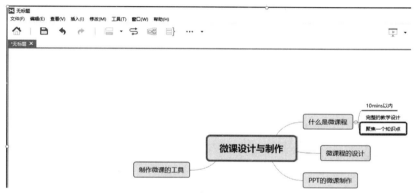

图 3-50 创建思维导图

(5)选择子主题"什么是微课程"，右击鼠标"图标""优先级"，确定该子主题是第一任务，再为其他主题确定任务优先级，如图 3-51 所示。

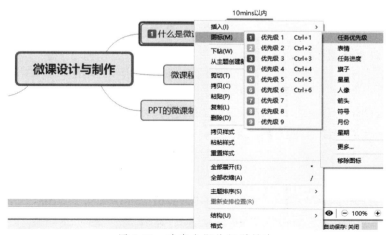

图 3-51 确定主题的级别层次

(6)如若两个子主题之间有联系，点击左上工具栏的联系符号，再点击起始点"PPT 的微课制作"，将箭头拉向终点"制作微课的工具"，建立两者之间的关系，如图 3-52 所示。

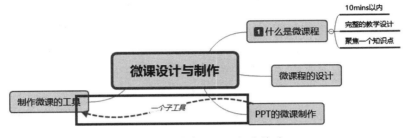

图 3-52　确定主题之间的关系

(7)点击右边工具栏的大纲图标，显示此次思维导图的大纲概要，如图 3-53 所示。

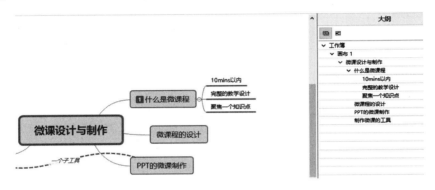

图 3-53　思维导图的大纲视图

(8)完成思维导图的建构后，点击右上角的导出图标，把思维导图以图片的格式导出。

【极简教育技术 101】思维导图简介

英国著名心理学家、教育学家东尼·博赞(Tony Buzan)是思维导图发明者，思维导图是用来可视化组织人脑思维信息的图形工具，操作很简单却又很有效，是一种实用性的极简思维工具。东尼·博赞在《掌握思维导图》一书中提出了 10 条思维导图法则(绘制思维导图的 10 个要点)。

(1)空白纸做好横向定位。

(2)在空白纸的中心画一个中心图像(中心概念)。

(3)从中心展开不同级别的思维层次，不同的图像应该出现在整个思维导图。

(4)概念的关键词要大写。

(5)每个关键字都应该有自己的"分支"。

(6)思维的绘制记录，应该像树枝伸展，流动并逐渐变细。

(7)掌握好平衡树枝的长度。

(8)尽量使用大量的颜色。

(9)用箭头和线强调要点。

(10)让你的思维导图最大化空白，干净清晰。

目前，世界上受到用户好评的思维导图工具软件有：

(1)FreeMind。

(2)Wisemapping。

(3)MindMeister。

(4)Mindjet。

(5)XMind。

(6)百度脑图。

手机上的思维导图软件有：

(1)思维导图。

(2)XMind。

(3)MindMaster。

(4)3A 思维导图。

(二)使用腾讯文档支持社会化学习

腾讯文档是腾讯公司开发的一款面向移动互联网时代支持多人协作在线编辑文档的社会化学习工具，完全免费，可以同步支持网络版、手机版(安卓、苹果)、微信小程序、电脑版等。当多人同时编辑处理文档的时候，可以看到每一个编辑者的操作，自动处理编辑冲突，保存每一次编辑的文档不会丢失，很方便对编辑的记录进行回溯查看。自定义每篇文档的编辑和查看的权限，信息安全有保障。

腾讯文档的数据收集功能很强，对于个人资料收集、通讯录收集、活动报名、培训报名、各类统计收集等操作极其方便。

使用方法：

(1)电脑端。

直接在浏览器里输入地址 docs. qq. com，(访问日期：2020-01-17)，也可以在网页里搜索"腾讯文档"，然后点击下方的蓝色按钮"立即使用"，就可以用微信或 QQ 直接登录腾讯文档。

(2)手机端。

在手机应用市场输入关键词"腾讯文档"，直接下载免费应用程序软件安装使用。

(3)小程序。

打开手机微信，找到小程序，输入腾讯文档，直接打开使用。

下面以手机微信小程序——腾讯文档的使用为例，说明如何创建和编辑腾讯文档。

打开手机微信，找到小程序，输入腾讯文档，直接打开使用，点击手机屏幕右下角的"＋"(添加一个新的任务)，然后选择文档类型，如图 3-54 所示。

图 3-54　腾讯文档类型选项

腾讯文档支持"在线文档""在线表格""在线收集表""导入微信文件"进行编辑等功能。如果选择"在线文档"，就进入了文档模板选择屏幕，系统提供了丰富的模板供用户自选，也可以使用空白模板直接编辑自己的文档。如果选择"在线表格"，就进入了表格模板选择屏幕，系统提供了不同情况的表格模板供用户自选，也可以使用空白模板直接编辑自己的表格。用户还可以将自己编辑好的文档存为我的模板，以后可以直接打开"我的"选择自己喜欢使用的模板。

用户选择好模板之后，就可以编辑文档了，其操作方法与过去使用 Word、Excel 相似，操作简便。

用户随时可以点击屏幕右上角的三个小圆点，转发文档给自己微信中的联系人(可以多选)，或者发送到微信群里，让微信群里的联系人点击打开文档，共同浏览和编辑文档。进入共同编辑文档的朋友可以在手机屏幕上方，看到究竟有多少人同时在线编辑该份文档，以及编辑的进度和各自编辑的文字变化情况。

未来，腾讯公司将发布基于微信的 PPT 功能，腾讯文档的在线 PPT 功能与腾讯文档一样，支持多终端同步、多人同时编辑和共享，支持远程演示，用户可以随时在线查看和修改。

基于微信生态系统的文档功能将会逐步完善，并完全兼容 MS Office 的 Word，Excel，PowerPoint，支持微信群多人共同编辑分享，同步支持手机移动端、网页端、电脑端和小程序，极简操作，很适合移动互联网时代的群体社会化协作学习和工作。

(三)使用"集记"记录团队协作学习活动

"集记"小程序是发起一个主题，引入彼此完全平等的参与者，共同基于主题进行创作的团队协作工具。

(1)点击微信"发现"页面的"小程序"，在搜索框输入关键词"集记"，点击"集记"进入小程序页面。

(2)点击右下角的铅笔图标(编辑)，输入讨论的主题名称，添加讨论内容，发表自己的建议与观点，完成输入。

(3)点击右上角的三个小圆点"…"，点击"转发"，可以将该主题发送给朋友，或者邀请朋友也参与该主题的讨论，参与者都可以看见题主的观点，还可以点击观点进行修改，或点击添加内容发表自己的观点，还可以实时查看参与者发表的观点。

(四)使用微信组织社会化学习

微信是日活量超过 10 亿的社交平台，微信在社会化学习中起着重要的作用。现在，几乎各地的各类培训班都有自己的一个班级活动群，每次培训都有属于这次主题的学习群，学习者在群中上传资料共享，在群中下载共享资源；学习者互相交流和评论，公众号的每日优秀文章推送，或者点击链接查看会议直播或回放，等等。微信让社会化学习轻松变成了现实。

(五)使用"小打卡"小程序开展主题活动

在微信朋友圈的基础上，社会化学习和知识建构可以使用小程序"小打卡"来辅助学习者互动参与。社会化学习活动的组织者可以创建一个小打卡主题，然后分享到微信群，参与的老师每天坚持打卡，发布自己的观点与想法，同伴相互学习、相互评价，还可以回看整个学习历程的记录。

(六)使用"沪江 CCTalk"进行视频直播

CCTalk 是一个直播教学工具，通过多屏终端为师生们提供实时互动的教学体验；它支持在线聊天、在线学习，有学习中心模块的直播课堂等多种功能。

沪江举办的"互加计划·美丽乡村网络公益课堂"利用 CCTalk 进行网络视频直播，给贫困地区的教室带去优秀教学资源与课程，跨地区跨学校进行学习。北京师范大学教授在 CCTalk 平台直播课程，全国万名乡村教师同步在线参与学习，这些都是社会化学习的一种模式，相互学习，共同成长。

教师使用 CCTalk 平台进行网络直播的操作方法。

(1)在网页上搜索 CCTalk，下载客户端并安装。

(2)使用手机号进行注册登录；点击会话进入会话区，点击底部的"＋"新建公开群，并根据操作步骤提示与自身的教学内容进行群资料填写。

(3)新建"课程学习"群，点击"＋创建直播"，选择"立即直播"。(如果想提前预告则可选"发布预告"确定直播时间)

(4)点击"讲义库"提前上传直播的讲义，这样学习者可以根据讲义实时学习，点击右下角的"完成检测"。

(5)点击"讲义库"—"演示讲义"，在直播屏幕上展示讲义内容。

(6)如果想让学员看见自己的头像更好地进行互动，点击"摄像头"—"开启摄像头"。

(7)下方出现直播者的头像，如果不需要头像，鼠标移到头像上，点击转为语音即可关闭摄像头。

(8)一切准备好之后，点击"开始录制"，进行直播。

(9)学习者和教师都可以在直播讨论区域发表自己的观点与意见，进行互动。

(10)点击"下麦"可以关闭说话，但没有结束直播(视直播情况需要而定)。

(11)直播内容讲完之后，点击"结束直播"，确定直播结束。

(12)直播者可以查看直播学习者的参与情况。

三、线上线下混合式团队协作平台 >>>>>>>

顺势而起的线上线下混合式协作平台快速发展，成为支持社会化知识建构和团队工作不可或缺的生产力工具。下面介绍适合团队协作在线可视化工作的免费软件。

(一)会议桌

会议桌是一款免费的在线协作白板，为团队协作提供了一个高效、实时的工作平台，支持课堂教学、线上教学、远程会议、线上工作坊等，用户可以使用文本、图形、视频、语音、演示和共享等全套协作功能。

使用方法：登录会议桌官网下载安装软件，就可用多种沟通协作方式为你的创意想法添加图片或进行任务管理，把控项目进度。利用远程同伴功能可以与伙伴同步编辑屏幕上的所有内容，会议桌应用商店也提供了更多应用供用户选择使用。

(二)微软白板(Microsoft Whiteboard)

微软在 Microsoft Office 的基础上，发展了支持团队协作的 Microsoft Teams (微软团队)和 Microsoft Whiteboard，并进一步整合推出微软支持元宇宙的平台 Microsoft Mesh，构成线上线下互动、虚实融合的混合式工作环境。

Microsoft Whiteboard 已经整合到 Office365 系统，支持桌面版和网络版。用户在微软官网注册微软账号后，可在微软商店免费下载安装微软白板，也可以直接登录微软白板官网，注册后在线工作。

Microsoft Whiteboard 给用户提供了一个无限大的虚拟画布，团队成员可以使用白板开展协作活动，在上面任意涂鸦，发表想法，使用画笔、文字、注释、形状、线条、思维导图、流程图、贴纸和各类模板来尽情表达自己的想法，开展组织会议、互动讨论、头脑风暴、作品展示等活动。

练习题 >>>>>>>

1. 思考题：为什么说小程序是极简主义在技术领域的成功运用？

2. 设计题：使用"小打卡"小程序，设计一个关注当前热点话题的主题活动。

3. 制作题：结合自己的教学，创意设计 3～5 个适用于不同教学活动的二维码供教学使用。

4. 分析题：收集与自己教学相关的小程序和应用程序资料，归类分析它们的特点。

教与学的建议 >>>>>>>

1. 第三部分主要介绍让课堂教学异彩纷呈的极简教育技术。教师学习如何手机投屏，课堂互动；如何用好小程序改变教学，建设教学朋友圈的技巧，有关社会化学习，知识建构和新知识观的理论；如何将面向移动互联网时代变化的新型教学方式落地。这部分的教与学，强调理论联系实践，做中学，实践中体验。

2. 鼓励学生主动探究，发现更多的新技术、新资源用于教学。

3. 通过孔子治学的历史故事和现实生活中的学习型组织范例，深入研究社会化学习方式在日常教学中的运用。

4. 转变教学方式，组织小组协作学习，通过微信群和其他方式的社会群体学习环境，创设活动主题，让每一个学生在主题活动中体验社会化学习和集体智慧形成的过程。

闻之不若见之，见之不若知之，知之不若行之。

——荀子《荀子·儒效》

第四部分学习目标

通过第四部分的学习，学习者应达到下列目标。

1. 了解"好的教学设计"的基本原理，并能够指导自己的日常教学设计。

2. 观摩、分析极简教育技术在学科教学中的运用案例，能够根据自己的实际教学情况，设计更具创意的教案，并在实际教学中实施。

3. 根据极简教育技术的教育思想，对教师培训项目进行再设计，删繁就简，增加更适合参训学员需求的教学策略和极简教育技术支持。

4. 结合自己的教学实践进行教学反思，注意总结每一次教学活动的成功和不足，在下一次教学活动设计中进行迭代改进。

5. 掌握在线教学设计原理和方法。

第四部分

极简教育技术环境下的教学设计

模块一

时代变化与教学设计的新发展

一、顺应时代发展的教学设计 >>>>>>>

新媒体、新技术和新设备的出现，正在加速改变人们的学习方式。公交地铁上随时带本书看是一种利用碎片化时间学习的典型场景。手机、平板的出现使得知识的呈现不局限于文字和图片。视频、音频及互动媒体给了人们更丰富的学习内容选择范围。今天的中小学生都已是"05 后"和"10 后"的数字一代，数字化设备伴随他们成长。对他们而言，利用这些设备进行学习是再正常不过的事情。

这些设备也催生出移动学习、翻转课堂、慕课等学习形态，并迅速为人们所接受。今天的大学课堂、图书馆里也随处可见用平板电脑观看网络视频课的场景。

新的技术环境和媒体呈现形式都对教学设计提出新的要求。我们以微视频为例看看都有哪些变化。

从时间上看，目前研究者和开发者大多推荐微课的时长控制在 10～15 分钟。这主要考虑到人的注意力时长和认知负荷。我们不妨看一下有关视频时长的统计。YouTube 视频网站上分享最多的商业宣传视频(2012 年数据)，排名前 50 的平均时长为 2 分 54 秒。在教学领域，有研究者对学习者观看 edX(著名大规模网络开发课程平台之一)上的教学视频进行统计发现，学生对 6 分钟左右的视频参与度更高。这里所说的参与度指的是学生持续看视频的维持程度，以及看完视频回答测试问题的参与程度。

微课与常规课的区别不只是时间上的长短，更是教学设计上的变化。微课并不是把原有的 40 分钟教学简单切分成 10 分钟一段的教学片段。每个微课都有自成一体的内在结构，相对独立，更需要体现微思想的是在教学内容和教法上的设计。

时长上的改变必然对教学设计者提出教法上的挑战——短时间内讲清楚 1 个

知识点而又让学习者印象深刻。此时，我们所采取的不能是简单的切分或是压缩，而是新的教学设计语言。如同 2 个小时的电影和 20 分钟甚至更短的微电影，二者在叙事和影视语言的选择上是有区别的。又比如一篇长文，如果只是机械地敲几下回车键分成几段并不能更好地帮助读者理解。从学习的角度，需要按照内容粒度进行划分甚至重组，再配上一个合适的小标题，成为具有清晰逻辑结构的序列。

二、极简技术环境下的教学设计特征 >>>>>>>

极简教育技术环境的产生是教学认知和技术的不断迭代升级的结果。这需要我们的教学设计者也同样进行设计思维上的不断升级。这里我们从教学设计开发的方式、对学习者的认知和对技术的认知三个维度来描述极简教学设计的特征。

(一)敏捷开发，快速迭代

教学设计一般遵循"分析—设计—开发—实施—评价"的开发流程。这个开发方式虽然能确保系统性，但开发周期比较长，适合有一定规模的教学项目。对于一个学科的教研室或者教师个人，需要更为灵活的开发方式。

互联网产品开发中常用的"敏捷开发"方法很适合用于极简教育技术环境。敏捷开发的核心是持续迭代，允许试错，不断交付可用的产品。以应用程序为例，互联网企业在开发时会快速开发一个满足基本需求的产品，投入市场听取用户的反馈。通过搜集反馈信息，不断改进产品并快速升级版本。产品的形态随着用户的需求持续进化。

上述过程中最重要的是"试用—反馈—改进"的机制。教学设计与开发同样可以借鉴这个方法论。快速设计教学活动，投入到真实场景，观察、获取学习者的反馈，然后调整教学方法或技术，经过多轮实践，形成有效的教学策略。把学习者作为最重要的反馈来源，对其学习行为、结果进行分析。所以敏捷开发的基础是以学习者为中心。

(二)以学习者为中心

以学习者为中心是我们耳熟能详的口号。但在教学设计中，做好学生的学情分析并不等于做到了以学习者为中心。

教学设计师常会有一种认知偏误，既把自己当作教学设计师，又把自己当作内容专家。在设计教学时，把通用性的设计方法套用在各领域中而忽略不同知识领域的特殊性。教师也可能存在类似的认知偏误，把自己学科本体知识的积累等同于教学设计知识的增加。虽然这两者存在相关性，但不可否认这两类并不是完全重合的知识体系。

解决这种认知偏误的方法是引入他者进行合作。典型的教学设计团队人员搭配模式一般为"学科内容专家＋教学设计师"的组合。他们会共同对学习者进行分析，已制定出合适的教学策略。近年来，在设计思潮的进化下，大家又对这一方式进行改进。从为学习者设计(design for learner)向与学习者一起设计(design with learner)探索。

极简的教育技术环境直面学习者，需要快速及时地获得反馈，与学习者一起设计是一种可行的工作路径。

(三)运用适切技术

技术在教育中的运用往往会有两个趋势。一端是技术的拥趸，一有新兴技术就迫不及待运用到教学中。另一端是技术的怀疑者，对技术始终持保留态度，觉得技术是花架子，还增加了不必要的学习成本。

设计领域有一个著名的奥卡姆剃刀定律。它是由 14 世纪英格兰的逻辑学家奥卡姆(William of Ockham)提出的。其核心要义是"如无必要，勿增实体"。从这个角度出发，我们对技术应该采用克制的态度。一个技术的引入，会同时带来技术和教师、技术和学生、技术和教学资源、技术与环境等一系列关系。所以，很多教师对无谓锦上添花的技术是反感的。

当然，极简并不意味什么都舍弃。爱因斯坦有一句名言可以作为奥卡姆剃刀的补充："凡事力求简单，直至不能再简。"[1]在当下的教育环境下，技术既作为教学手段，也作为教学的内容，是不可能避开的。如何在极简中获得平衡，其实是对技术的认知。教育技术领域曾有著名的"媒体派"与"学习派"之争。争论的核心到底是技术本身还是围绕技术带来教学方法改变起到的教学效果。

极简教育技术环境提供了大量的教学工具，教师需要根据识别这些技术的教学功能，选取合适的技术并对应设计与教学内容结合的策略。

三、面向极简教育技术环境的教学设计方法 >>>>>>>

(一)课程教学内容的组成

按照积件的设计思想，我们首先对教学进行设计单位的划分。课程是由一系列有逻辑关系的课组成的。课又可以分解为一系列的教学活动。组成每个教学活动的基础要素是教学内容、教学策略和教学技术。

---

[1] 原文：Make everything as simple as possible，but not simpler。

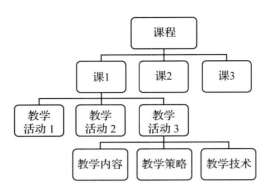

图 4-1　课程教学内容的组成

　　通常我们是以课为单位的，每份教案对应一课时的教学内容。这样划分的实际依据是时间。但更为本质的划分依据应该是教学的内容和需要达成的目标。这里，我们将教学设计的粒度定义为教学活动，把教学按照内容（知识点）进行分解。

　　教学设计在中观层面体现在将课程分解为课和教学活动的序列编排，在微观上体现在对每个教学活动中内容、教学策略和技术的匹配上。

（二）教学内容划分的极简策略

　　根据积件的思想，我们把教学内容分割成一个个知识点序列。需要注意的是，对于不同层次的学习者，知识点的颗粒度也是不同的。在对知识点进行组合教授时，同样需要考虑学习者的认知负荷，对知识点进行组块划分。1956 年，美国心理学家米勒（George A. Miller）发表论文《神奇的数字 7 加减 2》，通过心理学测试，发现人的短时记忆容量为 7±2 个单元组块。2001 年，考恩（Cowan）的最新研究报告显示，短时记忆容量是 4±1 单位。应用程序用户操作界面设计要遵循视觉和短时记忆的心理学规律，最适合用户体验的是 4～7 个功能块组。我们将短时记忆的心理学原理称为极简教育技术的"米勒-考恩定律"（Miller-Cowan's Law）[①]。因此，针对某一个教学主题，建议每一次教学活动安排的学习内容知识点最好聚焦该主题的重点，4～7 个知识点，不宜在一次教学活动中放置太多的知识点教学。

（三）教学策略的设计

　　运用适合的设计语言，给学习者留下深刻的印象。在对教学内容的设计方法中，助记术是常用的策略。如口诀法、首字母缩写、编儿歌、顺口溜等都是教师经常实践的。当下，在很多演讲、PPT、发布会和微信推文中常能看到朗朗上口

---

　　①　黎加厚：《极简教育技术在基础教育领域的兴起》，载《中国电化教育》，2019(2)。

的短小金句。这同样是助记术的运用。

将助记术进行拓展，我们需要对教学进行设计语言上的升级。比如，我们在英国开放大学的 60 秒经济学等微课中可以发现，内容的传授是经过精心设计的，解说词朗朗上口。总结国外的视频课例，我们发现如何把教师的教学思想可视化是非常重要的。比如，可汗的微课受欢迎的原因不是画面设计有多精美，而是他把原原本本的思考过程以初学者的角度阐述出来，带着学习者去思考。

下面我们以微课这种结合了技术，又因时长限制而在教学方法上进行改进的教学形态为例，分析这种设计语言的变化。

1. 层进启发式

层进启发就是先提出问题，然后逐层深入分析问题，最后解决问题。在微课教学设计中运用这种方法，激发学习者的学习兴趣，带领学习者将知识在脑海中一步一步建构，达到理解教学内容的目的。比如，美国老师在给学生们讲《灰姑娘》这一课的时候，抛开了对原先故事的平铺直叙，而是以提问的方式展开，通过一个又一个问题，引导学生思考，进而进行概括总结，这种交互式的教学，激发了学习者的学习动机，锻炼了学习者的思考能力，检验了学习者的理解水平，引发学习者的反思。又比如，微课案例《认识节能灯》，也是通过层层深入的方式展开，先告诉你普通的白炽灯会增加家庭电费以及造成环境污染，其次提出问题，如何避免这种情况，引出节能灯，最后介绍节能灯的益处。这样的教学结构，层次分明，具有启发性。在教学设计过程中经常提出问题，是及时提醒学习者保持注意的好方法，当一个枯燥无味的知识点呈现在学习者眼前时，学习者难免会提不起兴趣，但是当以问题的形式引入，效果就截然不同。因此，设计教学时不妨先提出一些贴近生活的问题，抓住学习者的眼球，提高学习者的参与情绪，再展开下一步的讲授。

2. 类比可视化

类比式就是由两个对象的某些相同或相似的性质，从而推断它们在其他性质上也可能有相同或相似之处。在教学设计中应用类比的方法，能够把抽象的东西变得可视化，增强学习者对知识的理解。比如，美国麻省理工学院的微课《Layers of the Earth》，为了讲清楚地球的各个层以及给学习者一个直观的感受，通过类比地球和蛋糕，模拟宇航员登录地球的过程，探索地球一层一层的物质奥秘，新颖地为我们展示了地球上不同的层以及每一层的成分，这种类型的微课不仅能吸引学习者的注意力，还能调动学习者的学习积极性，一举两得。通常，当教学知识点比较抽象，很难与学习者解释清楚或者学习者难以把握的时候，适当地加入类比手法会使你的微课更加出彩。

3. 倒叙推演式

倒叙是指先介绍教学中最重要、最突出的部分，或者本节课所达成的实验效果，然后再从教学的一般流程开始讲述知识点。教学设计中运用这种方式，可以使你的微课更加形象生动，更引人入胜。比如在讲授化学方程式时，单纯地告诉学习者方程式的写法显然是索然无味的。如果配上相应的课堂实验操作的演示部分，不仅激发学习者的学习热情，还能为学习者提供更为直观的感受。此外，在授课开始的部分播放相关的高清视频作为导入，完美的高清视频确保了实验的真实性与权威性，吸引了学习者的目光，学习者在感叹化学之美的同时，为接下来探究环节埋下了伏笔，这样整节课就会显得更加有意义。又比如，我们在设计有关结构工程学系列的微课时，同样也可以用倒叙的形式展开。在课程的开始部分映入学习者眼帘的是工程的整体结构，教师把最终构造的效果图先展示给学习者，紧接着开始讲述为何如此设计。教师还可以让学生自己探究，如果改变某一结构，会产生什么效果。一开始展示整体效果的目的是使学习者在脑海中建构相关知识，加深学习者的印象，以便学习者形成一个整体意识，后续的探究也能激发学习者的创造性，达到对知识深入理解的目的。总体来说，倒叙式的微课设计更能体现教师的整体意识，对重点难点的把握度要求很高，这就要求教师打破常规思维，不断提升创造能力。

（四）技术与教学内容、策略的融合

从前面所举的微课案例中可以看到，任何一种技术的运用都需要放置在教学内容、针对的学习对象、教学方法的情境下来考虑。如何有效地运用技术就需要教师具备整合技术的学科教学知识，并以使能的视角来看待技术。

1. 技术与教学内容的结合

特定的技术手段能使不易见的教学内容呈现在学习者面前，或使抽象的知识具象化。比如，显微镜让原本不易见到的微观世界呈现出来。而现代的信息可视化技术，AR、VR技术都使得学科内容知识可以以全新的方式呈现在学习者的面前。

2. 技术与教学策略的结合

还有一类技术可以增强和丰富教学方式。例如，本书所介绍的超星平台、UMU、微信小程序等所提供的师生互动要么是增加了原有的互动，要么是创造了一种新的互动方式。

通过学习分析下面模块二介绍的教学案例，让我们进一步探究技术与教学内容和教学策略的组合方式。

【极简教育技术101】什么是积件、学习对象、学习元？

"积件"是本书作者黎加厚在1997年和1998年间于《电化教育研究》杂志发表的《从课件到积件：我国学校课堂计算机辅助教学的新发展》系列文章中提出的教

育软件发展方向。当时，全国各地学校都在发展计算机辅助教学(CAI)课件，许多经验丰富的教师都在反思：辛辛苦苦制作的大量课件为什么很少在课堂教学中使用？文中通过基层学校调查研究，总结了早期课件(courseware)制作的局限性：课件设计基于特定的教学目标与具体的教学情境，成品后不可修改，不能由教师和学生重组改造以适应自己当前的教学，可重用性较差。提出了改革课件设计的新理念：模块化设计、可组合性、可重用性的教育软件设计开发思想。

1997 年 5 月，在华南师范大学召开的首届"全球华人计算机教育应用大会(GCCCE1997)"上，黎加厚与华南师大的研究生和南国农先生讨论了如何解决CAI 课件的应用困难，最后使用了便于理解的比喻——像玩积木一样可以任意组合、重复使用，确定把基于模块设计开发，可组合、重用的 CAI 软件设计方法，命名为"积件"，用来说明课件未来发展的方向。[①] 黎加厚还提出，积件是由多媒体素材库、微教学单元库、资料呈现方式集合、教学策略集合等组成的"积件库"和"积件组合平台"构成系统，具有基元性、可积性、开放性、自繁殖性、继承与发展性、技术规格标准化等特点。积件是课件的进一步发展，早期开发的不可重用的固定模式的课件就像雕版印刷术，而可重用的积件就像活字印刷术。这是根据中国发展计算机辅助教学的实际情况，用来解决当时计算机辅助教育存在的困难而提出的发展教育资源的新思想。

"学习对象"(Learning Object)最早是计算机教育管理协会(Computer Education Management Association)协会会长 Wayne Hodgins 于 1994 年发表的论文《Leaning architectures，API. s and Learning Objects》中提出。2000 年后，随着远程教育 e-Learning 课程兴起，基于计算机程序设计的"面向对象编程"思想，学习对象的概念逐步成为国际上数字化教学资源开发的共识。2000 年 9 月，美国犹他州立大学教育技术专家 David A. Wiley 在《将学习对象与教学设计理论联系起来：定义、隐喻和分类》中对学习对象的定义是："任何可以用来支持学习的、可重用的数字化资源"(David A. Wiley，2000)。[②] 学习对象的特征是：可访问性、互操作性、适应性、可重用性、持久性和粒度。为了便于学习对象在不同公司和组织开发的平台上互通重用，国际标准化组织制定了学习资源标准 SCORM(Sharable Content Object Reference Model，共享内容对象参考模型)和 LOM(Learning Object Meta－data，学习对象元数据)，规定了学习对象的元数据分类、文件格式、可重用学习内容包装等统一标准。

"学习元"是北京师范大学余胜泉教授团队在学习研究积件和学习对象的基础

---

① 黎加厚：《从课件到积件：我国学校课堂计算机辅助教学的新发展》，载《电化教育研究》，1997(3)(4)，1998(1)。

② David A. Wiley. Connecting learning objects to instructional design theory. A definition，a metaphor，and a taxonomy[DB/OL]. http：//www. reusability. org/read/chapters/wiley. doc

上，根据泛在学习的发展趋势，为了满足未来泛在学习对学习资源生成与进化、智能与适应等多方面的需求。2009 年，团队提出了一种新型学习资源组织方式："学习元"（Learning Cell），学习元的定义为：具有可重用特性，支持学习过程信息采集和学习认知网络共享，可实现自我进化发展的微型化、智能性的数字化学习资源。"学习元"具有生成性、开放性、联通性、可进化发展、智能性、内聚性、自跟踪、微型化等基本特征，可以实现学习者群体智慧的共享和学习工具的共享，是促进泛在学习实现的基石之一。[①]

2021 年 4 月，国际标准化组织（International Organization for Standardization，ISO）正式发布余胜泉教授团队制定的国际标准 ISO/IEC 23126：2021 泛在学习资源组织与描述框架（简称"学习元国际标准"），该标准基于学习元（Learning Cell）资源模型，这是第一个在国际标准组织 ISO 通过的由中国主导的教育资源建设领域的国际标准。

现代极简教育技术

① 余胜泉、杨现民、程罡：《泛在学习环境中的学习资源设计与共享——"学习元"的理念与结构》，载《开放教育研究》，2009(2)。

模块二

极简教育技术支持下的教学设计案例

极简教育技术辅助教师在课堂中使用新技术支持教学，根据极简教育技术的理念和从教原则，要以人为本，当用则用，一切为了学生。下面提供十多个不同学科的教学设计案例的极简版，供读者参考。

一、氯气的制取反应 >>>>>>>

【学科】高中化学。

【时间】20 分钟。

【对象】高中一年级学生。

【工具】烧杯。

【活动概述】

在烧杯中简单模拟氯气的制取反应，观察二氧化锰在浓盐酸中加热的反应中所产出的氯气的颜色及其他反应产物，并写出对应的化学方程式。

【设计意图】

"烧杯"应用程序作为一个模拟化学实验的 APP，内置了 150 多种药剂、300 多种神奇的化学反应任学生尝试。只要轻摇设备、滑动手指就能模拟实验操作，安全、有趣、生动，随时随地做各种化学实验。颠覆传统学习方式，让化学变得生动直观，充满乐趣。学生可以在"烧杯"中完成一些不容易实现或者具有危险性的实验，充分感受实验的过程，观察实验的结果。

【活动流程】

教师首先讲解制取氯气的一些常规反应。

教师安排自主探究活动，学生自行设计制取氯气的一般实验。列出实验所需器材及原料，说明每一个器材的使用方法、注意事项及用处。

教师讲解"烧杯"APP 的操作使用，让学生掌握基本操作过程。

教师展示实验在"烧杯"APP 中二氧化锰与浓盐酸制取氯气的一般步骤，并说明每一步骤的注意事项等。

学生在"烧杯"APP中完成各自的氯气制取过程，并观察实验现象，总结实验结果，如表4-1所示。

表 4-1　氯气制取反应实验观察记录

序号	实验原理	实验现象	实验结论
1			
2			

【活动资源】

视频：将二氧化锰放入浓盐酸制取氯气的实验过程。

作业：写出上述化学反应方程式。

【点评】

"烧杯"是一款支持化学仿真实验的APP，能够便捷地将手机变成"烧杯"，"烧杯"应用程序让学生在课堂上就像是拥有一个真正的化学仪器一样，可以安全地、随时随地做各种化学实验，让化学现象变得生动直观。本教案设计充分利用"烧杯"应用程序让学生认识在真实的化学实验室里无法观察到的化学反应原理，比较适合帮助学生理解科学原理，分析化学反应过程，有利于学生学习教学中的难点。

实验教学通常可以分为验证性和探索性。在验证性实验中，应用程序可以让学生熟悉实验流程和操作注意事项，解决实验课时、实验器材耗材有限的问题。在探索性实验中，学生可以进行一些尝试，也可以对自己的假设先进行模拟尝试，然后再用真实器材进行观察。

这里特别需要提醒的是，教师要清醒地记住，在师生使用移动应用程序辅助教学的时候，虚拟的化学(物理、生物)实验不能够替代真实的实验室实验，因为真实的动手操作实验能够给学生带来现场体验感。例如，上述化学反应的化学物质发生化学反应变化时伴随的声音、色彩、形状、气味，学生操作化学仪器的动手感觉，以及随着时间过程的变化经历体验等，这是APP无法替代的隐性知识的学习体验。要记住，计算机程序所提供的演示都是已知结果，化学中的很多发现是"意外"导致的。所以，在学校科学教学活动中，最好是恰当地把真实实验和虚拟实验结合起来，发挥各自的优势，促进学生的认知得到全面的发展。

二、变化的星空——北斗七星 >>>>>>>

【学科】小学自然。

【时间】20分钟。

【对象】六年级学生。

【工具】"Stellarium天文"软件(电脑版和手机APP版)。

【活动概述】

在"Stellarium 天文"中观察星空及各星座，并学会用北极星来辨认方向，通过设置时间来验证北斗七星斗柄指向，确认四季。

【设计意图】

"Stellarium 天文"作为一个虚拟星象仪的计算软件，它可以根据使用者所处的时间、地点来计算太阳、月球、行星及恒星的位置，并显示出来，还可以观察星座、流星雨等。并且以其高度清晰的画质深受天文爱好者及学习者的喜爱。学生可以利用这款软件来观察星空，了解各类星象，认识北斗星及各星座。

【活动流程】

通过大熊星座和小熊星座的故事来引入课程主题。

学生通过阅读教材来认识北斗七星及北极星，并根据要求画出北斗七星的形状，并标注北极星的位置。

教师示范并讲解利用"Stellarium 天文"软件来观察星空、寻找北斗七星的方法。通过设置不同的时间来验证斗炳东指，天下皆春；斗炳南指，天下皆夏；斗炳西指，天下皆秋；斗炳北指，天下皆冬。

使用"Stellarium 天文"软件设置不同的时间来了解四季的代表星座狮子座、天蝎座、猎户座、飞马座。

【活动资源】

视频："Stellarium 天文"软件使用方法。

作业：在家长的陪同下观察北斗星及星座。

【点评】

认识太空宇宙，唤起人类无限的想象力，这是培养学生兴趣，激发学生想象力的课程。由于普通的学校都没有类似北京天文馆那样的实验观察环境，借助虚拟星象仪的"Stellarium 天文"软件，任何学校在课堂上都可以实现过去只有天文馆才可能提供的太空学习体验。在这堂课上，软件资源成了不可或缺的教学要素。教师通过民间传说故事引起学生的好奇心和求知欲，组织学生使用软件探索星座，教会学生用北极星来辨认方向，教学效果很好。

天文类的教学虽然在教材中篇幅有限，但往往是非常能引发学生兴趣的。但观星对场地、器材、专业知识都有非常高的要求。学校通常无法提供相应的设施。天文馆、天文台是教育的稀缺资源。因此，这类软件是非常好的能让学生在教室、家中就能体验的工具。同类软件还有"Star Walk""星图"等，帮助学生随时随地了解星空的自然景观。

三、二次函数的图像特点 >>>>>>>

【学科】初中数学。

【时间】20 分钟。

【对象】八年级学生。

【工具】GeoGebra。

【活动概述】

使用 GeoGebra 绘出二次函数的图像，观察二次项系数对图像的影响，分析总结二次函数图像的特点和性质。

【设计意图】

"GeoGebra"是一款跨平台的动态数学免费软件，可供各级教育使用，包含了几何、代数、表格、图形、统计和微积分。使用此软件可以在学习函数、图形、表格、统计等的时候更加直观、方便。本节课可以将二次函数的多种表现形式直观地展示在 GeoGebra 中，使学生更加方便地观察二次函数的图像特点，如图 4-2 所示。

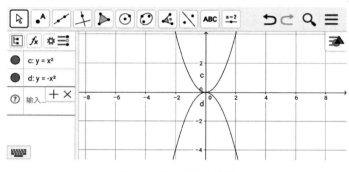

图 4-2　GeoGebra 界面

【活动流程】

教师引导学生回顾一次函数的图像、二次函数的几种不同的表达式，并提出问题：二次函数的图像是什么样的呢？

将学生分成两组，使用描点连线法分别作出函数 $y=x^2$，$y=-x^2$ 的图像，并在班里展示。

教师使用 GeoGebra 来验证学生所作的 $y=x^2$，$y=-x^2$ 的图像是否正确，并改变未知数系数的值，让学生自己观察图像是否改变，是怎样改变的。

教师带领学生总结二次项系数为正时，图像的开口方向、顶点坐标、对称轴、增减性；系数为负时，图像的开口方向、顶点坐标、对称轴、增减性；0<系数<1 时，图像与系数为 1 时有何不同。二次项系数对抛物线有何影响。

【活动资源】

视频 1："GeoGebra"使用教程。

作业 1：课后练习作出不同二次项系数的函数的图像，并总结其图像特点。

【点评】

GeoGebra 是目前世界上深受各国数学教师喜爱的免费数学专业软件，不仅功能强大，而且使用极其方便。教师在教学中充分发挥 GeoGebra 可视化作图、动态演示数学函数等优点，帮助学生认识函数及其图像的变化规律。课堂教学中，教师通过逐层问题导向的教学技巧，通过 GeoGebra 的演示展示函数图像变化规律。这是一堂技术和学科教学融合的好课。

对 GeoGebra 感兴趣的数学教师，可以直接登录 GeoGebra 官网，下载电脑版或手机版软件，同时通过本书介绍的各种搜索技巧，可以很方便地找到有关 GeoGebra 教学应用的教程和视频，结合自己的课堂教学，可以很快掌握 GeoGebra 的教学应用技能。

四、认识时钟 >>>>>>>

【学科】小学数学。

【时间】20 分钟。

【对象】一年级学生。

【工具】小学数学动画。

【活动概述】

使用"小学数学动画"应用程序中关于时钟部分的学习内容，带领学生认识时钟及时钟的读数和时间的显示等。另外，学生可以自己设置时间来观察其在时钟上的显示。

【设计意图】

小学数学动画是以动画的形式来展现数字、图形、方程等不易理解的学习内容的辅助教学软件，在这个软件中，学生可以在教师的引导下用轻松、愉快的心情来学习晦涩难懂的数学知识。

【活动流程】

使用"小小圆形运动场，三个选手比赛忙，跑的路程没长短，用的时间不一样"的谜语来引出课程主题。

教师拿出一个时钟来带领学生认识钟面，让学生自己观察钟面上都包括什么（形状、指针、数字等），如图 4-3 所示。

图 4-3　小学数学认识时钟

教师带领学生在 APP 中手动设置 3 点、6 点、9 点、12 点时的时钟，并让学生自己观察在这些时间点的时候，三个指针有什么特点。（让学生意识到 12 个数字的作用）

教师课件展示一些情景图，例如，妈妈叫孩子起床、上课、吃饭等。将学生分组来观察这些情景图中的时间点，并使用软件中关于时钟部分的内容来设置不同的时间点，观察时钟的显示。（非整点的时间的认识）

教师带领学生总结时钟的三个指针及 12 个数字的作用和特点。

【活动资源】

视频："时钟"演示视频。

作业：在家长的陪同下使用家里的时钟来拨动不同的时间，观察时钟的显示。

【点评】

在信息化教学环境中，教师备课的时候，选择适合的 APP 是保证教学成功的重要因素。这里给数学教师推荐的"小学数学动画"，值得老师们在教学中尝试。"小学数学动画"是一款面向小学数学教学和学生自学而设计的 APP，把小学数学中的算数、数学思维和数学计算技能的教学，融入生动有趣且简单易懂的演示、故事、活动、游戏中，帮助孩子们在快乐的学习中掌握基本数学能力。教师在《认识时钟》教案设计中，充分运用时钟 APP 作为可视化的教具，把时钟的认识与孩子们的生活融合在一起，将学生分组来交流互动，通过孩子每一天的起床、上课、吃饭的不同时间，让孩子们一边玩耍，一边认识时钟，让整个课堂教学活动充满生命活力。

五、电流的测量 >>>>>>>>

【学科】初中物理。

【时间】20 分钟。

【对象】九年级学生。

【工具】物理实验课。

【活动概述】

在学生刚认识简单的串、并联电路的基础上，引入电流的强弱，学生通过合作探究、实验观察的方法来学习使用电流表。

【设计意图】

物理实验课是一个包含初、高中的电学实验、天体实验和电磁实验的集合性辅助学习软件。学生可以自己在软件中进行实验的设计，包括电路图、实物图等图形，形象逼真，元件充足。

【活动流程】

教师演示一个由电池、灯泡、开关、导线构成的电路实验，让学生观察看到了什么，说明了什么。以此证明小灯泡发光是因为有电流持续通过小灯泡，如图 4-3 所示。

学生通过课本自学来了解电流的特点、单位、表示等，然后教师给学生展示电流表，让学生自己观察外形特征，由教师带领总结。

教师演示电流表的使用方法。

学生分组探究设计电路图来验证使用电流表：每组先设计一个电路图，然后在"物理实验课"中画出电路图，并转换成实物图，闭合开关，观察电流表的反应，记录其读数。最后，每组将设计图上传，全班共同交流探讨，由教师总结。

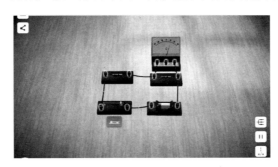

图 4-4　电路实验

【活动资源】

视频："电流的测量"演示视频。

作业：自行设计复杂电路图验证使用电流表，并记录数据。

【点评】

"物理实验课"App 适合师生用手机或者平板电脑进行中学物理的模拟电路实验，学生可以自己动手操作，选择自己需要的电学仪器，通过拖拽、组合、连接等，实现电路的基本功能，有助于学生了解电路基本原理。需要特别强调的是，物理模拟实验的优点十分明显，简化了实验操作的物质条件，师生使用一部手机就可以搞定实验设计和操作，实验器材零成本，还可以反复操作，适合帮助学生理解物理学原理的教学。但是，虚拟的实验还是不能替代真实的动手操作实验，因为真实实验给学习者的亲身体验和感受，与 App 提供的事先由软件开发者准备好的条件是不同的。

六、英语绘本阅读教学 >>>>>>>>

【学科】小学英语。

【时间】20 分钟。

【对象】四年级学生。

【工具】英语趣配音。

【教学设计者】曹果婷(湖南省株洲市天元区天元小学)

【活动概述】

通过教授孩子们英语自然拼读规则，培养学生的语感，通过英语趣配音进行绘本内容的配音训练，让学生自主探究、合作完成英语绘本阅读后的配音作品。

【设计意图】

在移动互联网环境下，将"英语趣配音"软件引进课堂，符合当今学生的学习习惯和需求，并能够让学习打破传统课堂模式。学生可以利用这款软件来进行语言的操练和进行语言的再创造活动，培养学生的英语核心素养。

【活动流程】

通过 Tub 和 Tut 两只小熊的故事来引入课程主题。学生通过阅读英语绘本故事情节来了解助人为乐，并根据绘本要求了解自然拼读的字母"U"的发音规则，并由此拓展字母"U"的其他单词的拼读与识记。

教师示范"英语趣配音"里的英文绘本内容从而导入新课，让学生听完后画思维导图线索自主表达，同时，为了更好地训练学生的拼读能力和创造能力，事先将其他绘本视频导入趣配音平台，让学生进行小组合作，思考这个带故事情节的视频如何配音成为一个新的配音视频作品，并分享到朋友圈。

学生课后自由选择与课题有关的视频，筛选对学习有用的信息，这也是培养学生收集和处理信息的能力的培养。教师使用"英语趣配音"软件达到了课前、课中和课后的口语训练和思维训练。

【活动资源】

视频：英语绘本配乐但是不带字幕的英语绘本视频。

作业：在家长陪同下完成这个英语绘本视频的英语配音，将配音的视频作品分享到父母的微信朋友圈，记录被点赞和评论的情况。

【点评】

教师在教学中巧用"英语趣配音"软件促进学生的主动学习，可以分成听、说、分享三个阶段来进行应用。首先，提前布置学生回去准备。通过视频的搜索、听、模仿到分享，学生主动预习了课文内容，达到了练习听力和口语的目的。学生可以自由选择与课题有关的自己喜欢的视频。既然是自己选择的，学生们对视频内容就一定是很感兴趣的。在选择的过程中，学生要主动去筛选一些有用的信息，这也是一种学习能力的培养。在课堂上用学生分享的视频作为课堂的引入，让学生觉得原本就很熟悉的故事有了新的感受，真正做到了"learning by doing"。学生的积极性提高了，学习效果也会提升。

同时使用一些语音识别成文字或语音识别成视频的小程序，也是不错的。例如，讯飞快读能将学生的英语语音识别成英文，一键秀微信小程序和快影应用程序能将语音识别成视频文字，变成类似抖音的效果。

说的基础是听，听懂了、听会了才能去模仿，这对听力无疑是有很大帮助的。配音的"说"比起平时课文朗读的要求会高一些。课文的朗读总让人觉得生硬、缺乏感情。配音时，除了语音标准外，语气、语调、说话人的情感都是学生要学习和模仿的。这是对口语更高层次上的要求。当选择一些场景或对话配音时，就能让学生身临其境的沟通。在分享的过程中体会到了成功感。(指导教师：何其钢)

七、部编教材三年级下册习作评改 >>>>>>>

【学科】小学语文。

【时间】20 分钟。

【对象】三年级学生。

【工具】讯飞输入法。

【教学设计者】谢雪霁(湖南省株洲市天元区长岭中心校)

【活动概述】

用人工智能语音识别技术助力语文低中年段习作评改课教学，让学生用语音识别技术将自己的修改建议和意见快速地与同伴分享，达到基于学情的习作评改能力提升的目的。

【设计意图】

教学设计基于学情来确定教学目标和教学辅助工具。传统的习作批改是教师在学生的习作里圈圈点点后写上旁批或尾批进行指导，但是语音修改习作的优点是建立了从"说话"到"写话"的桥梁，在课堂中训练了学生说话的流畅性和准确性。使用语音识别技术，让学生边思考边表达，从而达到习作的快速评改和同伴分享的目的，既训练了思维的敏捷性，又能充分地让学生表达。同时，借助讯飞输入法，解决了课堂上教师红笔批改和打字慢而影响教学速度的问题。

【活动流程】

本课是统编三年级语文习作评改课《巧妙的想象》，在这节习作评改课之前，先在班级上习作指导课，再批改习作，然后在学生的习作里寻找典型片段，最后再上习作评改课。教师先对典型片段进行学法指导，打开 Word 里面的典型片段，通过电脑端讯飞输入法手机端的讯飞麦克风软件，教师现场用语音对学生的习作片段进行点评，边说边将识别的文字变成红色的批注，效果明显，印象深刻。进入到学生互批环节，使用手机端的讯飞输入法进行语音输入，小组合作探究，充分讨论后并进行小组展示，完成全班的习作批改与交流。

【活动资源】

作业：将自己的想象小作文用讯飞识别技术发布在"美篇"或"讯飞语记"应用程序里，并快速批改，转发到父母的微信朋友圈进行分享，邀请线上的朋友进行留言点评。

【点评】

写作指导和习作评改课一直是目前习作教学中比较低效的，使用人工智能的语音识别技术之后，可以很快地把学生的想象转化为文字。突发奇想的灵感也可以更快地记录下来，在写作与习作评改中发挥了极大的作用。根据低中年段学生渴望表达，但又表达不够清晰的特点，做好习作初级阶段的"桥梁"引导作用。人工智能的语音识别技术除了讯飞输入之外，还有搜狗等智能语音识别技术，将这些语音识别技术与"美篇""讯飞语记""手机备忘录""简书"等应用程序进行融合使用，帮助学生习作以图文并茂、"声"情并茂的形式呈现。（指导教师：何其钢）

八、两小儿辩日 >>>>>>>

【学科】初中语文。

【时间】30 分钟。

【对象】七年级学生。

【工具】初中文言文。

【活动概述】

在"初中文言文"应用程序中分组探究文章的释义、内涵，并将不懂的地方记录下来，全班讨论，共同解答疑问。

【设计意图】

运用"初中文言文"进行文章的学习，清晰地了解文章的释义、相关解析等内容，还可以跟读一些名家的朗读，深刻感受文章蕴含的意义。

【活动流程】

展示一些名家名句来引出孔子，进而说明本节课的主题内容。

让同学们诵读文章，把握文章的主旨大意，并将读不准的字标记出来，可以同桌间讨论。

在研读应用程序中借助释义理解每句话的意思，然后分组探究以下问题：文章中讲述了几个人？什么事？你怎么看待两小儿对孔子的讥笑？这个故事对你有什么启发？你如何运用科学的知识来向两小儿解释日出、日中时的远近问题？

对于不能解决的问题由组长统计，全班一起交流解决。

教师总结文章。

【活动资源】

音频："两小儿辩日"名家朗读。

作业：朗读并背诵文章。

【点评】

教师在语文教学中利用"初中文言文"应用程序，可以丰富课堂教学资源，促进学生深入了解与学习主题相关的内容，增强课堂上的互动参与活动，这是极简教育技术在教学中运用的实例，可以让每位教师在常态化的课堂教学中灵活运用。建议感兴趣的教师平时注意收集有关的小程序、应用程序等，还可以通过微信群和朋友圈等相互分享交流，逐步熟悉在教学中运用极简教育技术的操作技巧。

九、氧气浓度对铁丝燃烧的影响 >>>>>>>

【学科】初中化学。

【时间】20 分钟。

【对象】九年级学生。

【工具】NOBOOK。

【活动概述】

通过铁丝在氧气中燃烧的实验来探究不同氧气浓度对铁丝燃烧的影响，观察并记录实验现象，以探究氧气浓度对金属燃烧现象的影响程度。

【设计意图】

NOBOOK 虚拟实验是一款为中小学理科教师设计开发的极简实用的教学工具平台软件，目前的产品包括 NOBOOK 物理实验、NOBOOK 化学实验、NOBOOK 生物实验和 NOBOOK 小学科学实验。学生和教师都可以使用 NOBOOK 化学实验平台，自主设计化学实验过程，让化学变得生动直观，充满乐趣。学生可以在"NOBOOK"中完成一些在学校实验室里面不容易实现或者具有危险性的实验，充分感受化学实验的过程，并观察实验的结果。

【课前准备】

在上一次课堂的最后 5 分钟作业指导环节，给同学们布置回家预习作业：

使用微信文章搜索，关键词"NOBOOK"，了解 NOBOOK 的使用方法。

安装 NOBOOK 软件，打开网页输入网址：https：//www. nobook. com/huaxue. html(访问日期：2020-01-18)，选择"下载 Windows 版"并安装到电脑上。

同学之间互相交流，尽快熟悉 NOBOOK 化学版的基本操作。

【活动流程】

通过生活中常见的燃烧现象来导入课程主题。

在空气中燃烧铁丝或其他金属固体，让学生观察并分析实验失败的原因，并引导学生从燃烧的条件角度来分析，得出失败的原因可能是氧气不足或接触不充分等。

鼓励学生分组设计铁丝在不同浓度的氧气中燃烧的实验，观察实验中铁丝燃烧的现象，分析氧气浓度对铁丝燃烧的影响。

让学生在 NOBOOK 中首先选择实验所需的器材等，然后完成自己设计的实验过程，并记录以下数据，如表 4-2 所示。

表 4-2　氧气浓度对铁丝燃烧的影响实验观察记录

序号	氧气浓度	实验现象	实验结论
1			
2			

【活动资源】

视频：将铁丝放入不同浓度的氧气中燃烧的实验过程。

作业：思考并探究铁丝燃烧的其他影响因素。

【点评】

本教案基于 NOBOOK 虚拟仿真实验的课堂教学活动设计，让学生在虚拟实验环境中探索化学原理。目前，越来越多的理科老师掌握了 NOBOOK 的教学设计，用手机或者平板在课堂上组织学生学习。教师采用提前预习的教学方法，在上一次课堂的最后 5 分钟作业指导环节，给同学们布置回家预习作业：使用微信文章搜索关键词"NOBOOK"了解 NOBOOK 的使用方法。这不仅有利于化学学科的学习，同时也提升了学生的信息技术核心素养。

十、探究并联电路的特点 >>>>>>>

【学科】初中物理。

【时间】20 分钟。

【对象】九年级学生。

【工具】NOBOOK。

【活动概述】

通过观察串联电路图和并联电路图来分析串、并联电路的不同之处；然后，闭合开关，观察灯泡的亮、灭情况来证实其不同。

【设计意图】

NOBOOK 物理实验专门为物理老师量身定制的智能化教学工具，涵盖了中学物理电学、力学、电磁学、光学、热学、声学等近 200 种实验和器材，支持教师在线自由开发课件，实现了云服务、智能化、完全开放的实验环境。学生使用 NOBOOK 物理平台来自主研究串联和并联电路原理，通过动手操作，比较、分析和讨论，更容易知晓电路原理。

【课前准备】

在上一次课堂的最后 5 分钟作业指导环节，给同学们布置回家预习作业：

使用微信文章搜索关键词"NOBOOK"，了解 NOBOOK 的使用方法。

安装 NOBOOK 物理软件，打开网页输入网址 https：//www.nobook.com/wuli.html(访问日期：2020-01-18)，选择"下载 Windows 版"并安装到电脑上。

同学之间互相交流，尽快熟悉 NOBOOK 物理版的基本操作。

【活动流程】

教师展示两张由灯泡、导线、开关、电源组成的经典的串联和并联的电路图，让学生自主探究两张图有什么不同之处，并总结出并联电路图的特点，如图 4-5 所示。

将学生分组使用电路元件来设计并联电路图，并在班级里展示并评比出方案合理、易实现的电路图。

让学生将自己设计的电路图在 NOBOOK 中连接起来，并自主探究观察实验现象，记录数据如表 4-3：

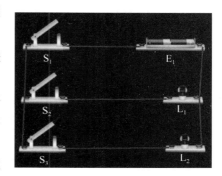

图 4-5　电路并联实验

表 4-3　电路实验观察记录

序号	开关闭合	实验现象	实验结论
1	S1 闭合时		
2	S1 和 S2 闭合时		
3	S1 和 S3 闭合时		
4	S1 和 S2 和 S3 共同闭合时		

【活动资源】

视频：并联电路实验。

作业：总结并联电路中电流的特点。

【点评】

这是基于 NOBOOK 物理实验工具，让学生使用 NOBOOK 物理平台来自主研究串联和并联电路原理，实验更容易操作实现，帮助学生了解电路原理。需要指出的是，利用应用程序做实验的好处是对于缺乏实验器材，或者不容易观察实验过程的内部原理，或者实验操作比较有危险性的理化实验能够让学生观察实验的模拟效果。但是，这类虚拟和替代性的实验不能够取代真实的实验体验。教师要尽量创造条件，让学生在真实的实验中获得更真实的切身感受。

【学科】初中生物。

【时间】20 分钟。

【对象】九年级学生。

【工具】NOBOOK。

【活动概述】

通过使用 NOBOOK 来学会制作临时装片并用显微镜来观察，认识并阐明植物细胞的基本结构，初步学会绘制植物细胞结构图。

【设计意图】

"NOBOOK 生物版"可以帮助学生使用终端设备同步完成生物实验的练习和操作，使用极简信息技术与生物课堂教学深度融合，提供了丰富的生物课学习资源，平常难以观察到的细胞内部结构都能够清晰呈现在学生眼前，学生课堂参与度提高，对生物的组织结构有清楚的认识。

【课前准备】

在上一次课堂的最后 5 分钟作业指导环节，给同学们布置回家预习作业：

使用微信文章搜索关键词"NOBOOK"，了解 NOBOOK 的使用方法。

安装 NOBOOK 生物软件，打开网页输入网址 https：//www.nobook.com/shengwu.html(访问日期：2020-01-18)，选择"下载 Windows 版"并安装到电脑上。

同学之间互相交流，尽快熟悉 NOBOOK 生物版的基本操作。

【活动流程】

教师询问学生使用显微镜直接观察水果等植物组织的时候，能不能看到这些物体的内部结构呢?

教师将学生分组，进行自主探究观察植物内部细胞结构的基本步骤，列出所需器材。

教师演示制作植物临时玻片的过程，然后由学生在 NOBOOK 中自主制作临时玻片。

教师播放观察植物细胞内部结构的视频，学生仔细观察并填写表 4-4。

表 4-4　植物细胞内部结构观察记录

所需器材	
制作临时玻片的步骤简述	
显微镜的使用步骤简述	
观察植物细胞内部结构的过程简述	

学生分组在 NOBOOK 中制作整个实验过程。

【活动资源】

视频：观察植物细胞内部结构的实验过程。

作业：课下学习制作其他细胞的临时玻片。

【点评】

这是使用 NOBOOK 生物软件的一个案例，目的是给读者一个小样范例，每一位老师都可以利用 NOBOOK 展示自己的教学实验案例。

模块三

极简教育技术培训活动案例

为改进教师教育信息技术能力，提升培训项目效果，促进教育信息化真正落实到每一个学校的日常课堂教学活动中，下面介绍有关教师极简教育技术培训的案例，供读者参考。

一、上海市嘉定区某学区极简教育技术培训项目设计 >>>>>>>

2018 年秋季，上海师范大学黎加厚团队应上海市嘉定区某学区的邀请，组织了该学区的中小学幼儿园教师参加极简教育技术培训活动。① 整个项目的设计和流程如图 4-6 所示。

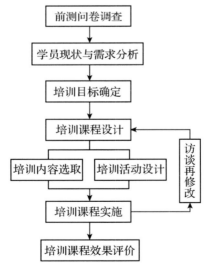

图 4-6　某学区教师培训课程设计与实施流程图

---

① 臧凌云：《基于极简教育技术理论的教师培训课程设计与实施——以嘉定教师信息化培训为例》，硕士学位论文，上海师范大学，2019。

（一）培训目标的确定

基于极简教育技术理论，培训项目采用逆向设计，首先根据前期调查，了解中小学教师的实际需求，根据上海市教育信息化 2.0 行动计划，确定培训目标，致力于帮助教师有效提高现代信息技术能力，掌握简单实用、高效省时的极简教育技术，解决教师备课、课堂教学、课后复习等实际工作的需求。

（二）培训内容的选取

培训课程内容包括理论与实践技术两类，做到理论与实践相结合。课程理论内容方面选取人工智能时代的新育人教育等热点主题。技术内容方面以极简教育技术的实用操作为主线，以手机设备为主，电脑为辅，无纸化培训，利用参加培训班学习的教师随身携带的手机，完成整个培训活动。

精选几个教师常用的极简技术作为培训学习活动练习，培训内容要少而精，关键是真正能够使用。

1. 讯飞输入法

智能识别语音输入，一分钟输入高达 400 字，支持英语、阿拉伯语等多种外语与各地方言版本。在教学中的应用，教师备课、处理教学事情、记录教学问题等，可大大提高工作效率；在课堂教学中，可使用该软件实行小组协作学习，高效记录学生发言；课后作业时，尤其是在语文方面，将作文撰写创作、阅读课文等作为辅助手段提高效率。

2. 幕布

极简大纲笔记，一键生成思维导图。在幕布笔记中，大纲笔记与思维导图可以一键转换，支持协作创作，可直接同步共享，电脑端与手机客户端内容同步功能。备课阶段：教案撰写、教研工作整理。课堂教学阶段：小组协作学习，头脑风暴时刻、作文框架撰写等。课后复习阶段：如让学生做思路整理工作，针对当天教学内容，采用思维导图的思考方式，做知识点的归类整理。同时配套使用讯飞输入法输入，可以提高教与学的工作效率。

3. 速课

速课网是国内最早融入 H5 的移动教学应用工具平台之一，轻松打造移动线上课堂并建设适合移动端学习的创新型资源，基于微信平台，无须下载安装其他软件，一分钟就可建立自己的专属微课堂，轻松实现微课资源建设、课前预习、课堂测试、课后复习、点名签到等教学任务，并结合人工智能大数据，实时记录学生学习行为，为教学教改提供数据分析基础。

4. 微信小程序

充分发挥微信小程序无须下载安装，不占手机内存，使用便捷等极简技术优势，根据培训对象不同的学段，选取一组适合教师教学工作使用的小程序作为学习内容。

(三)培训课程计划

每周五下午 13：00—15：30 组织现场面授培训，主题课程共计九次，同时线上以微信群与小打卡小程序为交流平台，即时答疑解惑，便于学员间的资源共享与信息交流，如表 4-5 所示。

表 4-5　某学区极简教育技术培训课程设计

序号	培训主题	培训主要内容	相关技术软件
1	启动仪式 学习准备	建立学习共同体 课堂互动口令教学法 翻创活动教学	微信建群 讯飞输入法 小打卡 美篇
2	PBL 教学法与 极简教育技术	"新时代，共享未来"进博会主题活动设计 依据活动设计主要想法，学会查找搜索，下载相关信息资源软件技巧	讯飞语记 微信搜索 微信文章搜索 视频下载 QQ 浏览器 文件全能王 图片、音乐搜索技巧 美篇 小打卡
3	极简教育技术之 从 PPT 设计起步	极简主义的兴起——人民日报极简主义生活方式六大模块 极简 PPT 设计四要素：文字、图片、音乐、创意	图片、音乐搜索 图片水印处理——Inpaint 极简视频无损压缩软件 小丸工具箱
4	极简教育技术之 H5 微课设计	极简移动微课件的制作方法 微信速课堂的一键开班	速课(基于微信平台)
5	极简教育技术之 小程序在教学中的应用	小程序的发展与优势 小程序在教学中的应用及操作练习，具体参照小程序二维表	辅助教学与生活的各类微信小程序 小程序在教学中应用二维表
6	极简教育技术之 组织互动的课堂	使用超星学习通实现互动课堂教学活动	超星学习通
7	信息技术环境下 的教学设计	课堂互动活动设计 微课制作的技巧	优幕互动学习平台 配音神器 pro

续表

序号	培训主题	培训主要内容	相关技术软件
8	人工智能时代的新育人教育	人工智能时代下教师工作的转变育人教育的发展趋势、教学策略全新思维 6 感教学法	微信笔记 传图识字 微软 AI 识图 幕布
9	探索 STEAM 教育	STEAM 教学案例：A4 纸的教学设计、小说工程、音乐舞蹈＋数学/英语 幼儿园学习资源推荐	微信搜索 STEAM 教案设计

二、基层教师的极简教育技术培训活动 >>>>>>>

（一）王子微课系列

　　湖南省株洲市天元区教研室何其钢老师与他的团队，长期研究适合一线教师使用的移动互联网环境下的应用软件，能够快速精准分享移动资源。他们把这种适合教师实用的资源命名为"移动微课"，又名"王子微课"。现在，王子微课进入极简教育技术与学科深度融合的创新与培训之路。图 4-7 是王子微课 2.0 在山东潍坊的培训教师培训项目，培训极简教育技术的课程视频。扫码，体验何其钢老师开设的极简教育技术课程，使用 CCTALK 直播。

图 4-7　王子微课开设极简教育技术培训课程

（二）浙江省缙云县教师进修学校的移动互联时代培训项目

　　围绕中小学教师日常极简教育技术课堂应用，开展项目式的学习活动，他们使用小打卡小程序，围绕不同的主题，积极参与互动交流，反思课堂教学，积极引入极简教育技术改变课堂教学。

　　扫描图 4-8 的二维码，可以看到浙江省中小学教师学习新理念、新技术、新教法的热情，围绕与教学改革和教师专业发展紧密相关的小打卡活动的 40 多个主题，内容十分丰富。

图 4-8　移动互联网技术在教学中的应用

（三）让每一位教师都有高获得感的"极简培训"

"极简培训"是指在学校日常工作、生活中，采用的时间较短、内容极简、方法灵活、情境真实，能够有效提高培训效率和质量的培训方式。"极简培训"以参与者的获得感为目标和评判标准，强调培训的实用性、实战性、即时性和实境性。教师信息技术应用能力培训往往缺乏实战性，因此采用"极简培训"，边学习，边实践，边反思，边提高，在实战中学习，在学习中提高，成为中小学教育技术应用最现实的迫切需求。

"极简培训"的主要特点如下。

1. 培训导向：自定航向

根据"极简教育技术学习罗盘"的学习导航框架，参见本书图 0-2 所示，"极简培训"倡导学习者"自定航向"参与学习，促进教师信息化教学胜任力的发展。首先，教师要明确自己当下的教学工作最需要哪些技术支持，聚焦自己想做好的"1"，作为"自定航向"的明确目标；其次，要果断地转变思考方式，紧紧围绕自己的目标来学习和运用技术，重点抓住当下在教育教学中需要使用的技术，学以致用。

2. 培训内容：按类按需分层

"极简培训"主张从统一内容的培训模式，转向按类按需分层培训。"自定航向"的学习方式强调学习者个体的获得感，不同学习者学习需求的差异会导致学习内容和方式的差异较大，培训组织者需要将学习者分成不同类别，每个类别按照学习需求的紧迫程度将培训内容分层，最后按类、按需分层组织培训。

为了应对线上线下融合式教学发展的历史大趋势，学校可以根据使用人数、使用频率等因素，将当前教师开展信息化教学所需的教育技术分成四层。第一层是全体教师应对线上线下融合式教学时最基础的必备教学技能。包括：线上线下融合教学、远程直播和在线教学管理、信息搜索等；第二层是教师开展日常教学常用到的，很熟悉，但是急需进一步提升的教学技能，包括：提升以 PPT 为代表的课件设计质量，以直播教学和录播教学微课为代表的短视频编辑等；第三层是教师开展日常教学常用到的，需要进一步提升的教学技能，包括：图像处理、音频处理等；第四层是教师在掌握前三层必备教学技能的基础上，开展学科信息化教学创新所需的教学技能，如：学科教学软件操作、教学数据分析等。

3. 培训方式：快闪式培训

快闪教学法是指教师根据教学目标，创设或模拟一种真实情境，让学习者在较短的时间积极参与的群体性学习活动，通过学习者的参与式、体验式、快闪式学习和群体互动交流，从而获得知识建构、技能提升、问题解决、情感共鸣。

当代风靡全球的"快闪"活动是一种有组织、有纪律、有主题和特定内容的群体行为艺术，在教师培训活动中借鉴快闪方式来组织"极简培训"，具有以下六个鲜明特点：学习时间较短，时间一般为 3～30 分钟；学习场地因地制宜，可以在教室、多功能室、会议室、办公室、校园、走廊、餐厅等开展培训；学习内容极简，围绕学习者的核心需求聚焦一个主题，少而精；学习方式快闪，教学以"快闪"的方式在短时间内完成，让学习者获得丰富的参与式体验；学习情境真实，紧密联系教师的具体的教学情境，解决真实问题；培训效果明显，具有很强的感染力，学习者能够很快掌握一项新的教学技能，并引发学习者进一步深度思考，让每一个参与者都有高获得感。

快闪式培训案例如下。

语文教师：体验手机上的微信"公众号"搜索，使用关键词："诗词"、"读诗"、"朗诵"、"文学"、"作文"，将会让你发现不一样的精彩，大开脑洞，从而体验到信息时代的金句："聪明的人不是知识渊博的人，而是知道用简单、快捷、有效的方法找到答案的人。"

英语教师：安装"腾讯教育应用平台"电脑版(https：//k12.qq.com/)，打开"英文作文批改"，尝试与人工智能一起批改学生英文写作。

数学教师：在手机应用市场下载安装"GeoGebra"数学 APP，(https：//www.geogebra.org/)，其强大的数学应用功能让人叹为观止。

历史、音乐、美术教师：安装手机版"全世界"APP，囊括了中外历史、美术、音乐的海量信息，极简培训活动变成了如何组织以学生为中心的教学策略讨论，如何在课堂教学中让学生使用"全世界"APP 去探索世界。

地理教师：走进图新地球(http：//www.tuxingis.com/)，把国内外在线地图一网打尽，带领学生进入数字地理教学新天地。

信息技术教师：手机应用市场安装"Aid Learning"软件，或访问 B 站上的"[小甲鱼]零基础入门学习 Python"，开启学习人工智能编程 Python 之旅。

短视频制作：10 分钟学习手机版"剪映"APP(https：//lv.ulikecam.com/)，进入剪映下面的"创作学院"，恭喜你，这里是短视频创作大学校，你不沉醉其中都难。

模块四

极简教育技术支持在线教学

∧
∨
∨
∨
∨
∨

一、在线教学的变革 >>>>>>>

2020 年春节，突如其来的新型冠状病毒感染肺炎疫情袭击中国，为了全面落实中央有关防控新型冠状病毒感染肺炎疫情的总体部署，切实组织好各级各类学校延期开学期间学生的居家学习，中国历史上第一次全国教育系统开启在线教学，千方百计保障亿万学生"停课不停学"和整个教育系统的正常运行。经过这次战役，我们要痛下决心、总结经验，针对这次疫情暴露出来的短板和不足，改革重大疫情防控体制，完善重大公共事件危机干预机制，加强教育信息化服务体系建设，大力实施信息素养全面提升行动，强化教育信息化支撑保障措施。

从 2003 年的非典到 2020 年的新型冠状病毒感染肺炎疫情，中国取得防控疫情斗争的成功经验证明，在特殊时期，学生居家隔离、在线学习是防控重大疫情同时保障教育运行的有效措施。即使在正常时期，每当冬春季局部地区突发大规模流感肆虐，个别学校班级和学生必须根据国家公共卫生应急管理条例实行隔离，学生居家在线学习也是不可或缺的有效措施。一方面，国家和各省市教育主管部门将组织大规模高质量在线教学课程支持教学，一线教师针对自己所教班级开展个性化教学指导；另一方面，则需要隔离班级的任课教师个体或者教研组团队，发挥在线教学的技能，充分利用已有的教学资源，独立开展针对个别班级和学生的在线教学。

经历了 2020 年的新型冠状病毒感染肺炎疫情时期的在线教学后，广大师生从刚开始的不习惯，到逐步习惯了教师组织远程教学和学生在家里自主学习，不少地方创造涌现出很多个性化、项目式、资源包式、精准式、翻转式的在线教与学方式，促进了学校教学向现代化教育转型。人们发现，新技术正在悄悄地改变着教师和学生的教育理念、教学方式和教学生态。例如，以前学生学习课程知识只能在教室，每个教师只能面对几十个最多上百个人授课。开展在线教学，学生在家隔离也可以跟上教学进度，一个教师在线上可以给上万人乃至几十万人授课，学生可以是来自全国各地，包括边远山区（只要有移动信号覆盖），甚至国外的学生也可以在线学习。无论身居何地的学生，都可以在线学习北京、上海等地优秀教师的课程，学生还可以通过手机（平板）与自己的任课教师交流……人们突然意识到：一个让每个学生共享现代化优质教学资源的新时代已经到来！

在线教学让优质教育资源实现共享，促进解决中国均衡教育的核心问题。本书从在线教学中恰当使用极简教育技术的角度，将未来学校的教学方式分为两大类型。

（一）特殊时期学生居家学习的在线教学模式

当国家和地区在面临重大公共事件危机（诸如重大疫情、地震、水灾）时，或者局部地区、个别学校和班级遇到突发传染性疾病需要依法停课时，需要全体或者部分、个别学生在家学习。在这种特殊情境下，学生必须与学校和课堂分离、师生面对面教学分离、生生面对面交流分离，教师和学生只能通过网络电视、移动终端等进行在线教学和在线学习。这种在线教学方式需要教师和学生掌握运用在线教学平台，根据在线教学的特点，灵活组织教学内容和活动。

（二）正常时期学生在学校课堂学习的混合式教学模式

除上述特殊情况，正常时期学生在学校课堂学习时，教师和学生充分可利用在线教学资源，将课堂上面对面的教学与在线教学结合起来，开展混合式教学，灵活运用线上资源和实体课堂教学资源，促进个性化教育。

下面重点讨论在线教学中如何使用极简教育技术和教学设计问题。

二、在线教学平台的选择和使用 >>>>>>>

极简教育技术辅助教师开展线上教学，要做到"一看就懂、打开就用、一用就灵"，能够解决教学的基本需求。根据一线教师在线教学的实践体验，下面给读者推荐几款好用的在线教学工具。

（一）微信和 QQ

大家在日常生活中已经熟练使用微信和 QQ，例如，建设班级学习群，互动交流，传送包括语音、文字、图片等学习资料，布置和提交作业，开展接龙、问卷调查等，基本满足在线教学的常规需求。如果需要更多功能，可以通过以下方式。

1. 企业微信版

（1）教师和学生下载安装企业微信，系统自动将用户划入所在部门（教师所在学校，学生所在班级），无须另外建群上课。

（2）教师在线教学可以使用企业微信的语音会议或视频会议开展直播互动教学，两种会议形式都可以进行屏幕演示和文档演示。屏幕演示功能适合需要展示计算机操作的课程，文档演示功能可以用于展示教学课件。学生可以实时进行语音、视频与教师沟通，直接参与课堂讨论发言。

（3）教师可以根据教学需要管控学生设备，开关学生的音频和视频。

2. QQ 视频电话

（1）教师和学生下载安装 QQ，建立班群，使用 QQ 视频电话。

（2）QQ 视频电话可以分享课件或进行计算机操作演示，教师使用演示白板功能，可以通过一边讲解一边屏幕书写的方式呈现教学内容（如数学演算）。学生也可以共享屏幕，还可以使用手机端发送弹幕。学生可以在直播中发言参与讨论，QQ 群的屏幕分享、群空间存储、群公告、作业提交等都比较适合在线教学。

3. QQ 群课堂

（1）教师和学生下载安装 QQ，建立班群，打开 QQ 群课堂。

（2）师生可以通过手机端、电脑端同步使用 QQ 群课堂，教师可以开展语音教学或者视频教学，开启视频直播、演示 PPT 和播放教学视频，同步显示在线学习人数，组织学生参与互动讨论交流。

（二）国家中小学网络云平台（网址：ykt. eduyun. cn，访问日期，2020-03-06）

教育部利用国家中小学网络云平台和中国教育电视台为全国师生提供优质学习资源，供师生自主选择在线学习，免费使用。

（1）平台资源包括防疫教育、品德教育、课程学习、生命与安全教育、心理健康教育、家庭教育、经典阅读、研学教育、影视教育、电子教材等栏目，平台资源将陆续更新补充。平台还增加了中国教育电视台 CETV4"同上一堂课"播出的小学、初中、普通高中课程。

（2）国家中小学网络云平台主要提供在线课程学习资源，特别是覆盖偏远农村网络信号弱或有线电视未通达地区，通过中国教育电视台 CETV4 频道和直播卫星户户通平台，向全国师生传输丰富的课程资源。该平台提供的课程学习资源不代替学校正常课堂教学，也不包括学校教师在平台上管理自己学生在线学习活动的功能。

（三）腾讯课堂（老师极速版）

腾讯课堂（老师极速版）适合大规模在线教学。教师快速上手，三步操作就可以启动在线直播教学。

(1)登录注册，腾讯课堂(老师极速版)网址：https：//ke.qq.com/s(访问日期：2020-03-06)，教师下载安装教师版，建议学生安装学生版客户端。

(2)点击"开始上课"按钮进入上课状态，根据在线教学的不同方式，教师可以选择四种上课形式：分享屏幕、PPT分享、播放音视频、摄像头直播。进入课堂，将课程链接/听课二维码分享到微信、QQ等班级群，邀请学生听课。学生们点击链接即可通过手机、电脑等进入课堂，学生可以通过文字发帖方式参与课堂讨论。

(3)教师使用工具栏中的"签到"、"答题卡"、涂鸦画笔、在线答题、举手等上课工具，组织互动的在线教学课堂。下课后，还可以回放在线教学视频。

(四)晓黑板

"晓黑板"是一款根据中国教师的班级管理实际需求而设计开发的平台，支持电脑、手机、平板电脑多终端。教师用手机就可以管理好班级在线教学活动，只需要三步操作：软件下载、安装注册；创建班级、邀请成员；管理在线教学活动。

1. 软件下载、安装注册

在手机应用市场，搜索下载安装"晓黑板"应用程序。然后打开"晓黑板"App，输入手机号注册，点击获取验证码，输入手机获取的验证码，点击快捷登录；选择"我是教师"，输入教师邀请码，例如"888222"，就完成了注册和登录。注意，验证码用来账号登录，邀请码用来注册成为教师身份。邀请码的获取方法有两种：一种是由"晓黑板"工作人员提供，另一种是由已经注册成为教师身份的"晓黑板"用户分享。分享邀请码的具体操作是：在"晓黑板"中"我"的界面，点击生成教师邀请码，将生成的教师邀请码分享给其他需要的老师即可。

2. 创建班级、邀请成员

进入晓黑板，点击下方的"创建一个班级"，依次输入姓名、班级名称、所属学校、班级、任教学科等实名信息，点击完成创建即可。班级创建完成后，教师可以在班级页面看到已创建的班级名称，然后点击"成员邀请"，可以通过分享链接、二维码等方式，选择邀请家长、学生或教师；当学生或教师收到邀请后，按照提示信息依次输入手机号、姓名等信息即可提交入班申请；学生或任课老师提交入班申请后，主讲老师需要在班级界面点击同意，才能够通过。当全班的学生(家长)和各科任课老师全部加入班级之后，一个线上班级就创建成功，可以开展后续的各种在线教学活动了。

3. 管理在线教学活动

"晓黑板"支持班级开展在线教学活动，包括班级消息通知、调查、打卡、讨论、班级文件传送、学生成长记录，支持师生使用语音、图片、视频、文字等交流功能，教师配合网上丰富的课程资源，基本能够满足日常的班级活动。例如：

　　教师使用"讨论"功能管理学生作业，教师点击选择"晓黑板"的"讨论"功能，设置作业的班级和结束时间，输入作业要求，还可以根据作业情况开启或关闭讨论内容是否学生之间相互可见，点击发布，可把作业发送给全体学生。作业讨论发布后，老师可以在讨论区批阅学生作业，如果发现未参与讨论提交作业的学生，可以一键提醒。此外，教师还可以登录"晓黑板"的网页端（xiaoheiban.cn，访问日期：2020-03-06），用软件客户端的账号和密码登录即可开展网络直播教学。

　　各地教育部门和学校可以根据自己熟悉的情况，使用本书前面介绍的优秀教育软件平台开展在线教学。如 CC talk（在线互动学习平台）、UMU（互动学习平台）、超星学习通、速课网、雨课堂、微助教等。

三、在线教学的教学设计　>>>>>>>

（一）在线教学与课堂教学的区别与联系

　　2020 年年初，新型冠状病毒感染肺炎疫情期间的延期开学，中国开展了大规模的在线教学，这是世界人类历史上从来没有过的伟大实践。经历了大规模在线教学实践后，人们认识到在线教学与传统的课堂教学之间既有差异性，又有本质上的高度一致性。它们的教学组织形式与学习活动方式有着根本的不同，在线教学是一种师生处于时空分离，依靠全媒体作为平台和学习环境的教学活动。但是，从教育的初心和最终目的看，无论在线教学还是课堂上的面对面教学，都是为了促进学生的全面发展，教育的本质上是完全相同和一致的。因此，学校师生开展在线教学，既要遵循教育的基本规律，根据学生认知发展来设计教学情境，又要根据师生分离、远程在线、居家自学等分析问题和不足，主要是我们的校长、教师、学生和家长不熟悉在线教学的新情况、新规律。

　　从教育信息化 1.0 到 2.0，无论是大家熟悉的教学环境还是面对面的课堂教学，信息技术主要用于辅助师生的教与学。教师和学生处于面对面的同一个课堂，教师在讲授教学内容的同时，能够通过眼神、肢体语言等直接与学生交流，学生能够直接感受到教师的情感、语态等，教师可以根据学生的反应，随时动态调节教学。同样，学生在学校班级学习，身处自己熟悉的课堂环境，熟悉的学校上课下课节奏，长此以往，教师的教和学生的学都十分融洽自如。而突如其来的时空分离的在线教学，无论是从教学的准备、在线教学如何讲授、师生如何隔屏互动等，让很多教师和学生不知所措，一下子很难适应，只好直接照搬原来的课堂教学模式。

针对在线教学的新情况，有专家提出了"十要十不要"。

(1)不要照搬课堂教学内容与形式，要采用适合在线教学的内容与形式。

(2)不要用匆忙随意的直播教学浪费学生的时间，要提供精心制作(自己或别人)的优质资源。

(3)不要像线下课堂教学那样机械地排课与上课，要采用灵活多变的同步与异步学习与交流方式。

(4)不要只重视知识点的传授，要更多关注学生综合能力和高阶思维的培养。

(5)不要把学习局限在单一课程的教材和大纲内，要鼓励学生自主拓展与深化学习范围与深度。

(6)不要选择过于复杂的技术与平台，要选择大家都熟悉的技术与平台。

(7)不要强求大家都按统一进度齐步走，要允许大家有先有后、步调不一致。

(8)不要用僵化的管理束缚教师和学生，要鼓励大胆改革、勇于创新，为师生提供服务与便利。

(9)不要仅凭对教材的理解和掌握评价学习效果，要采用多元化、过程化评价全面评估学习效果。

(10)不要疫情一过又全部回到从前，要总结经验、发扬和光大已经取得的成果，将在线教学的优势与课堂教学的优势结合起来促进教学。

2020 年 2 月，人民教育微信公众号发表了浙江省教研室的首份疫情期间大规模线上教学调查报告，这份报告对浙江省初中、普通高中学生线上教学展开问卷调查，共收到有效问卷 558982 份。在所有回答问卷中，初中生占 71.1%，普通高中生占 28.9%，小学生不作为调查对象。被调查者中，参加了或者正在参加由学校组织的线上教学活动的占比 96.0%，可见当时线上教学已成为浙江省初高中教育教学的常态。

(二)在线教学的教学设计需要注意的问题

通过调查和总结来自在线教学的实践经验，在线教学的教学设计需要注意的问题如下。

1. 时间安排：线上教学的教学时间安排与学校日常教学不同

线上教学一定要摒弃教师长时间讲授的单向灌输方式。教师不应该是"主播"，而应该是课堂学习的组织者和引导者。学生一天面对电子屏幕的时间不应超过 3 小时，每节课教师讲授时间控制在 20 分钟以内，将剩余的时间留给学生完成教师设计的问题、任务、项目等，教师也可多安排一些时间让学生动手操作和自主探究。

2. 内容设计：安排更适合学生线上学习的教学内容

不是所有的新课内容都适合线上教学，基础性知识点的学习和适合自主学习的内容(如语文的文言短文阅读)可以安排线上教学,教师可以多作知识性讲解和答疑。

教师可以设计一些项目式学习课程,引导学生在富有挑战性的实践性活动中开展深度学习。

3. 教学形式:选择适合师生时空分离状态下的线上教学形式

学生反映比较喜欢"资源包+任务+作业反馈"的教学形式。从前期调查来看,直播新课的学生满意度并不是很高,建议线上教学可充分利用现有平台资源,减少直播方式,对大多数学生应该更多以"资源包+任务"的形式培养学生的自学能力。

线上教学与线下课堂的最大区别是师生不在同一个真实的空间,隔着屏幕交流,无法直接感受到彼此的体态、情感互动、课堂氛围等。要提高线上教学的效果,需要增强"教学存在感"。[①] 在线上教学活动中,如果教师想让学生"看到"自己,让学生"看到"自己对教学的付出和努力,让学生感知到自己对其学习的指导和关注,那么教师在教学设计时就要充分做好准备,为学生提供丰富的学习内容,积极组织线上互动教学,适当安排作业,在直播讲座的视频设计中,要认真设计教师的出镜方式、与学生的眼神交流方式,并恰当运用手势引导学生视线,调整语气、语调。线上教学的人像出镜需注意的几点如下。

(1)人像出镜的时长。

教师的人像出境时,学生的感受会更贴近在线下上课,但学生的会分心于教师的表情、口型、眼神和体态,无法专心在讲解和课件、板书演示上。全程都有教师的人像出镜的话,学生的认知负荷会很大。因此,建议教师出境时主要侧重于和学生互动、表现情感交流,但在进行课程讲解时,人像则不出镜,让学生的注意力能聚焦于知识学习。

(2)人像出镜的位置。

线上教学中,学生看到的是终端(电脑、手机、平板电脑等)屏幕构成的画面,教师的人像在屏幕框中的构图会影响观看效果。根据教学内容,可以灵活考虑人像出镜的位置和景别:全身、半身,站立、坐姿,位置居中、偏左、偏右等。教师可以换位思考,从学习者的视角思考构图。

(3)人像和背景设计。

根据教学内容和学生的不同情况,线上教学可以采用真人出镜、虚拟化身出镜,真实场景、虚拟背景、替换场景等多种方式,本书前面介绍的视频编辑软件都可以支持这些功能。

4. 教学活动:丰富促进师生在线互动的教学策略

教师要利用多种教学策略和途径促进互动。教师线上教学时要根据教学内

现代极简教育技术

---

① 汪琼:《"教学存在感"及实现路径辨析》,载《现代远程教育研究》,2020.32(2)。

容、学生特点和学习情境来设置互动交流的情境和方式。例如，直播课堂不要一直讲授，要留出学生提问的时间、学生反馈的时间、学生分享自己想法的时间，教师灵活运用各种互动工具软件和平台辅助师生、生生互动。

例如，教学开始之前，教师可以在平台的讨论区中提问，引起学生的注意，也可以利用选择题、简答题等测试方式来了解学生的观点和想法，为后续设计问题开展学生讨论提供基础。学生观看完录播视频或在线课堂中，教师可以利用投票、举手、测试等工具了解每个学生的学习情况，通过在线提问、随堂测验、小组讨论区研讨等形式促进师生间的交流互动。在线教学结束后，教师还可以在平台上给学生布置书面作业，通过作业批改来了解学生的学习掌握情况。要特别注意学生的作业和成果展示，可以在网络上采取多种形式，开展学生的线上学习成果、优秀作业等展示，发挥学生集体互动激励的作用。

5. 内驱力导向：线上教学促进学生主动学习

在线教学中，学生不在实体班级集体环境中，处于居家独立自由状态，能否自觉主动学习至关重要。教师的线上教学服务，更要关注鼓励学生主动学习。在线自主学习不是简单地放手让学生自学，而是在教师指导下学生开展积极主动的学习和有思维的深度学习。教师要精心设计包括预学、课堂、课后的学习任务，这样的学习任务要有一定的情境性和挑战性，以此激发学生的学习兴趣，唤醒学生的学习欲望，触发学生的学习思考，让学生内心感到自己是教学活动的主体，获得成功的体验，形成教学中的胜利者效应。

【极简教育技术 101】教学中的"胜利者效应"简介

胜利者效应是基于动物实验的脑神经科学研究揭示的学习科学规律。2017 年7 月 14 日上线的《科学》杂志，以研究长文（Research article）形式，刊登浙江大学神经科学研究中心胡海岚教授团队题为《胜负经历重塑丘脑到前额叶皮层环路以调节社会竞争优势》(*History of winning remodels thalamo-PFC circuit to reinforce social dominance*)的研究成果，揭示出动物大脑中存在一条介导"胜利者效应"的神经环路，它决定着：先前的多次重复的胜利经历，会让之后更容易胜利。"胜利者效应"可以从一种行为范式迁移到其他的行为中。《科学》杂志的评审专家认为，"这是一篇杰作，它运用了多种技术手段实现了对神经回路的操控，向我们展示了令人诧异而且清晰的行为现象及行为范式。"有专家认为，这项研究在动物实验中第一次验证"强者恒强""胜者更胜"的现象，并且阐释了其神经科学原理，为研究社会等级的形成和稳定提供了新的思路和研究方法。虽然人类社会远比动物社会复杂，但是这项研究对于提高人们在各项比赛、考试、人际交往中的表现，提供了有益的线索，为成功教育的研究提供了新的思路。例如，学习者在体育上的胜利体验将促进在其他学科学习上的成功，青少年在学习上的胜利体验

279

将影响未来人生职业上的成功。在教学中借鉴"胜利者效应"原理，深谙"成功是成功之母"，被我们称为"胜利者教学法"。教师在教学中充分运用激励学生内驱力的教学策略，设计让学生获得成功体验的学习情境，帮助学生从一次次微小的成功逐步走向人生的成功。

练习题 >>>>>>>

1. 思考题：为什么说"好的教学设计"一定是极简的？

2. 设计题：根据极简教育技术的基本原则，对自己当下的教案进行再设计，注意删去烦琐多余的部分，增加激发学生想象力和创造性的教学策略，创设能够激发学生获得成功体验的教学情境，让学生在每一次小的教学活动中获得成功的体验。

3. 制作题：结合自己的教学，根据在线教学设计的原理，自选一个在线教学直播平台(例如：腾讯会议、腾讯课堂教师极速版、钉钉等)，尝试模拟一次远程直播教学活动，并邀请你的同伴收看，大家一起交流在线学习体会。

4. 分析题：收集与自己教学相关的教案，归类分析它们运用极简教育技术的特点。

教与学的建议 >>>>>>>

1. 第四部分主要通过系列教学案例研究，深入了解基于极简教育技术理念和教学策略的方法，鼓励学员认真剖析他人的教学设计案例，分析其亮点，考虑还可以如何修改这些案例，强调联系自己的教学实践，深入思考。

2. 可以采用微格教学方法，让学员设计和修改自己的教案，并模拟说课，然后与同伴一起讨论，思考如何进一步完善自己的教学设计和教学实施过程。

多少事，从来急；
天地转，光阴迫。
一万年太久，只争朝夕。

——毛泽东（1893—1976），满江红·和郭沫若同志

第五部分学习目标

通过第五部分的学习，学习者应达到下列目标。

1. 了解人工智能对教育的影响。

2. 掌握目前比较成熟的人工智能实用技术在教学中的运用，学会讯飞输入法，掌握微软 AI 识图、有道翻译官等新技术在教学中的应用。

3. 尝试在课堂教学中使用人工智能技术辅助教学。

4. 学习了解生活中常用的小程序、应用程序等，逐步养成全媒体时代的数字化生活方式。

5. 了解信息安全知识，重视学校教育中的信息安全问题。掌握保护个人信息安全的基本方法和技术。

6. 了解信息时代的发展和新知识观的兴起对人们学习方式变化的影响。

第五部分
让教学和生活更加便捷安全的技术

模块一

人工智能类实用技术

人工智能从 20 世纪 50 年代起，历经曲折，随着计算机硬件技术的更新换代，运算能力大幅度提升，进入 21 世纪，人工智能的语音识别合成、图像识别、人脸识别等技术逐步成熟，进入社会生活的各个领域。

一、讯飞人工智能系列工具 >>>>>>>

下面介绍的新技术应用程序，读者在手机应用市场(苹果手机需要在 App Store 下载使用)输入 App 的名称关键词，即可安装使月。

(一)功能强大的讯飞输入法

讯飞输入法基于自主开发的人工智能自然语言理解(Natural Language Understanding，NLU)优化模型，能够支持 AI 识别分析语音精准输入，识别准确率高达 98%；能够实现与说话同步转成文字，支持粤语、英语、普通话识别，中英、中日、中韩文字同步翻译，还支持拍照输入、OCR 智能识别，拍照即可扫描成文字，手写字体也能够识别，让文字输入更加便捷。

注：手机安装讯飞输入法后，进入"设置"→"语言和输入法"，将默认输入法设置为讯飞输入法，即可使用。

(二)讯飞系列人工智能语音工具

1. 讯飞语记

讯飞语记是一款基于人工智能语音技术的笔记软件，说话就能变文字输入的云笔记。写文章、写日记、课堂笔记、会议记录、采访记录等，均可使用语音实时转文字的方式，省时、高效。讯飞语记使用全球尖端语音技术，识别率高达 98%，无障碍切换中英文、各种方言，支持 120 分钟持续语音输入。读者在写作中巧用讯飞语记，将大大提高文字输入效率。

2. 咪咕灵犀

咪咕灵犀是一款中文人工智能助手，是由中国移动咪咕公司与科大讯飞联合推出的中文人工智能产品。咪咕灵犀采用全球最先进语音识别技术，以"能听会说"的语音技术为核心，提供语音拨打电话、发短信、设提醒，语音查询天气、诗词、歌曲、数学计算等服务，提供语音翻译、定制语音包、灵犀乐生活、智能硬件操控四大应用场景，让用户轻松享受智能生活。

3. 讯飞听见

讯飞听见是科大讯飞核心语音技术的集大成者，能够将语音实时转成文字，实时预览转写结果，准确率最高可达98%以上，并能够做到中、英、俄在线实时翻译，目前在各类大型会议上被广泛使用。

4. 讯飞配音

讯飞配音能够实现从文本到语音的合成转换，转换时间短，操作简单，"傻瓜式"操作，一键合成语音，标准播音员效果，简单高效。现在，越来越多的教师使用讯飞配音制作微课配音。

5. 讯飞麦克风

讯飞麦克风支持讯飞输入法PC版，能够实现手机语音输入同步电脑端的讯飞输入法，方便用户对手机说话，同步在电脑上面的Word、PPT等办公软件中输入文字，更加精准快速。

二、翻译类人工智能实用技术 >>>>>>>

(一)翻译类应用程序

现在基于人工智能语音技术的翻译工具越来越成熟实用，下面列举的常用翻译类应用程序基本上都可以做到文字翻译、语音翻译、拍照图片翻译、同传翻译、多语种翻译、整篇文档上传翻译等强大的翻译功能。除了在手机上实用的应用程序软件，有的公司还出了各种翻译机硬件设备，翻译的速度更快、质量更高，还可以离线工作。读者可以自行尝试下载安装这些翻译类应用程序并体验。如有道翻译官、彩云小译、搜狗翻译、腾讯翻译官、微软翻译(PPT翻译)、百度翻译、语音翻译官等。

(二)小程序翻译

在微信小程序里，读者可以尝试使用很多极简的翻译小程序。使用翻译类小程序，操作更加简单，无须安装软件，打开就用。如腾讯翻译君、搜狗翻译、拍照翻译官司、识图翻译、拍照翻译器、网易有道词典等。

（三）微信翻译

微信构成的生态圈已经包含了翻译功能，使用极简，不需要用户安装任何翻译软件，只需打开微信，点击右上角"＋"号，选择"扫一扫"，在扫描的界面右下角选择"翻译"，即可拍照翻译。现在人们都喜欢使用微信自带的极简翻译功能，在生活中处理商品包装上面的英文说明，如图 5-1 所示。

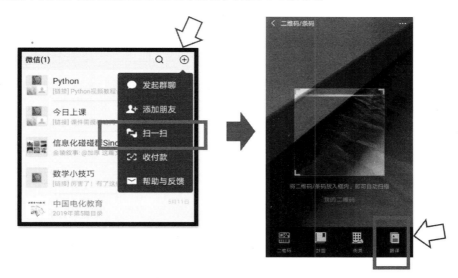

图 5-1　微信扫一扫翻译

三、其他支持学习的人工智能应用技术 >>>>>>>

（一）"普通话学习"

"普通话学习"是一款智能的普通话学习软件，可在手机应用市场下载使用。软件采用智能技术，提供专业的普通话发音评分。拥有与全国普通话水平测试相同发音的评分技术，让用户能够边测试边练习，有针对性地纠正发音，提高普通话水平。

（二）"九歌－计算机诗词创作系统"

这是清华大学自然语言处理与社会人文计算实验室开发的计算机诗词创作系统，用户输入主题词，就会在手机上自动创作出五言、七言、绝句、藏头诗等作品，可以用来辅助学生学习诗词的翻创活动。使用方法：打开手机百度搜索，输入关键词"九歌计算机诗词创作系统"，就可以进入使用。

(三)"为你写诗"

这是百度开发的基于人工智能的创作诗词实验室,读者使用手机上的浏览器进入百度搜索,输入关键词"百度写诗",即可看到"为你写诗",或者在手机应用市场直接下载"为你写诗"应用程序使用。打开"为你写诗"应用程序,可以拍照,写诗,学习他人的诗词作品等,适合学生练习诗词创作参考。

(四)"对联大全"

在手机上应用市场输入关键词"对联大全",即可下载安装。这是利用人工智能自动生成对联的应用程序。启动对联大全,用户给出一句上联,如"春到家乡遍地红",就会自动呈现若干条下联供你选择,如"日回首梦千山翠",接着,你选择横批,如"万物生辉",保存后,可以自定义背景、文字颜色等,还可分享给微信朋友,教师可以利用这款应用程序辅助学生开展翻创对联的学习活动。

【极简教育技术 101】什么是人工智能

1956 年夏天,美国麻省理工学院的计算机和认知科学家约翰·麦卡锡教授(John McCarthy)在他当时任教的达特茅斯学院(Dartmouth College)召开了一次会议,聚集了一批著名计算机智能研究专家交流研究想法和成果,在这次会议上,约翰·麦卡锡第一次提出人工智能(Artificial Intelligence, AI)的概念,探索用计算机模拟人的智能,让机器像人一样认知、思考、学习和工作。之后,麻省理工学院计算机科学与人工智能实验室(CSAIL)主任帕特里克·亨利·温斯顿教授(Patrick Henry Winston)在他编写的《人工智能》(*Artificial Intelligence*)教科书里对人工智能给出的定义是:"人工智能就是研究如何使计算机去做过去只有人才能够做的智能工作。"这是迄今有关人工智能最直接简明的定义。2017 年,美国国会提出要重新认识和定义"人工智能",认为人工智能是指:

(1)无须过多人工监管,或可自学以往经验、改善表现的人工系统;能够从事需洞察、认知、计划、学习、交流或行动等类似人类行为的任务。

(2)可像人类一样思考的系统,如认知架构与神经网络。

(3)可像人类一般行动的系统,如通过图灵测试或其他利用自然语言处理、知识表达、自动推理、机器学习等模拟认知任务的系统。

(4)理智行事的系统,如通过洞察、计划、推理、学习、交流、决议及行动等活动从而完成目标的智能软件代理或内置机器人。

总之,人工智能系统在其所从事的任务中表现越像人类,就越可称得上是采用了人工智能。

随着人工智能技术的发展和普及，人工智能将会对教育的各个方面产生深远的影响，现在学校的课程教材和教学方法都会发生重大的变化，人工智能赋能教师和学生，将大大提高学习效率和管理质量，教师和学生的角色都会发生重要的改变。人工智能时代的教育，将更加注重培养学生具有人工智能无法替代的、只有人类具有的能力，更加注重培养学生的高层次思维能力、创新能力、合作精神、情感态度价值观、个性化和面向人工智能社会需求的生存能力。

模块二

学习生活实用小程序

现在越来越多的小程序进入人们的手机移动终端，给大家的学习和生活带来意想不到的便捷和改变，下面介绍适合读者在学习生活中使用的小程序，供读者体验试用。

一、学习类实用小程序 >>>>>>>>

(一)人民日报系列小程序

打开微信小程序，搜索"人民日报"，就可以看到人民日报社创办的全媒体多种产品。

1. 人民日报数字报

这是人民日报的数字版，读者可以在手机移动终端随时阅览学习最新的人民日报内容，也可以查看往期报纸，页面提供版面版与目录版两种阅读方式，极简方便。

2. 人民日报 FM

这是人民日报编辑的语音播报时事新闻、时评、最新文章的小程序，还采用人工智能技术，实现文字实时转为标准播音员朗读语音。

3. 人民日报融媒体

这是人民日报社创办的"中央厨房"，加工生产各类深度报道内容。

4. 人民数据社

这是人民日报媒体技术公司的小程序，为内容和传播工作者提供时政信息资源。

主流媒体进入小程序的还有新华社微悦读、央视微视频、央广新闻 Lite 等。

（二）递名片

名片在社交生活中是非常重要的工具，微信小程序提供了各种制作个人名片的应用，为数字时代的交流提供了便利。下面推荐一款比较常用的名片小程序"递名片"。

打开"递名片"，在输入框内输入个人信息，就可以快速合成名片，也可以选择更换自己喜欢的样式。

制作完成后直接分享给微信好友，在线与好友交换名片，一键收藏对方名片，实现便捷的数字名片管理。

（三）草料二维码

使用"草料二维码"小程序，可以将文本和网址直接转为二维码，方便快捷。

二、生活类实用小程序 >>>>>>>

（四）微信读书书城

微信读书书城提供了海量书籍，随时随地掌上阅读，还能够查看微信好友的读书动态，与好友一同讨论正在阅读的书籍，以书会友不孤单。

（五）小锻炼

"小锻炼"提供了多种帮助"办公室久坐族"预防颈肩和腰肌劳损的锻炼动作。每天用几十秒的时间锻炼一下，消除疲劳。

（六）番茄闹钟

番茄闹钟是一款基于"番茄工作法"制作的计时应用小程序，可以帮助用户有效管理学习工作时间。

【极简教育技术 101】番茄闹钟和"番茄工作法"

"番茄工作法"是一种高效时间管理方法，帮助你科学管理时间，提高学习工作效率。由瑞典作家弗朗西斯科·西里洛于 1992 年提出，源于形状像番茄的定时器的灵感启示。

使用"番茄工作法"的步骤：首先，你需要列出一天要完成的任务清单；接着，就要"吃番茄"（即学习和工作）了。将 25 分钟视为吃掉一个番茄的时间，在一个番茄时间内，只能专心致志做一件事，一旦中途被打断，则该番茄时间无效，需重新开始。在完成一个番茄时间的工作之后，不管事情是否已经完成，都必须停下来休息五分钟。完成四个番茄时间之后，可以休息 25 分钟或者更长时间。整个项目工作学习的流程可按照图 5-2 所示循环。

图 5-2　番茄工作法示意图

　　"番茄工作法"能够大大减轻人们对于时间的焦虑，有效提升集中力与注意力，增强激励效应，告别拖延心态，改善工作流程，提高工作效率，通常能够使人取得意想不到的获得感。

　　读者打开"微信"—"小程序"，搜索"番茄闹钟"就可以使用这款时间管理小程序，如图 5-3 所示。

图 5-3　番茄闹钟的时间管理

　　番茄闹钟的界面十分简洁，在页面上选择接下来一个番茄时间你想要完成的任务，番茄闹钟提供了六大类选项：工作、学习、思考、写作、运动、阅读。点击开始计时，就开启了一个番茄时间，持续去做你制定的任务直到闹钟响起。休息五分钟，活动一下，喝喝水，继续下一个番茄时间。

"番茄工作法"使用原则：

(1)一个番茄时间(25分钟)是不可分割的，不存在半个或一个半番茄时间。

(2)一个番茄时间内如果做与任务无关的事情，则该番茄时间作废。

(3)永远不要在非工作时间内使用"番茄工作法"。

(4)不要拿自己的番茄数据与他人的番茄数据比较。

(5)番茄的数量不能决定任务最终的结果。

(6)必须有一份适合自己的作息时间表。

(七)小病自助

这是一款比较专业的健康小症状自助工具，教你用在日常生活中解决有关健康的小问题。比较适合学校师生和家长用来咨询有关健康卫生问题，如图5-4所示。

图5-4 小病自助的健康问题咨询

(八)车来了

公交车准点查询，会预告下一趟公交车大约到达的时刻，让人们不再茫然等待。

(九)微信使用小助手

微信使用小助手是微信官方提供的微信使用教学指南，提供视频以及图文形式帮助用户更好地使用微信的多种功能，如图 5-5 所示。

图 5-5　微信使用小助手

(十)学生测视力

打开"学生测视力"小程序，用手机也能测视力，提供标准视力表、视力检测、色盲测试、散光测试等实用功能，可以辅助帮助学生保护视力健康，如图 5-6 所示。

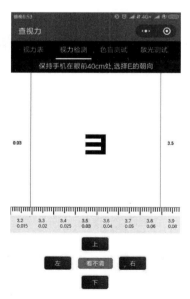

图 5-6　学生测视力小程序

模块三

设备管理技巧与信息安全措施

∨
∨
∨
∨
∨

一、信息安全简介 >>>>>>>

随着手机、平板等各种移动终端和人工智能技术融入人们的学习和生活，信息安全显得越来越重要，必须引起大家的高度重视。

常见的信息隐患包括通过移动终端设备的病毒、木马、诈骗、盗用、窃取个人隐私信息(如身份证号码、电话号码、住址、银行卡号、密码、以及个人身份的其他信息等)。对于青少年学生在信息化环境中的学习要预防不良信息的影响，过度依赖技术导致思维能力下降，长时间观看屏幕和久坐影响身体健康等。

二、手机使用管理技巧 >>>>>>>

(一)手机如何充电

要使用原装的充电插头和数据线，如果遗失了也尽量配到原装。不同充电插头的功率通常也不一样，使用功率不匹配的充电器给手机充电，对电池是一种伤害。偶尔几次影响不大，但是长此以往会缩短手机电池的使用寿命。

充电时尽量不要使用手机，最好是关机充电。充电时使用手机会导致电池发热加剧，存在爆炸危险。

不宜习惯电量见底时才给手机充电，因为高电压会给电池造成压力。

手机电池充满之后，要及时拔下充电器。让手机一直保持满电状态反而会影响电池的性能和寿命。除此之外，不拔下充电器，电池可能长期处于发热状态，也会加速其老化并影响充电器的性能，还有可能引起事故。

如何让手机运行更快可采取以下方法。

(1)减少软件使用量。用不到的软件尽量不要安装，以减少不必要的存储空间占用，给手机"减负"。

（2）及时清理应用垃圾。特别是微信、QQ等社交应用，每天都会产生大量的聊天记录，定期清理能使手机运行更快。

（3）关闭一些非必需的进程，比如GPS、蓝牙，以及比较耗电、耗内存的功能。

（4）时常清理后台程序，关闭不需要使用的应用，能让手机运行更快。

（5）将存储在手机内存的大型文件转移到外存储卡或者电脑中，避免手机内存占空间过多，影响手机运行速度。

（6）安装安全软件，一键手机加速。打开手机加速功能，它能够自动检测出手机中可以优化的程序，使用者根据需求关闭这些程序或禁止自启，可以使手机运行得更快。

（7）定期杀毒。定期给手机杀毒，推荐一天一次，防止病毒损害设备。

（二）手机信息安全注意事项

现在，几乎人人都在使用手机，手机几乎可以处理生活中的大多数事务，诸如注册各类应用软件的账号，使用支付宝、微信支付购物，银行卡互相转账，甚至公交车付款、校园支付等都需要使用手机，那么，万一手机丢失后如何保护个人信息资料呢？

第一，致电运营商挂失SIM卡。

现在大多数软件可以通过手机短信验证登录，因此必须第一时间挂失SIM卡。拨打运营商的客服电话（移动10086，联通10010，电信10000）就可以及时挂失，之后可以直接去营业厅补办新卡。

第二，致电银行冻结手机银行。

开通了手机银行的用户，必须及时致电相关银行并冻结账户。

第三，支付宝挂失，如图5-7所示。

立即给支付宝客服95188打电话挂失；或者用其他手机登录支付宝，我的一设置一安全中心一挂失账号一立即挂失，如图5-7所示。

第四，冻结微信账号。

立即登录110.qq.com（访问日期：2020-02-22）冻结账号，或者用其他手机登录微信，我一设置一账号与安全一微信安全中心一冻结账号，如图5-8所示。

第五，修改微博、微信、QQ等软件登录密码。

及时登录微博、微信、QQ等软件修改密码，防止信息泄露。

除此之外，目前大多数品牌的手机具有"查找我的手机"功能，可定位自己的手机位置，不过由于手机丢失后找回的希望渺茫，这项功能更重要的作用是能够远程锁定或抹掉手机上的资料，保护隐私。用户可以提前根据手机说明书设置好这项功能，以防万一。

图 5-7　支付宝挂失处理

图 5-8　微信支付挂失处理

注：平时如何保护手机中支付账号的安全。

(1)安装手机杀毒软件。

定时给手机杀毒，保障支付安全。

(2)安装支付保护软件。

打开支付安全功能后，再进行支付，软件会自动检测病毒等，保护支付安全。

(3)保护个人隐私。

注意保护自己的个人隐私信息，不要向他人泄露自己的账号、密码等信息。

三、笔记本电脑管理技巧 >>>>>>>

(一)笔记本触摸板的使用技巧

虽然笔记本电脑键盘都带有触摸板，但是我们更多时候还是习惯使用鼠标进行操作。其实，被忽略的触摸板功能并没有我们想象的那样单一，它也可以根据我们的手势来进行类似平板电脑的滚动、旋转、缩放、切换等操作。

首先，每台笔记本的触摸板设置都可能不同，我们需要熟悉自己的笔记本触摸板设置。在"控制面板"—"硬件"—"鼠标"打开设置界面。下面以 Synaptics ClickPad 的界面为例，如图 5-9 所示。

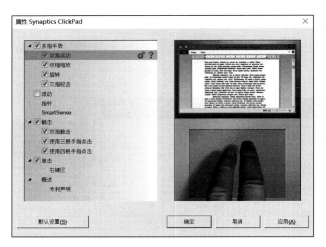

图 5-9　触摸板的操作方法

可以看到触摸板提供了多种操作模式，包括双指滚动、收缩缩放、旋转、三指轻击等，使用者可以根据自己的需求与习惯，定制自己的个性化操作，如图 5-10 所示。

在设置双指滚动效果时，可以调节的项目包括如下内容。

1. 启用垂直滚动

选择该复选框以启用垂直滚动。在 TouchPad™ 上向上或向下滑动两个手指可垂直滚动所选窗口或项目。

2. 启用水平滚动

选中该复选框可在有水平滚动条的窗口中启用水平滚动。手指沿 Touch-

现代极简教育技术

Pad™ 底边来回滑动，可水平滚动所选窗口或项目。

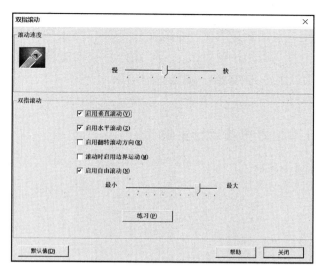

图 5-10　触摸板的操作模式

3. 启用翻转滚动方向

此功能允许更改标准滚动行为。标准滚动沿着手指移动方向移动滚动条。翻转滚动方向沿着手指移动方向移动文档或对象。

4. 滚动时启用边界运动

如果希望当手指到达 TouchPad™ 边缘时仍可继续滚动，则选择该复选框。要停止滚动，可以将手指抬离 TouchPad™。

5. 滚动速度

滚动速度滑块用于调整滚动的速度。将滑块向右拖则提高滚动速度。

6. 启用自由滚动

自由滚动可帮助轻松地滚动长文档。如果希望在手指抬离 TouchPad™ 表面后仍可继续滚动，则选择该复选框。要使用自由滚动，请用一个平滑的动作移动然后抬起手指。要停止自由滚动，请将手指放回到 TouchPad™ 表面上。

7. 要调整动量滚动距离，请使用滑块

如果要滚动得更远，请向最大移动滑块。要缩短滚动距离，请向最小移动滑块。

"收缩缩放"使笔记本像平板电脑一样可以仅用手指缩放对象，用户在触摸板上用两根手指进行扩大或缩小的动作即可实现电脑屏幕的缩放操作。在设置面板中可以调节缩放反应的快慢。

"旋转"功能使屏幕图片随双指扭转方向而旋转，体验如同触摸屏，操作十分灵活。

(二)电脑快捷键的使用技巧

电脑快捷键是指使用键盘上某一个或某几个键的组合完成一条功能命令，从而提高电脑操作速度。善用快捷键，可以更高效快捷地使用电脑。以下列出一些工作中常用功能所对应的快捷键。如"复制 Ctrl＋C""剪切 Ctrl＋X""粘贴 Ctrl＋V""撤销 Ctrl＋Z""打开 Ctrl＋O""选中全部内容 Ctrl＋A"等。

(三)如何让笔记本电脑运行更快

1. 桌面文件越少越好

由于桌面上的文件占用的是系统盘资源，过多的数据会拖慢系统。解决办法是，尽可能删除快捷方式，可以保留自己常用软件的快捷方式；将不是快捷方式的文件移到其他盘，而不是 C 盘。

2. 清理 C 盘

双击"我的电脑"→右键点击 C 盘→"属性"→"磁盘清理"→"确定"。清理 C 盘内的无效文件可以为系统运行腾出空间。

3. 清理磁盘碎片文件

"开始"→"附件"→"系统工具"→"碎片整理"。这个过程需要很长时间，可以一星期清理一次。

4. 清理垃圾文件、插件、无用软件

可以使用优化大师、360 安全卫士之类的软件进行清理，方便快捷。

5. 更换固态硬盘

固态硬盘的最大的优点就是读写速度快，采用闪存作为存储介质，读取速度相对机械硬盘更快。固态硬盘不用磁头，寻道时间几乎为 0，持续写入的速度非常惊人。在笔记本内安装固态硬盘，将系统与软件安装在固态硬盘内，可使电脑运行速度获得极大的提升。

模块四

新知识观的极简学习技术

一、新知识观：移动互联时代知识积累方式的变化 >>>>>>>

（一）时代变化与"新知识观"的出现和发展

进入 21 世纪以来，随着全球网络和智能移动手机的普及，人类的社会交往行为，知识获取行为等发生了显著的变化，知识的产生、建构与传播加工方式等都变了，与之相关的学习理论也随之发生了新的变化和发展。"新知识观"是中外学者共同建构的学习理论，是针对移动互联网时代人们认知和学习方式的变化总结出来的学习理论，新知识观主要的倡导者有加拿大学者西蒙斯、中山大学王竹立等人。

2005 年，加拿大学者乔治·西蒙斯（George Siemens）发表《联通主义：数字时代的学习理论》（*Connectivism：A Learning Theory for the Digital Age*）一文中系统提出了联通主义（又译为关联主义、连通主义）的思想②，联通主义的学习观认为，学习不再是一个人的活动，学习是连接各个节点和信息源的过程。学习的管道比管道中的内容物更重要。网络、情景和其他实体（许多是外部的）的相互影响导致了一种学习的新概念和方法。个体所需知识的学习能力比对知识的掌握能力更重要。学习是一个过程，这种过程发生在模糊不清的环境中，学习（被定义为动态的知识）可存在于我们自身之外（在一种组织或数据库的范围内）。由于知识不断增长进化，获得所需知识的途径比学习者当前掌握的知识更重要。知识发展越快，个体就越不可能占有所有的知识。这是一种新的学习理念："关系中学"

---

② G. Siemens，"Connectivism：A learning theory for the digital age,"International Journal of Instructional Technology and Distance Learning，2004(1)，pp. 3-10.

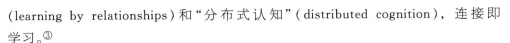

(learning by relationships)和"分布式认知"(distributed cognition），连接即学习。③

西蒙斯分析今天人们获取知识的方式正在发生新的变化，他从知识获取和记忆的稳定性分析指出，知识会拥有不同的状态，今天的知识仿佛是管道中流动的液体，具有一个连续的统一体。在那些变化慢的领域和时代，通常会产生硬知识。硬知识是指社会领域或时代变化产生的知识经由专家证实和公众接受的过程后，逐渐趋于稳定并最终变成硬知识。最近几十年，我们更多的知识已经变换成软知识。软知识是指当事物迅速改变时，很多知识要素在它们被替换或修正之前还没有时间变成硬知识。硬知识和软知识作为人类知识的一个连续统（continuum），并没有明显的分界点，共处于知识形成的不同过程。这里需要说明，所谓连续统是指人们认识和实践的对象在时间上连续不断，空间上紧密关联，性质上相互交融的统合整体。④ 硬知识和软知识共同构成人类知识的一个连续统。

2017年，中山大学王竹立发表的《面向智能时代的知识观与学习观新论》⑤在西蒙斯等人研究的基础上，进一步分析了网络时代人们学习方式的变化特点。他认为自从网络诞生之后，知识发生了四大变化。第一，知识结构由静态层级变成动态网络和生态；第二，知识呈现由抽象变为具象；第三，知识形态由硬变软；第四，知识内容由整体变为碎片。基于对新时代变化的深刻认识和分析，王竹立提出了基于知识稳定性的软知识与硬知识分类的新知识观。接着，北京师范大学何克抗教授参加讨论，不断完善和发展了新知识观。2019年10月，王竹立在华东师范大学学报(教育科学版)发表了《新知识观：重塑面向智能时代的教与学》，全面阐述了新知识观的理论体系，新知识观逐步在教育领域传播开来。

（二）"新知识观"的软、硬知识观划分

新知识观的主要观点可以归纳为以下几点。

第一，网络时代，知识从书本迁移到网上，其形态与内容均发生变化，知识由静态变为动态，由以硬知识为主向以软知识为主转变，由文字抽象表达向多媒体具象呈现转变，由整体传播向碎片化传播转变。

第二，人类知识可以划分为软知识和硬知识两大类，区别软知识和硬知识最主要的指标是知识的稳定性。稳定性又包含以下三层含义。

结构的稳定性，是指某种知识已经形成比较完整的知识结构和知识体系。

内容的稳定性，是指知识内涵和外延不再容易受到主观因素和时间因素的影

---

③ 参见百度百科"联通主义"条目，https：//baike.baidu.com/item/%E8%81%94%E9%80%9A%E4%B8%BB%E4%B9%89/2701884？fr=aladdin，2019-03-20。

④ 钟志贤：《论教学设计中的连续统思维》，载《电化教育研究》，2005(4)。

⑤ 王竹立：《面向智能时代的知识观与学习观新论》，载《远程教育杂志》，2017(3)。

响而改变。

价值的稳定性，是指知识不容易随着时间的推移而失去其价值和意义，从而被新的知识所替换而淘汰。

软知识是一种正在形成过程中的知识，它来源于实践，具有实用性、时效性和情境性；但尚不成熟，尚未被专家学者加工整理成系统化知识。硬知识是经过专家学者加工整理，已经结构化、系统化，被写进教科书和专著，并为公众普遍接受的知识。

第三，未来硬知识主要由智能机器人掌握，人类应侧重软知识建构。

第四，学习软知识应遵循联通主义的建立知识网络原则和新建构主义的零存整取原则，学习是一个零存整取、不断重构的过程。学习软知识应学会零存整取、连续迭代和重构，创新比继承更重要。零存整取式三步学习策略是：

第一步：积件式写作，随时记下所见所闻、所思所想。

第二步：个性化改写，对随记要点进行整理加工，改编重组。

第三步：创造性重构，系统化整理，梳理线索，归纳核心思想，可视化等，形成新的知识。

第五，教学应从学科导向转向个人需求导向，这里所说的个人导向，包括个人的兴趣导向和解决问题的需求导向。个人导向系统学习系统的核心，是学会选择和零存整取。[6]

（三）基于"新知识观"的学习方式变化

未来人工智能时代，特别是迅速普及的 5G 技术让硬知识的学习和运用越来越方便，越来越多的依赖硬知识的工作和行业将逐步被人工智能机器人系统替代，软知识的学习和掌握对学生在未来社会的生存和发展显得更加重要。在传统关注硬知识的学习基础上，如何加强软知识的学习能力提升，成为未来教育必须关注的话题。极简教育技术的学习方式需要更加关注软知识的学习和运用。根据新知识观的基本思路，建议读者尝试移动互联网时代的下列新型学习方式。

1. 学习目标

从传统的准备式学习方式，转向更加重视即学即用式学习。

2. 学习场景

更加重视实境化、互动化，众筹智慧，茶馆式，知识银行、知识市场式等学习情景。

3. 学习方式

更加重视碎片化、零存整取、积件化、极简化等软知识的学习。

---

⑥ 王竹立：《再论面向智能时代的新知识观——与何克抗教授商榷》，载《远程教育杂志》，2019(2)。

4. 学习技术

在教学中充分运用支持软知识学习的极简教育技术，如小打卡、微信搜索、思维导图、幕布笔记、微信朋友圈等。

5. 学习的组织方式

注意丰富教学活动的创意设计，例如，设计促进班级团队对软知识学习的活动情境，可以采用热点话题讨论、教学法创新比赛、学生作业变革创意、时政思品教育创新等。

6. 学习效果

从对硬知识的传承式学习，转向更加重视软知识的生成式、创客式学习，学习者从知识的被动接受型消费者变为知识的主动参与型创造者。

新知识观指出，现在大多数学校还是以传授硬知识为主，强调知识传授，强调对纸质书本的学习，回避甚至抗拒互联网对传统课堂的冲击，对软知识的重要性认识不足，认为技术只是教与学的手段和工具。凡此种种，均是落后于时代的表现。学校教育之所以没像其他行业和领域那样，对信息时代的变化迅速做出反应，不是因为学校教育有多么顽固，而是因为时代变化实在太快。这对一个以"百年树人"为宗旨的领域来说，转型的要求来得太大太快，学校、教师、学生和家长都来不及准备。[⑦] 因此，为了未来教育的变化做好准备，教师需要对新知识观，以及相应的新学习观、新教育观和相应的极简教育技术进行学习掌握。

二、支持新知识观学习方式的极简学习技术 >>>>>>>

（一）软知识随身记

我们如何将新知识观提出的现代学习方式变成日常行为习惯呢？新知识观强调重新定义学习，认为学习是一个零存整取、不断重构的过程，创新比继承更重要。最核心的学习主张就是"零存整取、碎片重构"这八个字，认为在碎片化学习时代，学习者应该将各种途径获得的碎片化知识，通过零存整取的策略和方法，有机整合起来，形成个性化知识体系。这里向读者推荐使用手机随时记录所想的极简技术：讯飞输入法和幕布。

在手机应用市场下载安装"讯飞输入法"和"幕布"。自己随时随地有任何新的想法，或者看到需要记录的碎片化知识，立即掏出手机，打开幕布，对着手机幕布笔记说话，即可方便地记录下自己需要的软知识。

---

⑦　王竹立：《新知识观：重塑面向智能时代的教与学》，载《华东师范大学学报（教育科学版）》，2019(5)。

(二)发现和翻创软知识

如何才能在移动互联网时代每天都在迅速增长的海量信息中发现自己需要的软知识，并能够站在他人智慧之肩进行翻创式学习？

1. 微信搜索

发现自己需要的软知识的极简技巧，可充分利用手机上的微信搜索，随时随地获取自己感兴趣的软知识，如何灵活使用手机微信搜索，参见本书第一部分的模块一介绍的移动时代的信息搜索技巧。

2. 微信笔记

当你在微信文章搜索中获得了很有参考价值的资料的时候，如何保存笔记，并便于今后查找呢？现在越来越多的读者用的印象笔记、有道云笔记、幕布笔记等来记录自己的思想。其实，你正在使用的微信就自带很好使用的微信笔记，不需要额外安装笔记类，应用程序，使用极其简便。

微信笔记的使用方法如下。

(1)手机版微信笔记。

打开手机微信，点击右下边的人"我"，点击"收藏"，点击右上角的"＋"，就进入了微信笔记，如图 5-11 所示。

手机版微信笔记可以插入文字、图片、照片、录音、位置信息等，点击微信笔记的右上角三个小圆点，可以将笔记发送给朋友、分享到朋友圈、另存为图片等。

(2)电脑版微信笔记。

打开电脑版微信，点击左侧收藏图标，就进入了微信笔记，点击"新建笔记"，就打开了一个新的笔记。电脑版微信笔记除了跟手机版一样可以支持记录文字、图片、录音等，还可以编辑，上传云端保存，与手机版笔记同步等，如图 5-12 所示。

图 5-11　微信笔记界面

(三)支持新知识观学习方式的极简技术

1. 新知识观的学习策略

新知识观认为，信息时代的学习更加注重平时"积累"软知识，同时，逐步转化成硬知识，软硬知识转化的主要策略和学习方式如下。

图 5-12　电脑版微信笔记

（1）基于博客平台的零存整取。

其核心思想是将网络视为一个虚拟的知识银行，而个人博客好比自己在知识银行中的账户，通过对同一主题的博文的不断"改写"，而实现化零为整、知识创新的目标。可分为三个阶段：

①"积件式写作"阶段。

在这一阶段中，学习者首先通过网络搜索或其他方式获取原始的信息和知识碎片，经过简单的剪切、粘贴和评述，形成一篇或长或短的博文。这些博文虽然可能包含了个人的某些见解在内，但主要还是对前人知识的复述。因而它对我们将要建构的知识体系还是一个原始的素材，一个小小的积件。

②"个性化改写"阶段。

当知识或信息的"积件"累积到一定程度时，我们的思想可能产生某种程度上的质变，表现为我们开始对这些零碎的知识形成了初步的认识，发现了其中的某些共性和个性。这时，我们应该根据自己的理解，用自己的语言对相关博文进行改写。这种改写与最初的"积件"不再是一对一的关系，而可能是多个"积件"的组合，表现为一个汇聚的思维倾向。其中还包含采用自己熟悉的概念、语言和规则，对这些零散的积件进行个性化加工与改造，以便与头脑中原有的个人知识体系实现对接。

③"创造性重构"阶段。

经过个性化改写的新知识片段与个人原有的知识体系发生碰撞，如果新来的知识片段恰好能融入原有的知识体系，则可能顺利被原有知识体系所接纳，成为原有知识体系的一部分，不会导致原有知识体系结构的改变；如果不能有效地纳入原有知识体系，则可能暂时游离在原有知识体系之外。当这种游离的知识片段越来越多，不断冲击原有的知识体系，有可能在某一刻导致原有知识体系结构的变形或重构，通过再一次改写，可将这些游离的知识体系与旧有的知识体系重新整合在一起，形成一个新的知识体系。这个新的知识体系的形成对个人来说是一个创新的过程，这一过程可称为"创造性重构"。"创造性重构"可视为更高层次的

现代极简教育技术

知识聚合。

从"积件式写作"到"个性化改写",再到"创造性重构",完成一次循环,每一次循环的结束意味着新的循环的开始,如此循环往复、螺旋上升。

(2)基于跨平台写作的零存整取。

全媒体时代促使了学习环境和学习方式的变化,学习往往是从微信开始,到博客,再到纸质媒体的跨平台零存整取学习策略。[⑧]

2."零存整取"的知识管理工具——拾柒

拾柒是一款支持多平台"零存整取"的个人知识管理应用程序,你可以随时随地记录想法,用拾柒做好碎片化学习的记录,还可以帮助你积件式写作、排版并且印制成册,完成零存整取的创作过程,而且操作极简,支持新知识观提出的软硬知识转化的新型学习方式。

"拾柒"的设计理念是:生活本身就是一本书,软硬知识的转化伴随着你的生活,拾柒帮你书写人生,每个人都能够成为自己生活的作家。

拾柒的操作方法如下。

登录拾柒官网:https://www.shiqichuban.com/(访问日期:2020-02-21),注册下载并安装,目前支持安卓、iOS,Windows/Mac/系统等。

拾柒的操作界面是典型的极简技术风格,如图 5-13 所示。

(1)私密写。

显示用户记录的私密内容,他人不能浏览,可以作为用户平时软知识积累的手边极简工具。

图 5-13 拾柒的操作界面

用户可随手记录各类备忘录、生活感悟、日记文章、微语金句等。私密写支持多种文件格式,包括文字、图片、视频、音频,还可以编辑字体和颜色,设置标签便于后期检索。用户可将编写好的文章做成图文或网页的形式分享到朋友圈,或同步到自己的"书架"上,为今后做书做好准备。

(2)一起写。

显示作者邀请好友共同记录的公开的内容,适合团队协作工作,集体创作,群体知识建构。一起写针对团队创作,支持好友圈、家庭或是班级的活动记录,如班级文化建设、集体相册、整理校史、校友会语录集锦、培训班诗歌汇集、主题活动互评、集体备课、集体写书、编写教材等。

---

⑧ 王竹立:《新知识观:重塑面向智能时代的教与学》,载《华东师范大学学报(教育科学版)》,2019(5)。

(3)做书。

可将在各类自媒体中记录的内容整理制作成书，这是最能体现新知识观软硬知识转化的创作过程。做书将知识管理极简化，做到智能排版一键成书。拾柒为用户准备了丰富的模板，支持用户从第三方自媒体如微博、微信、豆瓣等将文章、文字、照片等内容导入，快速生成排版美观的电子书，用户也可自己动手调整版面设计，完成个性化定制。编辑设计完成后，用户可将书稿作品下载为 PDF 格式，或直接在拾柒平台打印出纸质版书籍(打印需要付费)。

(4)我的。

显示用户个人的书架、订单，以及个人信息资料、系统设置等功能。

(5)"第三方平台内容导出"。

拾柒支持将微信、QQ、微博、豆瓣等目前最流行的自媒体中的信息作为做书的信息源。

读者可以通过拾柒软件的使用，体验到新知识观视角下，生活和创作如此便捷，人人都能够实现做作家写书的梦想。

3. 新知识观时代的个体、团体知识管理与生产力工具——我来(wolai)

我来是一款支持个人和团队协作的新型知识管理系统，跨平台、全覆盖，登录官网(https：//www. wolai. com/，访问日期：2022-03-10)可在线使用网络版，或者手机和电脑端下载安装 APP，即可体验到我来与过去的传统文档和在线文档有很多新的变化，将用户带入全新的学习和工作的空间。

(1)积件式知识管理系统。我来采用"块"(Block)为基础对象的知识管理模式，其编辑平台支持 Markdown 语法，在我来的管理系统，万物皆是"块"，一段文本、一张图片、一段音乐、一个视频、一段代码，都是"块"。所以，当一个文档被作为"块"来看待的时候，就不仅是一个文档，还可以是一个项目管理图、一个思维导图、一个计划表、一个动画演示、一个虚拟教育微宇宙的项目、等等。在我来的知识管理系统，"块"就像一个小组件(或者说像是一个积件单元、一个学习对象、知识元)，可以是任意形态。如果需要更新或者添加系统的功能，只需要更新或者添加新的"块"就行了，这是极简主义设计理念在知识管理系统架构中运用的一个范例。

(2)线上线下混合学习工作方式。我来支持多端在线，且提供众多系统版本供用户下载使用，也支持多人协同工作，可以秒级多端同步。我来的飞行模式更是在无网络时候也能使用。

(3)自选多样化工作方式。打开我来，用户可以选择"我来"做什么：写文档(编辑文学或者科技文档)、做科研、做笔记(使用康奈尔笔记法)、建个人网站、做管理(组织和管理团队协作项目)等。我来也支持多种文件格式的快速导入和检索，支持用户自定义头像化身，用户可以用虚拟化身工作和交流。

(4)提供有温度的用户服务，如：为用户提供丰富的模板和素材、资源库；可以对任意选择文字或一切可以选择的对象进行评论，并且通知他人；提供编辑回溯功能，每一个页面上的每一个块都可以恢复到过去任何一个时刻的状态；提供强大的块搜索功能，包括对图片上面的文字搜索功能；支持文字翻译，可以将任意一段文字快速翻译为 9 种语言。

(5)浓郁的中国文化特色，我来面向中国用户服务，功能和栏目设计都是根据中国用户的习惯和爱好打造，还与故宫博物院合作获得文物图片的使用授权，用户可以使用故宫文物作为配图。

练习题 >>>>>>>

1. 思考题：如何做好移动互联网时代的个人信息安全？

2. 设计题：根据讯飞系列人工智能软件的特点，设计在教学活动中运用讯飞系列人工智能软件的教案。

3. 实践题：结合自己的教学，收集适合课堂教学使用的小程序，在教学中运用小程序，总结小程序丰富教学活动的新体验。

教与学的建议 >>>>>>>

1. 第五部分围绕人工智能和小程序在教学中的应用，为读者提供更多极简技术在生活工作中运用的实例，可以将学生分成小组，小组内相互交流，分享自己喜欢使用的人工智能技术和小程序，以及在生活工作中运用极简教育技术的实践经验。

2. 可以采用翻转课堂教学方法，让学生总结在课外研究各类实用的小程序、人工智能软件和使用手机终端的经验，在课堂上与同伴一起交流、讨论学习收获，以及如何进一步完善自己的教学设计和教学实施过程，并做到同伴互教，共同进步。

3. 学生在日常生活中尝试体验新知识观的新型学习方式，使用幕布软件促进软知识的学习和积累，尝试软知识转化为硬知识的积件式写作生活，体验使用移动方式进行创作活动。

4. 鼓励学生体验使用"拾柒"软件，将自己在学习生活中的体验和新发现日积月累(软知识零存)，最后汇总撰写文章或者出版书稿，并给杂志社投稿(转化成硬知识)。

后　记

　　极简教育技术是从教师提升现代教育技术的培训班事件中产生的新理念、新方法，又经过广大教师的学习实践逐步完善，成为当前广大教师在教育信息化伟大实践中的现实活动。本书的编写和正式出版，首先要感谢北京师范大学出版社和上海师范大学教育学院教育技术系领导和教师们的积极支持和鼓励，感谢基层学校的很多校长，教研员和一线教师的积极支持，本书充分吸收了来自教学一线老师们的集体智慧，反映了当代学校应用现代教育技术的最新发展的实际情况，同时，也体现了参加本书编辑的研究生同学们的创造性思维和研究成果。参加本书各章节编写的作者分工如下：黎加厚（绪论，第三部分模块五，第四部分模块三、模块四，第五部分模块四，后记，并负责全书的设计、统稿、审核、校对工作），鲍贤清（第四部分模块一，全书的"一图读懂"设计，并负责全书的审核、校对工作）；上海师范大学教育学院教育技术系 2016 级和 2017 级研究生臧凌云（第一部分）、曹梁田（第二部分的第一、第二、第四、第五模块）、刘莉丽（第三部分）、王丽娜（第四部分模块二）、张思珍（第二部分的模块三和第五部分）。

　　本书的编辑出版得到了很多基层教师的鼓励和支持，有关中国古代极简思想史的研究得到了上海师范大学庄惠阳副研究员的热情帮助，有关极简哲学观方面的研究得到了江西师范大学首席教授、教师教育高等研究院院长钟志贤博士的热情指导和帮助，有关新知识观方面的研究得到了中山大学资深教育技术学者、新建构主义理论提出者王竹立老师的指导和帮助。北京师范大学出版社给予了本书极大的支持，特别是姚贵平编辑、冯谦益编辑为本书的编辑出版付出了辛勤的劳动，在此谨向他们表示衷心的感谢。

　　这是一个飞速变化的时代，随着移动互联技术、人工智能技术、物联网、区块链、5G 等新兴技术的发展变化，本书中介绍的各类极简教育技术如教育类软件、小程序等，都会随着时间的推移而不断迭代更新，有关极简教育技术的思想和理论也会随着时代的发展而不断进步。为了跟上时代的变化，我们设立了微信公众号"极简教育技术"，以便动态充实更新极简教育技术的新发展，读者可以通过微信搜

现代极简教育技术

索公众号关注。相信读者在阅读本书时将会发现书中介绍的内容与时代发展的差距，恳请读者对本书的不足提出批评和建议，以便帮助我们不断修改和完善。

最后，笔者尝试体验智能时代人机合作学习的新方式，人机合作创作诗文，作为本书的结束语。

首先，在手机应用市场搜索下载"微软小冰"App，这是微软开发的一款写诗智能机器人，取名"少女诗人小冰"，她能够采用深度学习，识别照片特征，自动生成雅韵传情的诗句。微软小冰还特地宣布放弃她创作诗歌的版权，鼓励用户根据她创作的内容进行翻创和发表分享。笔者选了一张在张掖参加教师信息技术培训班的那个神奇的湖边的秋天照片上传，同时，发挥笔者本人的想象力，与机器人小冰共同修改诗稿，遂成诗一首。

相爱

小小的程序向我说，
旅程里乾尽了青春的时光，
到世界的人类，
默然，相爱。

虽然是梦中的幻境，
大变革就在那里，
在流水里满蕴着热恋，
极简，欢喜。

——小冰和加厚　2020.3.5

黎加厚
2020 年 5 月 1 日
于上海师范大学科技园

微信扫码，阅读配套本书的
"极简教育技术"微信号